세상이 변해도
배움의 즐거움은
변함없도록

시대는 빠르게 변해도
배움의 즐거움은
변함없어야 하기에

어제의 비상은
남다른 교재부터
결이 다른 콘텐츠
전에 없던 교육 플랫폼까지

변함없는 혁신으로
교육 문화 환경의 새로운 전형을
실현해왔습니다.

비상은 오늘, 다시 한번
새로운 교육 문화 환경을 실현하기 위한
또 하나의 혁신을 시작합니다.

오늘의 내가 어제의 나를 초월하고
오늘의 교육이 어제의 교육을 초월하여
배움의 즐거움을 지속하는 혁신,

바로, 메타인지 기반 완전 학습을.

상상을 실현하는 교육 문화 기업 비상

메타인지 기반 완전 학습
초월을 뜻하는 meta와 생각을 뜻하는 인지가 결합한 메타인지는
자신이 알고 모르는 것을 스스로 구분하고 학습계획을 세우도록 하는
궁극의 학습 능력입니다. 비상의 메타인지 기반 완전 학습 시스템은
잠들어 있는 메타인지를 깨워 공부를 100% 내 것으로 만들도록 합니다.

검증된 성적 향상의 이유
중등 1위* 비상교육 온리원

*2014~2022 국가브랜드 [중고등 교재] 부문

10명 중 8명
내신 최상위권

최상위
성적
81.23%

*2023년 2학기 기말고사 기준 전체 성적장학생 중,
모범, 으뜸, 우수상 수상자(평균 93점 이상) 비율 81.23%

특목고 합격생
2년 만에 167% 달성

*특목고 합격생 수 2022학년도 대비
2024학년도 167.4%

성적 장학생
1년 만에 2배 증가

역대최다!

2022년
3,499명*

2023년
6,888명*

*22-1학기: 21년 1학기 중간 - 22년 1학기 중간 누적
23-1학기: 21년 1학기 중간 - 23년 1학기 중간 누적

눈으로 확인하는 공부
메타인지 시스템

공부 빈틈을 찾아 채우고
장기 기억화 하는 메타인지 학습

최강 선생님 노하우 집약
내신 전문 강의

검증된 베스트셀러 교재로
인기 선생님이 진행하는 독점 강좌

꾸준히 가능한 완전 학습
리얼타임 메타코칭

학습의 시작부터 끝까지
출결, 성취 기반 맞춤 피드백 제시

Unit

- □ **clothes**[klouðz] 클로우드즈 ⑲ 옷, 의복
- □ **either**[íːðər] 이ː더r ⑨ (부정문에서) ~도, 또한
- □ **popular**[pápjulər] 파ː플러r ⑱ 인기 있는
  ▶ be popular with ~에게 인기 있다
- □ **according to** 어코r딩 투 ~에 따르면
- □ **study**[stʌdi] 스터디 ⑲ 연구; 공부 ⑧ 공부하다
- □ **be good at** ~을 잘하다, ~에 능숙하다
- □ **read one's mind** ~의 마음을 읽다, 파악하다
- □ **in other words** 다시 말하면
- □ **tell**[tel] 텔 ⑧ 알다, 이해하다; 말하다
- □ **pay attention to** ~에 주의를 기울이다
  attention[əténʃən] 어텐션 ⑲ 주의, 집중
- □ **body language** 신체 언어
- □ **cross one's arms** ~의 팔짱을 끼다
- □ **be open to** ~을 받아들이다
- □ **front**[frʌnt] 프론트 ⑱ 앞쪽의, 앞부분의 (↔ back 뒤쪽의)
- □ **nervous**[nə́ːrvəs] 너ːr버ㅅ ⑱ 불안해하는
- □ **uncomfortable**[ʌnkʌ́mfərtəbl] 언컴퍼r터블 ⑱ (마음이) 불편한
  (↔ comfortable 편안한)
- □ **raise one's eyebrows** ~의 눈썹을 치켜 올리다
  eyebrow[áibràu] 아이브라우 ⑱ 눈썹
- □ **surprised**[sərpráizd] 써r프라이즈ㄷ ⑱ 놀란

□ **audition** [ɔːdíʃən] 어:디션	몡 (가수, 배우 등의) 오디션, 채용심사
□ **take a step toward**	~쪽으로 한 발 앞으로 나아가다
□ **teenager** [tíːnèidʒər] 티:네이저r	몡 십 대 (= teen)
□ **ability** [əbíləti] 어빌리티	몡 능력
□ **develop** [divéləp] 디벨러ㅍ	됨 발전시키다
□ **talent** [tǽlənt] 탤런ㅌ	몡 재능 cf. talented 재능 있는
□ **aged** [éidʒid] 에이쥐ㄷ	휑 (나이가) ~세[살]의
□ **prepare** [pripɛ́ər] 프리페어r	됨 준비하다
□ **performance** [pərfɔ́ːrməns] 퍼r포:r먼ㅅ	몡 공연 cf. perform 공연하다
□ **time limit**	시간 제한
limit [límit] 리미ㅌ	몡 제한; 한계
□ **own** [oun] 오운	휑 자신의 됨 소유하다
□ **background** [bǽkgràund] 백그라운ㄷ	몡 배경
□ **instrument** [ínstrəmənt] 인스트러먼ㅌ	몡 악기; 도구
□ **fill out**	(서류를) 작성하다
□ **application form**	신청서
application [æpləkéiʃən] 애플리케이션	몡 신청 cf. apply 신청하다
□ **receive** [risíːv] 뤼씨:ㅂ	됨 받다
□ **reply** [riplái] 리플라이	몡 답장 됨 답장[대답]하다
□ **sign up**	등록하다
□ **contact** [kántækt] 칸택ㅌ	몡 연락 됨 (전화·편지 등으로) 연락하다
□ **information** [ìnfərméiʃən] 인퍼r메이션	몡 정보

03 전쟁에서 활약한 원숭이

pp. 16~17

☐ **pet** [pet] 페트 — 몡 애완동물

☐ **baboon** [bæbú:n] 배부운 — 몡 개코원숭이

☐ **~ named ...** — …라고 이름 지어진 ~

　　name [neim] 네임 — 동 이름 짓다 몡 이름

☐ **smart** [smɑ:rt] 스마ː르트 — 혱 똑똑한

☐ **one day** — 어느 날

☐ **war** [wɔ:r] 워ː r — 몡 전쟁

☐ **take A to B** — A를 B에 데리고 가다

☐ **listen for** — ~을 들으려고 귀를 기울이다

☐ **enemy** [énəmi] 에너미 — 몡 적; 적군

☐ **soldier** [sóuldʒər] 쏘울져 r — 몡 군인

☐ **last** [læst] 래스트 — 동 계속되다 혱 지난; 마지막의

☐ **make a surprise attack** — 기습 공격을 하다

　　surprise [sərpráiz] 써 r 프롸이즈 — 몡 뜻밖의[놀라운] 일

　　attack [ətǽk] 어택 — 몡 공격 동 공격하다

☐ **medal** [médəl] 메들 — 몡 메달, 훈장, 상

☐ **thank** [θæŋk] 땡크 — 동 감사하다, 고마워하다

☐ **wear** [wɛər] 웨어 r — 동 (장신구, 옷 등을) 착용하다
(-wore- worn)

04 하모니카는 최고의 선물

□ **Christmas** [krísməs] 크뤼스마ㅆ — 몡 성탄절, 크리스마스

□ **get** [get] 게트 — 동 받다, 얻다 (-got-gotten)

□ **as** [əz] 애즈 — 전 ~로서

□ **present** [prézənt] 프뤠즌트 — 몡 선물

□ **show off** — 자랑하다

□ **friend** [frend] 프뤤드 — 몡 친구

□ **harmonica** [hɑːrmánəkə] 하ːr마니커 — 몡 하모니카

□ **the best ~ I've ever ...** — 내가 …한 것 중 최고의 ~

□ **what' so great about~?** — ~이 뭐가 그리 대단한가?

□ **quarter** [kwɔ́ːrtər] 쿼ːr터r — 몡 25센트 동전; 4분의 1

□ **play** [plei] 플레이 — 동 (악기를) 연주하다

□ **trumpet** [trʌ́mpit] 트뤔피트 — 몡 트럼펫

☐ **hold** [hould] 호울ㄷ	⑧ 들고[잡고] 있다
☐ **mirror** [mírər] 미뤄r	⑲ 거울
☐ **in front of**	~ 앞에
☐ **bark** [bɑːrk] 바ːrㅋ	⑧ (개가) 짖다
☐ **loudly** [láudli] 라우들리	⑨ 요란하게, 시끄럽게
☐ **try to**	~하려고 하다
try [trai] 츄라이	⑧ 노력하다
☐ **other** [ʌ́ðər] 아더r	⑲ 다른 ⑲ 다른 사람
☐ **behave** [bihéiv] 비헤이ㅂ	⑧ 행동하다
☐ **in the same way**	같은 방식으로
☐ **beside** [bisáid] 비싸이ㄷ	⑳ ~ 옆에, ~ 곁에 (= next to)
☐ **fish tank**	어항, 수족관
☐ **attack** [ətǽk] 어택	⑧ 공격하다
☐ **image** [ímidʒ] 이미쥐	⑲ 상, 모습
☐ **however** [hauévər] 하우에버r	⑨ 그러나, 하지만
☐ **chimp** [tʃimp] 췸ㅍ	⑲ 침팬지 (chimpanzee의 줄임말)
☐ **dolphin** [dálfin] 달핀	⑲ 돌고래
☐ **know better**	분별력이 있다, 영리하다
☐ **once** [wʌns] 원쓰	⑨ (과거) 언젠가, 이전에
☐ **trunk** [trʌŋk] 트렁ㅋ	⑲ (코끼리의) 코, (자동차의) 트렁크
☐ **recognize** [rékəgnàiz] 뤠커그나이ㅈ	⑧ 알아보다, 인식하다
☐ **owner** [óunər] 오우너r	⑲ 소유주, 주인

06 전쟁터에서 유래된 넥타이

pp. 24~25

☐ **wear** [wɛər] 웨어r	통 ~을 입다, 매다 (-wore-worn)
☐ **necktie** [néktài] 넥타이	명 넥타이
☐ **all over the world**	전 세계에
☐ **come from**	~에서 오다, 유래하다
☐ **Croatia** [krouéiʃə] 크로에이시아	명 크로아티아
☐ **country** [kʌ́ntri] 컨츄뤼	명 나라; 시골
☐ **eastern** [íːstərn] 이:스터r언	형 동쪽에 위치한 *cf.* east 동쪽
☐ **century** [séntʃəri] 센츄뤼	명 세기 (100년)
☐ **fashion** [fǽʃən] 패션	명 패션; 유행
☐ **different from**	~와 다른
different [dífərənt] 디퍼런트	형 다른
☐ **enemy soldier**	적군
enemy [énəmi] 에너미	명 적; 적군
soldier [sóuldʒər] 쏘울저r	명 군인
☐ **later** [léitər] 레이터r	부 후에, 나중에
☐ **end** [end] 엔드	통 끝나다
☐ **these days**	요즘
☐ **important** [impɔ́ːrtənt] 임포:r턴트	형 중요한
☐ **part** [pɑːrt] 파:r트	명 부분
☐ **continue** [kəntínjuː] 컨티뉴:	통 계속하다

Unit **3**

☐ **business** [bíznis] 비지니ㅆ   몡 사업

☐ **friendship** [fréndʃip] 프뤤드쉽   몡 우정; 교우관계

☐ **simple** [símpl] 씸쁠   몡 단순한

☐ **each other**   서로

☐ **forehead** [fɔ́ːrhed] 포ːr헤ㄷ   몡 이마

☐ **probably** [prábəbli] 프롸버블리   튄 아마도

☐ **towards** [tɔ́ːrz] 투워ːrㅈ   젠 ~쪽으로, ~을 향하여

☐ **in many cases**   많은 경우에

   case [keis] 케이ㅅ   몡 경우; 상자

☐ **necklace** [néklis] 네끌리ㅆ   몡 목걸이

☐ **in love**   사랑에 빠진

☐ **eye contact**   시선 맞추기

   contact [kántækt] 칸택ㅌ   몡 접촉

☐ **relationship** [riléiʃənʃip] 륄레이션쉽   몡 관계

08 처음 본 것을 엄마로 아는 동물   pp. 32~33

☐ **goose** [gu:s] 구우스   몡 거위 *cf.* geese 거위들

☐ **scene** [si:n] 씨인   몡 장면

☐ **reason** [rí:zən] 뤼:즌   몡 이유

☐ **living thing**   생명체, 생물

☐ **hatch** [hætʃ] 해취   동 (알에서) 부화하다

☐ **parent** [pɛ́ərənt] 패어런트   몡 (한쪽의) 부모, 어버이

☐ **behavior** [bihéivjər] 비헤이뷔어r   몡 행동 *cf.* behave 행동하다

☐ **common** [kámən] 카먼   혱 흔한

☐ **among** [əmʌ́ŋ] 어멍   전 ~사이에 (셋 이상 중)

☐ **newborn** [njú:bɔ̀:rn] 뉴:보:r온   혱 갓 태어난

☐ **happen to**   우연히 ~하다

☐ **right after**   ~ 직후에

☐ **birth** [bə:rθ] 버:r쓰   몡 출생, 탄생 *cf.* birthday 생일

☐ **think of A as B**   A를 B라고 생각하다

☐ **feed on**   ~을 먹고 살다

    feed [fi:d] 삐:드   동 먹이를 주다

☐ **grain** [grein] 그뤠인   몡 곡물

☐ **interestingly** [íntərestiŋli] 인터뤠스팅리   튄 흥미롭게도

☐ **real** [rí:əl] 뤼:얼   혱 진짜의

☐ **ignore** [ignɔ́:r] 이그노:r어   동 무시하다

☐ **continue** [kəntínju:] 컨티뉴: 동 계속하다

☐ **shell** [ʃel] 쉘   몡 (달걀 등의) 껍데기

09 몰디브에 무슨 일이?

- □ **get** [get] 게트 — 동 ~하게 되다; 받다, 얻다
- □ **as a result** — 그 결과
  - **result** [rizʌ́lt] 뤼절트 — 명 결과
- □ **South Pole** — 남극 cf. pole (지구의) 극
- □ **North Pole** — 북극
- □ **melt** [melt] 멜트 — 동 녹다
- □ **sea level** — 해수면 cf. level 높이
- □ **rise** [raiz] 롸이ㅈ — 동 상승하다
- □ **current** [kə́:rənt] 커:런트 — 형 현재의
- □ **by** [bai] 바이 — 전 ~쯤에는, ~까지는
- □ **suffer** [sʌ́fər] 써퍼r — 동 고통 받다; 악화되다
- □ **island** [áilənd] 아일런드 — 명 섬
- □ **above** [əbʌ́v] 어버ㅂ — 전 ~보다 위에[높이]
- □ **sink** [siŋk] 씽크 — 동 가라앉다
- □ **soon** [su:n] 쑤운 — 부 곧, 조만간
- □ **make a plan** — 계획을 세우다
- □ **build** [bild] 비일드 — 동 쌓다, 짓다
- □ **avoid** [əvɔ́id] 어보이드 — 동 방지하다, 막다; 피하다
- □ **sandy** [sǽndi] 쌘디 — 형 모래가 많은 cf. sand 모래
- □ **solve** [salv] 쌀ㅂ — 동 해결하다
- □ **polar** [póulər] 포울러r — 형 극지방의
- □ **region** [rí:dʒən] 뤼:전 — 명 지역

Unit 4

pp. 38~39

10 사랑에 빠지면 이렇게 행동한다

☐ **special** [spéʃəl] 스페셜	혱 특별한
☐ **sign** [sain] 싸인	몡 신호
☐ **be interested in**	~에 관심이 있다
interested [íntərestid] 인터뤠스티드	혱 관심 있는
☐ **check off**	체크 표시를 하다
☐ **apply to**	~에 적용되다
apply [əplái] 어플라이	툉 적용하다; 신청하다
☐ **near** [niər] 니어r	젠 ~ 가까이에, ~ 근처에
☐ **next to**	~옆에 (=beside)
☐ **play with**	~을 만지작거리다; ~을 가지고 놀다
☐ **bite** [bait] 바이트	툉 (이빨로) 물다
☐ **fingernail** [fíŋɡərnèil] 핑거r네일	몡 손톱 *cf.* finger 손가락
☐ **laugh at**	~을 듣고[보고] (소리 내) 웃다
laugh [læf] 래프	툉 (소리 내) 웃다
☐ **joke** [dʒouk] 조우ㅋ	몡 농담
☐ **even if**	비록 ~일지라도
☐ **conversation** [kɔ̀nvərséiʃən] 컨버r쎄이션	몡 대화 ▶ start a conversation with ~와 대화를 시작하다
☐ **ask A for B**	A에게 B를 요청하다
☐ **advice** [ədváis] 어드바이ㅆ	몡 조언, 충고

- ☐ **notice** [nóutis] 노우티ㅆ 　　　　　　⟨동⟩ 알아차리다

- ☐ **change** [tʃeindʒ] 체인쥐 　　　　　　⟨명⟩ 변화 　⟨동⟩ 바뀌다

- ☐ **comment on** 　　　　　　　　　　　　~에 관해 (의견을) 말하다

  comment [kάment] 카멘ㅌ 　　　　⟨동⟩ 의견을 밝히다, 논평하다 　⟨명⟩ 논평; 해설

- ☐ **before anyone else** 　　　　　　　다른 사람보다 먼저

- ☐ **might** [mait] 마이ㅌ 　　　　　　　~일지도 모른다 (불확실한 가능성)
  　　　　　　　　　　　　　　　　　　　cf. may ~일 것이다 (might 보다 더 높은
  　　　　　　　　　　　　　　　　　　　가능성)

- ☐ **opinion** [əpínjən] 어피니언 　　　　⟨명⟩ 의견

11 실내 식물은 공기 청정기 pp. 40~41

☐ **spend**[spend] 스펜ㄷ	동 (시간을) 보내다
☐ **indoors**[ìndɔ́:rz] 인도:어rㅈ	부 실내에서 (↔ outdoors 실외에서) *cf.* indoor 형 실내의
☐ **polluted**[pəlú:tid] 펄루:티ㄷ	형 오염된 *cf.* pollute 오염시키다
☐ **much**[mʌtʃ] 머취	부 (비교급 앞에서) 훨씬
☐ **outdoor**[áutdɔ̀:r] 아웃도:어r	형 실외의
☐ **harmful**[háːrmfəl] 하:r암펄	형 해로운
☐ **chemical**[kémikəl] 케미컬	명 화학 물질 형 화학의, 화학적인
☐ **carpet**[káːrpit] 카:r피트	명 카펫, 장판
☐ **furniture**[fɔ́ːrnitʃər] 뻐:r니춰r	명 가구
☐ **houseplant**[háusplæ̀nt] 하우ㅆ플랜ㅌ	명 실내 식물
☐ **like**[laik] 라이ㅋ	전 ~와 같은 동 좋아하다 ▶ be like ~와 같다
☐ **air-cleaning machine**	공기 청정기
machine[məʃíːn] 머쉬:인	명 기계
☐ **take in**	흡수하다, 들이마시다
☐ **fresh**[freʃ] 프뤠쉬	형 신선한
☐ **oxygen**[ɑ́ksidʒən] 악씨젼	명 산소
☐ **grow**[grou] 그로우	동 기르다, 재배하다; 자라다
☐ **Why don't you ~?**	~해 보는 게 어때?
☐ **try**[trai] 츄롸이	동 시험 삼아 ~ 해 보다

☐ **world-famous**   휑 세계적으로 유명한

☐ **dentist** [déntist] 덴티스트   몡 치과의사

☐ **travel** [trǽvəl] 츄래블   동 여행하다

☐ **the Swiss Alps**   스위스의 알프스 산맥

☐ **while** [wail] 와일   접 ~하는 동안에

☐ **village** [vílidʒ] 빌리쥐   몡 마을

☐ **learn** [ləːrn] 러:r언   동 알게 되다, 깨닫다; 배우다

☐ **surprising** [sərpráiziŋ] 써r프롸이징   휑 놀라운

☐ **almost** [ɔ́ːlmoust] 얼:모우스트   뿐 거의

☐ **brush one's teeth**   양치하다, 이를 닦다

☐ **possible** [pásəbl] 파써블   휑 가능한 (↔ impossible 불가능한)

☐ **discover** [diskʌ́vər] 디스커버r   동 알아내다 (= find out); 발견하다

☐ **secret** [síːkrit] 씨:크뤼트   몡 비결; 비밀

☐ **natural** [nǽtʃərəl] 내츄뤌   휑 (가공한 게 아닌) 자연 그대로의
                                     cf. nature 자연

☐ **healthy** [hélθi] 헬씨   휑 건강에 좋은; 건강한

☐ **diet** [dáiət] 다이어트   몡 (일상적으로 먹는) 음식물; 식습관

☐ **raw** [rɔː] 러: 휑 익히지 않은, 날것의

☐ **goat** [gout] 고우트   몡 염소

☐ **be full of**   ~으로 가득 차다

☐ **mineral** [mínərəl] 미너뤌   몡 (철, 칼슘 등의 영양소) 미네랄, 광물질

13 곤충이 맛을 보는 법 pp. 48~49

□ **taste**[teist] 테이스트 — 동 맛보다 명 맛

□ **most**[moust] 모우스트 — 형 대부분의

□ **use**[ju:z] 유:즈 — 동 사용하다

□ **tongue**[tʌŋ] 텅 — 명 혀

□ **insect**[ínsekt] 인섹트 — 명 곤충

□ **different**[dífərənt] 디퍼런트 — 형 다른, 다양한

□ **way**[wei] 웨이 — 명 방식, 방법; 길

□ **fly**[flai] 플라이 — 명 파리 동 날다

□ **special**[spéʃəl] 스페셜 — 형 특수한, 특별한

□ **hair**[hɛər] 헤어r — 명 털; 머리카락

□ **all over** — ~의 전면에
  ▶ all over their legs 그들의 다리 전면에

□ **butterfly**[bʌ́tərflài] 버터r플라이 — 명 나비

□ **spider**[spáidər] 스파이더r — 명 거미

□ **honey bee**[hʌ́ni bì:] 허니비: — 명 꿀벌

□ **tip**[tip] 팁 — 명 (뾰족한 것의) 끝; 조언

□ **also**[ɔ́:lsou] 어얼쏘우 — 부 또한

□ **smell**[smel] 스메을 — 동 냄새 맡다 명 냄새

□ **like**[láik] 라이크 — 전 ~와 같은 동 좋아하다

□ **the same A as B**	B와 똑같은 A
□ **life cycle**	생애 주기
cycle [sáikl] 싸이클	몡 주기, 순환
□ **human** [hjú:mən] 휴:먼	몡 인간 혱 인간의
□ **birth** [bə:rθ] 버:r쓰	몡 출생, 탄생
□ **growth** [grouθ] 그로우쓰	몡 성장
□ **death** [deθ] 데쓰	몡 죽음 cf. die 죽다
□ **grow old**	나이가 들다 cf. grow ~해지다; 자라다
□ **wrinkle** [ríŋkl] 륑클	몡 주름(살)
□ **What about ~?**	~은 어떤가?
□ **cool** [ku:l] 쿠울	혱 서늘한 통 식다, 차가워지다
	▶ cool down (열이) 식다
□ **turn red**	빨개지다 cf. turn ~하게 변하다
□ **run on**	~을 연료로 움직이다
□ **hydrogen** [háidrədʒən] 하이드뤄전	몡 수소
□ **burn** [bə:rn] 버:r언	통 (연료를) 태우다
□ **disappear** [dìsəpíər] 디써피어r	통 사라지다 (↔ appear 나타나다)
□ **scary** [skɛ́əri] 스께어뤼	혱 무서운 cf. scare 무섭게 하다
□ **black hole**	몡 블랙홀 (모든 물체를 빨아들이는 천체)
hole [houl] 호울	몡 구멍; 구덩이
□ **observe** [əbzə́:rv] 어브저:r브	통 관찰하다
□ **grown-up** [gròun-ʌ́p] 그로운엎	혱 어른이 된, 다 자란 몡 어른, 성인

15 축구 기술, 저글링   pp. 52~53

□ **juggle** [dʒʌ́gl] 저글
⑧ 공중에서 공으로 묘기를 부르다, 저글링하다

□ **art** [ɑːrt] 아ː*r*트
⑲ 기술, 기예; 예술

□ **keep** [kiːp] 키ː프
⑧ (계속) 가지고 있다

□ **in the air**
공중에서 *cf.* air 공중; 공기

□ **practice** [prǽktis] 프랙티ㅆ
⑧ 연습하다 ⑲ 연습

□ **improve** [imprúːv] 임프루ː브
⑧ 향상시키다; 나아지다

□ **ability** [əbíləti] 어빌리티
⑲ 능력

□ **control** [kəntróul] 컨트로울
⑧ 제어하다, 통제하다

□ **be full of**
~으로 가득 차다

□ **key** [kiː] 키ː
⑱ 중요한 ⑲ 열쇠

□ **hold** [hould] 호울ㄷ
⑧ 잡다, 붙들다

□ **both** [bouθ] 보우ㅆ
⑱ ⑲ 둘 다

□ **drop** [drɑp] 드랍
⑧ 떨어뜨리다; 떨어지다

□ **kick up**
위로 차다 *cf.* kick (발로) 차다

□ **so that ~ can...**
~이 …할 수 있도록

□ **upper body**
상체 *cf.* upper 위쪽의

□ **once** [wʌns] 원ㅆ
⑳ 일단 ~하면

□ **comfortable** [kʌ́mfərtəbl] 컴퍼*r*터블
⑱ 편안한

□ **thigh** [θai] 따이
⑲ 허벅지

□ **chest** [tʃest] 체스트
⑲ 가슴

□ **shoulder** [ʃóuldər] 쇼울더*r*
⑲ 어깨

Unit 6

16 내용만 바꿨을 뿐인데 pp. 56~57

☐ **by** [bai] 바이
  전 ~ 옆에
  ▶ by the side of the road 도로변에

☐ **side** [said] 싸이드
  명 가장자리, 측(면)

☐ **road** [roud] 로우드
  명 길, 도로

☐ **sign** [sain] 싸인
  명 팻말, 표지판; 신호

☐ **say** [sei] 쎄이
  동 ~라고 쓰여 있다 (-say-said-said)
  ▶ it says ~ 그것에 ~라고 쓰여 있다

☐ **blind** [blaind] 블라인드
  형 눈이 먼

☐ **drop** [drɑp] 드랍
  동 떨어뜨리다

☐ **coin** [kɔin] 코인
  명 동전

☐ **delete** [dilíːt] 딜리ː트
  동 지우다, 삭제하다

☐ **message** [mésidʒ] 메시쥐
  명 메시지, 문구, 전달 내용

☐ **wonder** [wʌ́ndər] 원더r
  동 궁금해하다

☐ **amazing** [əméiziŋ] 어메이징
  형 놀라운

☐ **surprising** [sərpráiziŋ] 써r프롸이징
  형 놀랄만한

☐ **happen** [hǽpən] 해쁜
  동 발생하다

17 지구의 마지막 날 pp. 58~59

☐ **peaceful**[píːsfəl] 피ː스펄	혱 평화로운 *cf.* peace 평화
☐ **ago**[əgóu] 어고우	뷔 ~ 전에 ▶ 200,000 years ago 20만 년 전에
☐ **last**[læst] 래스트	동 지속[계속]되다 혱 지난; 마지막의
☐ **selfish**[sélfiʃ] 셀피쉬	혱 이기적인
☐ **monster**[mánstər] 만스터r	몡 괴물
☐ **appear**[əpíər] 어피어r	동 나타나다 (= show up)
☐ **care about**	~에 대해 신경 쓰다, 염려하다
☐ **living thing**	생물, 생명체
☐ **because of**	~ 때문에
☐ **hurt**[həːrt] 허ːr트	동 해치다, 상처 내다 (-hurt-hurt)
☐ **factory**[fǽktəri] 팩터뤼	몡 공장
☐ **waste**[weist] 웨이스트	몡 쓰레기, 폐기물; 낭비 동 낭비하다
☐ **smoke**[smouk] 스모우크	몡 연기
☐ **destroy**[distrɔ́i] 디스트로이	동 파괴하다
☐ **situation**[sìtʃuéiʃən] 씨츄에이션	몡 상황
☐ **garbage**[gáːrbidʒ] 가ːr비쥐	몡 쓰레기
☐ **harmful**[háːrmfəl] 하ːr암펄	혱 해로운
☐ **start**[staːrt] 스타ːr트	동 시작하다 (= begin) ▶ start to ~하기 시작하다
☐ **die**[dai] 다이	동 죽다
☐ **disappear**[dìsəpíər] 디써피어r	동 사라지다 (↔ appear 나타나다)
☐ **finally**[fáinəli] 파이널리	뷔 결국 (= in the end)

☐ **Egyptian**[idʒípʃən] 이쥡션	휑 이집트인; 이집트의 *cf.* Egypt 이집트
☐ **god**[gɑd] 가드	똉 신
☐ **be allowed to**	~하는 것이 허용되다
allow[əláu] 얼라우	똉 허용하다
☐ **however**[hauévər] 하우에버r	휑 그러나, 하지만 (=but)
☐ **belief**[bilíːf] 빌리:프	똉 믿음 *cf.* believe 믿다
☐ **once**[wʌns] 원쓰	휑 (과거) 한때, 언젠가, 이전에
☐ **between**[bitwíːn] 비트위인	젼 ~사이에
☐ **Persia**[pə́ːrʒə] 퍼:r저	똉 페르시아 *cf.* Persian 페르시아인
☐ **since**[sins] 씬스	젭 ~이기 때문에 (= because)
☐ **worried**[wə́ːrid] 워:뤼드	휑 걱정하는 *cf.* worry 걱정; 걱정하다
☐ **secret**[síːkrit] 씨:크뤼트	휑 비밀의 똉 비밀; 비결
☐ **bring**[briŋ] 브륑	똉 가져오다, 데리고 오다 (-brought -brought)
☐ **shield**[ʃiːld] 쉬:일드	똉 방패
☐ **shocked**[ʃɑːk] 샤악트	휑 충격 받은 *cf.* shock 충격; 충격을 주다
☐ **attack**[ətǽk] 어택	똉 공격하다 똉 공격
☐ **lose**[luːz] 루:즈	똉 (게임, 싸움, 전쟁 등에서) 지다 (-lost-lost)

Unit 07

19 피자의 탄생

pp. 66~67

☐ **southern** [sʌ́ðərn] 써더r언   ⑧ 남부의 *cf.* south 남쪽

☐ **Italy** [ítəli] 이를리   ⑨ 이탈리아

☐ **poor** [puər] 푸어r   ⑧ 가난한; 실력이 없는

☐ **expensive** [ikspénsiv] 익스펜씨ㅂ   ⑧ 비싼 (↔ cheap)

☐ **come up with**   ~을 생각해 내다

☐ **olive** [áliv] 알리ㅂ   ⑨ 올리브

☐ **on top of**   ~ 위에

☐ **dough** [dou] 도우   ⑨ 밀가루 반죽 *cf.* doughnut 도넛

☐ **bake** [beik] 베이ㅋ   ⑧ (불에) 굽다

☐ **tasty** [téisti] 테이스티   ⑧ 맛있는 *cf.* taste 맛보다

☐ **nutritious** [njuːtríʃəs] 뉴:트리셔ㅆ   ⑧ 영양가 있는

☐ **dish** [diʃ] 디쉬   ⑨ 요리; 접시

☐ **Italian** [itǽljən] 이탤리언   ⑨ 이탈리아어; 이탈리아인

☐ **move** [muːv] 무:ㅂ   ⑧ (~으로) 이동하다

☐ **popular** [pápjulər] 파퓰러r   ⑧ 인기 있는

☐ **simple** [símpl] 씸쁠   ⑧ 간단한; 단순한

20 그 아이 앞에만 서면 떨려!

☐ **smile at**	~에게 미소 짓다
☐ **heart** [hɑːrt] 하:r트	⑲ 심장; 마음
☐ **beat** [biːt] 비:트	⑧ (심장이) 뛰다, 고동치다
☐ **go on**	(일이) 진행되다, 되어 가다
☐ **have a crush on**	~에게 반하다
crush [krʌʃ] 크뤄쉬	⑲ (오래가지 않는) 강렬한 사랑, 홀딱 반함
☐ **at least**	적어도, 최소한 (↔ at most 기껏해야, 많아야)
☐ **once** [wʌns] 원쓰	⑨ 한 번
☐ **childhood** [tʃáildhùd] 촤일드후ㄷ	⑲ 어린 시절
☐ **may** [mei] 메이	~일지도 모른다
☐ **classmate** [klǽsmèit] 클래스메이트	⑲ 반 친구
☐ **embarrassed** [imbǽrəst] 임배뤄스트	⑲ 당황한
☐ **just like**	꼭 ~와 같은
☐ **cold** [kould] 코울ㄷ	⑲ 감기 ⑲ 추운
☐ **last** [læst] 래스트	⑧ 지속되다 ⑲ 지난; 마지막의
☐ **don't have to**	~할 필요가 없다 cf. have to ~해야 한다
☐ **pass** [pæs] 패쓰	⑧ 지나가다, 통과하다

21 우리 몸의 세포 재생 주기 pp. 70~71

□ **cell** [sel] 쎌 — 몡 세포

□ **last** [læst] 래스트 — 동 지속되다 혱 지난; 마지막의

□ **at any point of ~** — ~의 어느 시점에서

□ **depend on** — ~에 달려있다

　　depend [dipénd] 디펜드 — 동 의존하다, 의지하다

□ **have to** — ~해야 한다 (=should)
　　cf. don't have to ~할 필요가 없다

□ **protect** [prətékt] 프러텍트 — 동 보호하다

□ **fully** [fúli] 뿔리 — 뷔 완전히 (=completely)

□ **replace** [ripléis] 뤼플레이쓰 — 동 교체하다; 바꾸다

□ **every few ~** — 몇 ~마다
　　▶ every few weeks 몇 주 마다

□ **a little** — 조금, 다소

□ **take ~ for example** — ~을 예로 들다

　　example [igzǽmpl] 이그잼쁠 — 몡 예, 예시

□ **stomach** [stʌ́mək] 스떠먹 — 몡 위; 복부

□ **all day** — 하루 종일

□ **digest** [daidʒést] 다이줴스트 — 동 (음식을) 소화시키다

□ **survive** [sərváiv] 써r바이브 — 동 살아남다, 생존하다

□ **a couple of ~** — 둘의, 두 서너 개의
　　▶ a couple of days 이삼일

22 새로운 바비 인형을 만나봐!

☐ **appear** [əpíər] 어피어r   동 등장하다, 나타나다

☐ **enter** [éntər] 엔터r   동 (상황에) 진입하다; ~로 들어가다

☐ **age** [eidʒ] 에이쥐   명 시대; 나이

☐ **in the past**   과거에 *cf.* past 과거

☐ **skinny** [skíni] 스끼니   형 깡마른

☐ **variety** [vəráiəti] 버롸이어티   명 다양성 *cf.* various 다양한

☐ **body type**   체형

☐ **curvy** [kə́ːrvi] 커ːr뷔   형 통통한; 굴곡이 있는 *cf.* curve 곡선, 굴곡

☐ **even** [íːvən] 이ː븐   부 심지어

☐ **disabled** [diséibld] 디쎄이블ㄷ   형 장애가 있는

☐ **wheelchair** [wíltʃèr] 위일체어r   명 휠체어

☐ **missing** [mísiŋ] 미씽   형 없어진, 사라진

☐ **company** [kʌ́mpəni] 컴퍼니   명 회사

☐ **decide** [disáid] 디싸이ㄷ   동 결정하다 ▶ decide to ~하기로 결정하다

☐ **win the heart of**   ~의 마음을 사로잡다

☐ **diverse** [daivə́ːrs] 다이버ːr쓰   형 다양한

☐ **look like**   ~처럼 보이다

☐ **comfortable** [kʌ́mfərtəbl] 컴퍼r터블   형 편안한

☐ **novel** [návəl] 나벌   명 소설

23 식당에서 진주를 발견했다고? pp. 76~77

□ **lucky**[lʌ́ki] 럭키	형 운이 좋은 *cf.* luck 운
□ **oyster**[ɔ́istər] 오이스터*r*	명 굴
□ **hard**[hɑːrd] 하ː*r*드	형 딱딱한 부 열심히
□ **at first**	처음에
□ **to one's surprise**	~이 놀랍게도
□ **pearl**[pəːrl] 퍼ː*r*얼	명 진주
□ **lovely**[lʌ́vli] 러블리	형 아름다운, 사랑스러운
□ **jewel**[dʒúːəl] 쥬ː얼	명 보석
□ **inside**[ìnsáid] 인싸이드	부 안에서, 내부에서
□ **shell**[ʃel] 쉘	명 (조개나 굴의) 딱딱한 껍질, 껍데기
□ **get into**	~ 안으로 들어가다
□ **hurt**[həːrt] 허ː*r*트	동 아프다; 해치다, 상처 내다
□ **pain**[pein] 페인	명 통증, 고통
□ **cover A with B**	A를 B로 씌우다, 덮다 *cf.* cover 씌우다
□ **shiny**[ʃáini] 샤이니	형 빛나는, 반짝거리는
□ **substance**[sʌ́bstəns] 서브스턴쓰	명 물질
□ **it takes ~**	~의 시간이 걸리다
□ **turn into ~**	~으로 변하다
□ **fortunate**[fɔ́ːrtʃ(ə)nət] 포ː*r*춰너트	형 운이 좋은
□ **dot**[dɑt] 다트	명 점
□ **worth**[wəːrθ] 워ː*r*쓰	형 ~의 가치가 있는
□ **about**[əbáut] 어바우트	전 대략; ~에 대해서

- [ ] **jellyfish** [dʒélifiʃ] 젤리삐쉬   몡 해파리
- [ ] **trick** [trik] 츄릭   몡 재주
- [ ] **instead of**   ~ 대신에
- [ ] **change back into**   ~으로 되돌아가다
- [ ] **repeat** [ripíːt] 뤼피ː트   동 반복하다
- [ ] **life cycle**   생애 주기
- [ ] **over and over again**   반복하여 (=again and again)
- [ ] **scarlet** [skáːrlət] 스칼ː렅   혱 진홍색의, 다홍색의
- [ ] **succeed** [səksíːd] 썩씨ː드   동 성공하다 (↔ fail)
- [ ] **forever** [fərévər] 퍼r에버r   閉 영원히
- [ ] **be able to**   ~할 수 있다 (=can)

Unit **09**

25 동서양의 용 이야기 pp. 84~85

☐ **dragon** [drǽgən] 드래건	몡 용 (거대한 뱀처럼 생긴 상상 속의 동물)
☐ **good luck**	행운, 행운을 가져오는 존재 (↔ bad luck 불운)
☐ **depend on**	~에 달려 있다
☐ **maybe** [méibi:] 메이비:	뷔 아마도
☐ **because of ~**	~ 때문에
☐ **the Bible**	성경, 성서
Bible [báibl] 바이블	몡 성경
☐ **monster** [mánstər] 만스터r	몡 괴물
☐ **devil** [dévl] 데블	몡 사탄, 악마
☐ **evil** [í:vəl] 이:블	혱 사악한
☐ **enemy** [énəmi] 에너미	몡 적; 적군
☐ **God** [gɑd] 가드	몡 하느님
☐ **fight with**	~와 싸우다
fight [fait] 빠잇트	동 싸우다
☐ **angel** [éindʒəl] 에인즐	몡 천사
☐ **opposite** [ápəzit] 아퍼지트	몡 반대 혱 반대의
☐ **god** [gɑd] 가드	몡 (일반적인) 신

□ **uniform** [júːnəfɔ̀ːrm] 유ː니퍼ː*r*엄   몡 교복, 제복, 군복

□ **chip** [tʃip] 췹   몡 칩, 조각

□ **keep track of**   ~을 추적하다

   track [træk] 츄뢕   동 추적하다

□ **activity** [æktívəti] 액티비리   몡 활동

□ **parents** [péərənts] 페어런츠   몡 부모

□ **get to**   ~에 도착하다

□ **skip a class**   수업을 빼먹다

   skip [skip] 스낖   동 (일을) 빼먹다, 거르다

□ **tell** [tel] 텔   동 알려주다; 말하다

□ **go missing**   사라지다, 행방불명되다
                        cf. missing 사라진, 없어진

□ **comment** [káment] 카멘트   동 의견을 밝히다, 논평하다

□ **human right**   인권

   right [rait] 롸이트   몡 권리

□ **privacy** [práivəsi] 프롸이버씨   몡 사생활

27 후식으로 과일은 그만! pp. 88~89

□ **fruit** [fru:t] 쁘루:트 　　　　　　　　명 과일

□ **anything else** 　　　　　　　　다른 것, 그 밖에 또 무언가

□ **digest** [daidʒést] 다이줴스트 　　　동 소화되다; 소화하다
　　　　　　　　　　　　　　　　　　cf. digestion 소화

□ **go (well) with** 　　　　　　　　~와 (잘) 어울리다

□ **watermelon** [wɔ́:tərmèlən] 워:터r멜런 　명 수박

□ **cause** [kɔ:z] 커:즈 　　　　　　동 (문제 등을) 일으키다　명 원인

□ **according to** 　　　　　　　　~에 의하면

□ **at the same time** 　　　　　　동시에

□ **leave** [li:v] 리:브 　　　　　　동 떠나다

□ **stomach** [stʌ́mək] 스떠먹 　　　명 (인체) 위, 배, 복부

□ **be ready to** 　　　　　　　　~할 준비가 되다

□ **during** [djúəriŋ] 듀어륑 　　　전 ~ 동안

□ **go bad** 　　　　　　　　　　상하다; 썩다

□ **highway** [háiwèi] 하이웨이 　　명 고속도로

□ **in front** 　　　　　　　　　　앞에

□ **move** [mu:v] 무:브 　　　　　동 이동하다

□ **it is the same with ~** 　　　그것은 ~도 마찬가지이다, 똑같다

□ **meal** [mi:l] 미을 　　　　　　명 식사

28 시험에 떨어진 소년의 위트 pp. 92~93

□ **elementary school**   초등학교

     elementary [èləméntəri] 엘러멘터뤼   형 초등의

□ **do well in school**   학교에서 공부를 잘하다, 학교생활을 잘하다

□ **as soon as**   ~하자마자

□ **get home**   집에 오다, 귀가하다

□ **news** [njuːz] 뉴ː즈   명 소식, 뉴스

□ **smile** [smail] 스마일   동 미소 짓다

□ **remember** [rimémbər] 뤼멤버r   동 기억하다

□ **promise to**   ~하기로 약속하다

     promise [prámis] 프롸미ㅆ   동 약속하다 명 약속

□ **if** [if] 이프   접 만약 ~하면

□ **pass** [pæs] 패ㅆ   동 (시험에) 통과하다, 합격하다; 지나가다

□ **spend** [spend] 스뻰ㄷ   동 (돈을) 쓰다; (시간을) 보내다

□ **nervous** [nɔ́ːrvəs] 너ːr버ㅆ   형 긴장한

□ **bored** [bɔːrd] 보어r드   형 지루해 하는

□ **hopeful** [hóupfəl] 호웁펄   형 기대에 찬

□ **disappointed** [dìsəpɔ́intid] 디써포인티드   형 실망스러운

□ **stairs** [stɛ́ərz] 스테어r즈   명 계단

29 수컷 물고기들이 사라지고 있어!   pp. 94~95

☐ **strange** [streindʒ] 스뜨뤠인쥐 | ⑱ 이상한

☐ **take place** | 발생하다, 일어나다 (=happen)

☐ **male** [meil] 메일 | ⑱ 수컷의 ⑲ 수컷

☐ **female** [fíːmeil] 피ː메일 | ⑱ 암컷의 ⑲ 암컷

☐ **study** [stʌ́di] 스터디 | ⑲ 조사, 연구 ⑧ 공부하다

☐ **turn** [təːrn] 터ːr언 | ⑧ (~한 상태로) 변하다

☐ **happen** [hǽpən] 해쁜 | ⑧ 일어나다, 발생하다

☐ **pollution** [pəlúːʃən] 펄루ː션 | ⑲ 오염 cf. pollute 오염시키다

☐ **report** [ripɔ́ːrt] 뤼포ːr트 | ⑧ 발표하다, 알리다; 보고하다

☐ **chemical** [kémikəl] 케미컬 | ⑲ 화학 물질 ⑱ 화학의

☐ **sex** [seks] 쎅쓰 | ⑲ (암수의) 성

☐ **keep -ing** | 계속 ~하다

☐ **flow into** | ~안으로 흘러 들어가다

   flow [flou] 플로우 | ⑧ 흐르다 ⑲ 흐름

☐ **sign** [sain] 싸인 | ⑲ 징후, 조짐; 표지판; 신호

☐ **take action** | 조치를 취하다

   action [ǽkʃən] 액션 | ⑲ 행동

☐ **serious** [síəriəs] 씨어뤼어쓰 | ⑱ 심각한

☐ **might** [mait] 마이트 | ~할지도 모른다

☐ **harmful** [háːrfəl] 하ːr암펄 | ⑱ 해로운

☐ **plant** [plænt] 플랜트 | ⑲ 식물

☐ **Indonesia** [ìndəníːʒə] 인더니:저   몡 인도네시아

☐ **decide** [disáid] 디싸이드   동 결정하다
      ▶ decide to ~하기로 결정하다

☐ **tribe** [traib] 츄롸이브   몡 부족

☐ **population** [pàpjuléiʃən] 파퓰레이션   몡 인구

☐ **record** [rikɔ́ːrd] 뤼커:ㄹ드   동 기록하다

      [rékərd] 뤠커ㄹ드   몡 기록

☐ **history** [hístəri] 히스터뤼   몡 역사

☐ **literature** [lítərətʃuər] 리러러춰ㄹ   몡 문학

☐ **choose** [tʃuːz] 츄:즈   동 선택하다 (-chose-chosen)

☐ **pronounce** [prənáuns] 프러나운ㅆ   동 발음하다

☐ **be different from**   ~와 다르다

☐ **letter** [létər] 레러ㄹ   몡 문자; 편지

☐ **foreign** [fɔ́ːrin] 포어륀   혱 외국의

☐ **country** [kʌ́ntri] 컨츄뤼   몡 나라; 시골

☐ **adopt** [ədápt] 어답트   동 채택하다

☐ **interest** [íntərest] 인터뤠스트   몡 관심
      ▶ show interest in ~에 관심을 보이다

31 개가 빗소리를 싫어하는 이유 pp. 102~103

☐ **quiet** [kwáiət] 콰이어트 · 형 조용한

☐ **too ~ for ...** · …에게 너무 ~한

☐ **noisy** [nɔ́izi] 노이지 · 형 시끄러운 (↔ quiet)

☐ **sound like** · ~처럼 들리다

　　sound [saund] 싸운드 · 동 들리다 명 소리

☐ **that's because ~** · 그것은 ~이기 때문이다

☐ **human** [hjúːmən] 휴ː먼 · 명 사람, 인간

☐ **hundred** [hʌ́ndrəd] 헌드뤠드 · 명 (숫자) 100

☐ **meter** [míːtər] 미ː러r · 명 (길이 단위) 미터

☐ **away** [əwéi] 어웨이 · 부 떨어져

☐ **see for oneself** · 스스로 확인하다, 직접 보다

☐ **a can of ~** · 한 캔[통] 의~
　　　　　　　　　　　　▶ a can of dog food 개 사료 한 캔

☐ **come running** · 달려오다

☐ **outside** [àutsáid] 아웃싸이드 · 명 바깥, 밖 부 밖에서

☐ **law** [lɔ:] 러:	명 법
☐ **might** [mait] 마이ㅌ	~할지도 모른다
☐ **laugh out loud**	큰 소리로 웃다
☐ **get into trouble**	곤경에 빠지다
trouble [trʌ́bl] 츄뤄블	명 문제, 곤란
☐ **follow** [fálou] 빨로우	동 (관습, 규칙 등을) 따르다
☐ **against** [əgénst] 어겐스ㅌ	전 ~을 위반하는
	▶ against the law 법을 위반하는
☐ **chew** [tʃu:] 츄:	동 씹다
☐ **be well known for**	~으로 잘 알려져 있다
☐ **spit out**	(입에서) 뱉다
spit [spit] 스삐ㅌ	동 뱉다
☐ **fine** [fain] 빠인	명 벌금 형 좋은, 멋진
☐ **the Pacific**	태평양
☐ **crime** [kraim] 크롸임	명 범죄
☐ **overweight** [òuvərwéit] 오우버r웨이ㅌ	형 과체중의 (↔ underweight)
☐ **illegal** [ilí:gəl] 일리:걸	형 불법의, 위법인 (↔ legal)
☐ **adult** [ədʌ́lt] 어덜ㅌ	명 성인
☐ **maximum** [mǽksəməm] 맥써멈	형 최대한의 (↔ minimum)
☐ **waistline** [wéistlàin] 웨이스트라인	명 허리둘레 (치수)
☐ **more than**	~이상의

33 자연 최고의 건축가, 흰개미 pp. 106~107

☐ **even** [íːvən] 이ː븐 ㉯ 심지어, 조차도

☐ **secret** [síːkrit] 씨ː끄뤼트 ㉤ 비결; 비밀

☐ **design** [dizáin] 디자인 ㉦ 설계하다, 디자인하다

☐ **insect** [ínsekt] 인섹트 ㉤ 곤충

☐ **termite** [tə́ːrmait] 터ːr마이트 ㉤ 흰개미

☐ **find out** 알아내다, 발견하다

☐ **stay** [stei] 스떼이 ㉦ ~한 상태를 유지하다; 머무르다

☐ **heat** [hiːt] 히ː트 ㉤ 열기, 더위

☐ **chimney** [tʃímni] 췸니 ㉤ 굴뚝

☐ **tunnel** [tʌ́nl] 터늘 ㉤ 터널

☐ **through** [θruː] 쓰루ː ㉩ ~을 통해서

☐ **underground** [ʌ̀ndərgráund] 언더r그롸운드 ㉡ 지하의, 땅 속의

☐ **turn into** ~으로 바뀌다

☐ **day** [dei] 데이 ㉤ 낮; 하루

☐ **without** [wiðáut] 위다우트 ㉩ ~ 없이

☐ **air conditioning** 에어컨, 냉방

34 하나를 보면 열을 알 수 있어! pp. 110~111

□ **once** [wʌns] 원쓰 — 옛 한 번은, 이전에 (과거에 있었던 일을 말할 때 사용)

□ **famous** [féiməs] 페이머쓰 — 옛 유명한

□ **editor** [éditər] 에디터*r* — 옛 편집자 *cf.* edit 편집하다

□ **a few** — 몇몇의, 약간의

□ **glue** [glu:] 글루: — 옛 풀로 붙이다 옛 풀

□ **together** [təɡéðər] 투게더*r* — 옛 함께, 같이

□ **still** [stil] 스띠을 — 옛 여전히; 아직도

□ **stuck** [stʌk] 스떠ㅋ — 옛 달라붙은; 꼼짝 못하는

□ **madam** [mǽdəm] 매덤 — 옛 부인(격식을 차려 여성에게 말을 하거나 글을 쓸 때 씀)

□ **bad** [bæd] 배드 — 옛 (음식이) 상한; 나쁜

□ **reply** [riplái] 뤼플라이 — 옛 답장 옛 대답하다, 답장하다

□ **explain** [ikspléin] 익스쁠레인 — 옛 설명하다

□ **refuse** [rifjú:z] 뤼퓨:즈 — 옛 거절하다

35 매일 새로 나는 상어의 이빨   pp. 112~113

☐ **shark** [ʃɑːrk] 샤ːrㅋ   ⑲ 상어

☐ **scary** [skέəri] 스께어뤼   ⑱ 무서운

☐ **killer** [kílər] 킬러r   ⑲ (다른 동물을) 잡아먹는 동물
     cf. kill 죽이다

☐ **lose teeth**   이빨이 빠지다

     lose [luːz] 루ːㅈ   ⑧ 빠지다; 잃어버리다

     teeth [tiːθ] 티ːㅆ   ⑲ 치아, 이빨 (tooth의 복수형)

☐ **last** [læst] 래스트   ⑧ 지속되다 ⑱ 지난; 마지막의

☐ **several** [sévərəl] 쎄버럴   ⑱ 몇몇의

☐ **every time**   ~할 때마다

☐ **bite into**   ~을 덥석 물다

     bite [bait] 바이트   ⑧ (이빨로) 물다 ⑲ 무는 행위

☐ **prey** [prei] 프뤠이   ⑲ 먹이, 사냥감

☐ **fill** [fil] 피을   ⑧ 채우다, 메우다

☐ **place** [pleis] 플레이ㅆ   ⑲ 자리, 위치; 장소

☐ **have a chance to**   ~할 기회가 있다

☐ **grow old**   나이가 들다, 늙다

☐ **stay** [stei] 스떼이   ⑧ ~한 상태를 유지하다; 머무르다
     ▶ stay young 젊음을 유지하다

☐ **just** [dʒʌst] 줘스트   ⑭ 단지, 겨우

☐ **two sets of teeth**   두 벌의 치아

     set [set] 쎄트   ⑲ 한 벌, 한 세트

☐ **whole life**	전 생애, 평생
whole [houl] 호울	뒝 전체의
☐ **thousands of**	수천의
☐ **lifetime** [láiftàim] 라이프타임	몡 일생
☐ **worry about**	~에 대해 걱정하다
☐ **lucky** [lʎki] 럭키	뒝 운 좋은 (↔ unlucky)

36 친구에게 이렇게 사과하세요 pp. 114~115

☐ **argue** [á:rgju:] 아:*r*규: 동 논쟁하다
     ▶ argue with ~와 논쟁하다

☐ **apologize** [əpálədʒàiz] 어팔러좌이ㅈ   동 사과하다

☐ **tip** [tip] 팁   명 조언

☐ **excuse** [ikskjú:s] 익스큐:ㅅ   명 변명
     ▶ make an excuse 변명하다

☐ **exactly** [igzǽktli] 이그잭틀리   부 정확히

☐ **instead of**   ~ 대신에

☐ **speak ill of**   ~에 대해 나쁘게 말하다, 흉보다

     ill [il] 일   형 나쁜; 아픈

☐ **avoid** [əvɔ́id] 어보이ㄷ   동 방지하다; 피하다

☐ **in private**   다른 사람이 없는 곳에서, 개인적으로

     private [práivət] 프롸이버ㅌ   형 개인의, 사적인

☐ **forgive** [fərgív] 퍼*r*기ㅂ   동 용서하다

☐ **the above**   먼저 언급된 것들

     above [əbʌ́v] 어버ㅂ   전 ~보다 위에 부 위에

☐ **contact** [kántækt] 칸택ㅌ   동 연락하다, 접촉하다

MEMO

Level 3

READER'S BANK

Plant the Seeds of Love for English!

저는 독해집의 사명이 흥미로운 지문을 통해서 독해력을 향상시키는 것이라고 생각합니다. 그리고 독해력 향상 못지않게 중요한 것이 바로 독자들의 가슴에 영어에 대한 사랑의 씨앗을 심어주는 것이라고 굳게 믿고 있습니다. 이런 이유로 저희 영어연구소에서는 독자들에게 영어에 대한 흥미와 호기심을 불어넣을 수 있는 지문을 찾기 위해 많은 노력을 했습니다.

저희들이 심은 사랑의 씨앗들이 독자들의 가슴에서 무럭무럭 자라나서 아름다운 영어 사랑의 꽃을 피우면 얼마나 좋을까요! 먼 훗날 독자들로부터 리더스뱅크 덕분에 영어를 좋아하게 되었다는 말을 들을 수 있다면 저희들은 무한히 기쁠 것입니다.

이 책을 만들기 위해 지난 2년간 애쓰신 분들이 많습니다. 흥미와 감동을 주는 글감을 만드느라 함께 노력한 저희 영어연구소 개발자들, 완성도 높은 지문을 위해 수많은 시간 동안 저와 머리를 맞대고 작업한 Quinn(집에 상주하는 원어민 작가), 지속적으로 교정과 편집을 해주신 Richard Pak(숙명여대 교수), 채영인 님(재미 교포 편집장) 등 모두에게 깊은 감사를 드리며, 지난 30년간 지속적으로 이 책의 클래스룸 테스팅에서 마지막 교정까지 열정적으로 도와주신 김인수 선생님께도 고맙다는 말씀 전하고 싶습니다.

리더스뱅크 저자

이 장 돌 올림

About Reader's Bank

지난 35년 동안 대한민국 1,400만 명이 넘는 학생들이 Reader's Bank 시리즈로 영어 독해를 공부하였습니다. '영어 독해서의 바이블' Reader's Bank는 학생들의 영어 학습을 효율적으로 이끌 수 있도록 끊임없이 양질의 콘텐츠를 개발할 것입니다.

1 10단계 맞춤형 독해 시스템!

Reader's Bank는 초등 수준에서 중·고등 수준까지의 다양한 독자층을 대상으로 만든 독해 시리즈입니다. Level 1~Level 10 중에서 자신의 실력에 맞는 책을 골라 차근차근 체계적으로 단계를 밟아 올라가면 자신도 모르는 사이에 점차적으로 독해 실력이 크게 향상될 것입니다.

2 흥미도 높은 지문과 양질의 문제!

Reader's Bank 시리즈는 오랜 준비 기간에 걸쳐, 유익하고 흥미로운 지문들을 엄선하여 수록하였습니다. 지문에 딸린 문제들은 기본적으로 수능 경향에 초점을 맞추었지만 내신에 많이 등장하는 문항들도 적절한 비중으로 포함시켜서, 장기적인 목표인 수능과 단기적인 목표인 내신을 모두 대비할 수 있도록 균형 있게 다루었습니다.

3 문법, 어휘 및 쓰기 실력을 키워주는 다양한 연습 문제와 QR 코드

독해 지문에 나온 어휘와 문법은 Review Test와 Workbook을 통해 복습할 수 있으며, 지문을 원어민의 음성으로 읽어주는 MP3 파일은 QR 코드 스캔 한 번으로 들을 수 있습니다.

How to Study

흥미로운 영어 지문

- 지식과 상식을 풍부하게 만드는 알찬 영어 지문으로 구성
- 설문을 통해 학생과 선생님이 관심 있는 주제로 선정
- 다수의 원어민과 오랜 경험을 가진 선생님들의 현장 검토 실시
- 난이도 별 표시 / 어휘 수
  난이도: ★★★ 상 / ★★☆ 중 / ★☆☆ 하
  어휘 수: 지문을 구성하는 단어의 개수
- QR 코드
  스마트폰으로 스캔하여 생생한 원어민 음성으로 녹음한 지문 MP3 청취

- **Grammar Link**
  – 지문에서 사용한 핵심 문법을 예문으로 간결하게 정리
  – 교과서 핵심 문법으로 쉽고 빠르게 학교 시험 대비

01
Psychology
★★☆ / 90 words

Ted is not handsome. He doesn't wear nice clothes, either. But he is very popular with girls. How is this so? According to a study, popular people are good at reading others' minds. In other words, they can easily tell what others want, think and feel. A good mind reader pays special attention to other people's body language. For example, crossing her arms means that she isn't open to your ideas. If she touches her front neck, she feels nervous or uncomfortable. If she raises her eyebrows, she is surprised.

Grammar Link

3/6행 | 동명사: ~하는 것(하기)
Recycling bottles is important. 병을 재활용하는 것은 중요하다. ▶ 주어
My hobby is reading comic books. 내 취미는 만화책을 읽는 것이다. ▶ 보어
She loves chatting with her friends. 그녀는 친구들과 수다 떠는 것을 좋아한다. ▶ 목적어
He is good at speaking English. 그는 영어로 말하는 것을 잘한다. ▶ 전치사 at의 목적어

동명사는 「동사원형+-ing」의 형태예요.

012 | LEVEL 3

English Only

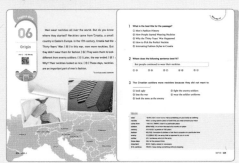

영어 문제와 단어 영영 풀이

Review Test

Unit 마무리 어휘·문법 문제

Word Hunter

흥미로운 단어 퍼즐

Laugh & Think

위트가 넘치는 만화

정답과 해설 p.02

1 이 글의 내용으로 보아, 인기 많은 사람들이 가진 특징은? (2개)

① 외모가 멋있고 옷을 잘 입는다.
② 자신의 생각이나 감정을 잘 표현한다.
③ 생각이나 감정이 어느 한쪽으로 치우치지 않는다.
④ 상대방의 생각이나 감정을 잘 알아낸다.
⑤ 상대방의 신체 언어를 유심히 관찰한다.

(서술형)
2 이 글을 한 문장으로 요약할 때, 빈칸에 알맞은 말을 본문에서 찾아 쓰시오.

> If you want to read others' minds, pay attention to their
>
> _____ _____ .

3 이 글의 내용과 일치하도록 각 그림이 의미하는 것을 보기 에서 고르시오.

(1) 　(2) 　(3)

─ 보기 ─
ⓐ Is it true? I'm so surprised.
ⓑ I feel nervous.
ⓒ I'm not open to your ideas.

(G)
4 다음 우리말과 일치하도록 주어진 말을 바르게 배열하시오.

새로운 언어를 배우는 것은 쉽지 않다.

_____
(not easy / is / learning a new language)

Did You Know?

다양한 신체 언어의 의미

• 아랫입술을 만지고 있다.
　→ 초조하고 위로가 필요한 상태
• 눈 주변을 문지르고 있다.
　→ '뭔가 보고 싶지 않다'는 의미
• 대화 중에 목 뒤쪽을 만진다.
　→ '당신과의 대화가 지겹다'는 의미
• 두 손을 꽉 쥐고 있다.
　→ 마음이 불안한 상태
• 코를 만지고 있다.
　→ 거짓말을 하고 있는 상태

Words

clothes 옷, 의복
either (부정문에서) ~도, ~ 또한
popular 인기 있는
cf. be popular with ~에게 인기 있다
according to ~에 따르면
study 연구; 공부하다
be good at ~을 잘하다, ~에 능숙하다
read one's mind ~의 마음을 읽다, 파악하다
in other words 다시 말하면
tell 알다, 이해하다; 알리다
pay attention to ~에 주의를 기울이다 *cf.* attention 주의, 집중
body language 신체 언어
cross one's arms ~의 팔짱을 끼다
be open to ~을 받아들이다
front 앞쪽의
nervous 불안해하는
uncomfortable (마음이) 불편한
raise one's eyebrows ~의 눈썹을 치켜 올리다
surprised 놀란

핵심을 찌르는 **다양한 문제**

• **지문 이해에 꼭 필요한 다양한 유형의 문제들로 구성**

• **서술형 내신 문제** (서술형)
　주관식, 도식화, 서술형 등 다양한 유형의 문제로 내신 대비

• **어휘 문제** (W)
　중요 어휘에 관한 문제

• **문법 문제** (G)
　Grammar Link에서 익힌 문법을 문제를 통해 확인

• **Did You Know?**
　지문 내용과 함께 알아두면 좋은 흥미진진한 배경지식

• **Words**
　지문 속 주요 단어와 표현 정리

책 속의 책

정답과 해설

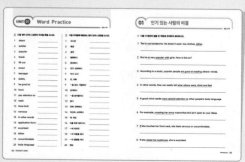

| 친절한 해설, 지문 끊어읽기, 구문 풀이

Workbook

| 단어 정리와 지문 해석 연습

단어장

지문별 주요 단어 정리 및 우리말
발음 제시

Contents

Contents

"It is only with the heart that one can see rightly;
what is essential is invisible to the eye."

사람은 오로지 가슴으로만 올바로 볼 수 있다.
본질적인 것은 눈에 보이지 않는다.

– Antoine de Saint-Exupery (앙뜨완느 드 쌩떽쥐베리)

HOLLYWOOD

01

Psychology

★★☆ / 90 words

Ted is not handsome. He doesn't wear nice clothes, either. But he is very popular with girls. How is this so? According to a study, popular people are good at reading others' minds. In other words, they can easily tell what others want, think and feel. A good mind reader pays special attention to other people's body language. For example, crossing her arms means that she isn't open to your ideas. If she touches her front neck, she feels nervous or uncomfortable. If she raises her eyebrows, she is surprised.

Grammar Link

3/6행 | 동명사: ~하는 것(하기)

동명사는 「동사원형+-ing」의 형태예요.

Recycling bottles is important. 병을 재활용하는 것은 중요하다. ▶ 주어

My hobby is **reading** comic books. 내 취미는 만화책을 읽는 것이다. ▶ 보어

She loves **chatting** with her friends. 그녀는 친구들과 수다 떠는 것을 좋아한다. ▶ 목적어

He is good at **speaking** English. 그는 영어로 말하는 것을 잘한다. ▶ 전치사 at의 목적어

1 이 글의 내용으로 보아, 인기 많은 사람들이 가진 특징은? (2개)

① 외모가 멋있고 옷을 잘 입는다.

② 자신의 생각이나 감정을 잘 표현한다.

③ 생각이나 감정이 어느 한쪽으로 치우치지 않는다.

④ 상대방의 생각이나 감정을 잘 알아낸다.

⑤ 상대방의 신체 언어를 유심히 관찰한다.

(서술형)

2 이 글을 한 문장으로 요약할 때, 빈칸에 알맞은 말을 본문에서 찾아 쓰시오.

> If you want to read others' minds, pay attention to their
>
> _____ _____ .

3 이 글의 내용과 일치하도록 각 그림이 의미하는 것을 [보기]에서 고르시오.

(1)  (2)  (3)

_____ _____ _____

┌─ 보기 ──────────────────────
ⓐ Is it true? I'm so surprised.
ⓑ I feel nervous.
ⓒ I'm not open to your ideas.
└────────────────────────────

Ⓖ

4 다음 우리말과 일치하도록 주어진 말을 바르게 배열하시오.

새로운 언어를 배우는 것은 쉽지 않다.

_____

(not easy / is / learning a new language)

Words

clothes 옷, 의복
either (부정문에서) ~도, ~ 또한
popular 인기 있는
cf. be popular with ~에게 인기 있다
according to ~에 따르면
study 연구; 공부하다
be good at ~을 잘하다, ~에 능숙하다
read one's mind ~의 마음을 읽다, 파악하다
in other words 다시 말하면
tell 알다, 이해하다; 말하다
pay attention to ~에 주의를 기울이다 *cf.* attention 주의, 집중
body language 신체 언어
cross one's arms ~의 팔짱을 끼다
be open to ~을 받아들이다
front 앞쪽의
nervous 불안해하는
uncomfortable (마음이) 불편한
raise one's eyebrows ~의 눈썹을 치켜 올리다
surprised 놀란

02

Teens

★★☆ / 128 words

TeenStar Singing Auditions

Do you want to be a singer? TeenStar will help you take a step toward your dream. TeenStar is looking for teenagers with great singing abilities. Do you want to develop your singing talent? Then join us!

Who   Teens aged 10–14 who can sing well!

When & Where   4–6 p.m., November 18, in Studio 2 of the TeenStar Building

How to Prepare

- Prepare a short performance. The time limit is 2 minutes.

- If you want to sing your own song, please bring an MP3 file for background music.

- You can use your own instrument if you want.

  - Fill out the online application form. You will receive a reply after signing up.

Contact

For more information, contact Taylor Smith at info@teenstaraudition.co.uk or call 03456-123-815.

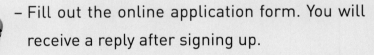

Grammar Link

2행 | **help + 목적어 + 동사원형[to 부정사]**: ~이 …하는 것을 돕다
My dad **helped** me **(to) carry** the boxes.
아빠는 내가 그 상자들을 옮기는 것을 도와주셨다.
Can you **help** her **(to) do** her homework?
너는 그녀가 숙제하는 것을 도와줄 수 있니?

> 동사원형 대신
> to부정사를 쓸
> 수도 있어요.

014 | LEVEL 3

1 이 광고문에서 언급되지 <u>않은</u> 것은?

① 지원 가능 연령 ② 일시와 장소
③ 공연 제한 시간 ④ 참가 비용
⑤ 신청 방법

2 TeenStar Singing Auditions에 관한 내용과 일치하지 <u>않는</u> 것은?

① 13세는 지원할 수 있다.
② 공연은 2분 이내에 끝내야 한다.
③ 참가자가 배경음악을 선택할 수 있다.
④ 본인의 악기를 가져와서 연주할 수 있다.
⑤ 오디션 신청은 직접 방문해서 해야 한다.

3 다음 영영 풀이에 해당하는 단어를 본문에서 찾아 쓰시오.

make yourself ready for something

4 다음 우리말과 일치하도록 주어진 단어를 바르게 배열하시오.

당신은 제가 열쇠 찾는 것을 도와줄 수 있나요?

Can you _____ the key?
(find / me / help)

Words

audition (가수, 배우 등의) 오디션 채용심사
take a step toward ~쪽으로 한 발 앞으로 나아가다
teenager 십 대 (=teen)
ability 능력
develop 발전시키다
talent 재능
aged (나이가) ~세[살]의
prepare 준비하다
performance 공연
time limit 시간 제한
cf. limit 제한; 한계
own 자신의; 소유하다
background 배경
instrument 악기; 도구
fill out (서류를) 작성하다
application form 신청서
receive 받다
reply 답장; 답장[대답]하다
sign up 등록하다
contact 연락; (전화·편지 등으로) 연락하다
information 정보

Albert Marr lived in South Africa. He had a pet *baboon named Jackie. Jackie was very smart. He often helped Marr. One day, Marr had to go to war. He took Jackie to the war, too. (ⓐ) So Jackie always went up tall trees to listen for the enemies. (ⓑ) He showed Marr where they were. This helped all of the soldiers. (ⓒ) So they loved Jackie. ₆

But their happiness did not last long. (ⓓ) One day, the enemy made a surprise attack. Sadly, Jackie lost one leg. He couldn't work in the war. Marr was sad. All the soldiers were ₉ sad, too. (ⓔ) Later, the army gave Jackie a medal to thank him. After the war, Jackie and Marr went back home. They lived together, and Jackie wore his medal every day.

* **baboon** 개코원숭이

▼ Jackie and Marr

Grammar Link

4/10행 | 목적을 나타내는 to부정사의 부사적 용법: ~하기 위해
She came here **to meet** Jerry. 그녀는 Jerry를 만나기 위해 여기에 왔다.
Jim went to Paris **to study** the arts. Jim은 예술을 공부하기 위해 파리로 갔다.

to부정사는 「to + 동사원형」의 형태예요.

1 이 글의 내용을 바탕으로, (A)~(D)를 일어난 순서대로 바르게 배열하시오.

> (A) Jackie received a medal from the army.
> (B) Jackie came back home with Marr after the war.
> (C) Jackie lost one of his legs in an enemy attack.
> (D) Jackie helped all of the soldiers during the war.

2 이 글의 흐름으로 보아, 다음 문장이 들어가기에 가장 적절한 곳은?

> Monkeys can hear better than humans.

① ⓐ   ② ⓑ   ③ ⓒ   ④ ⓓ   ⑤ ⓔ

(서술형)

3 이 글에서 전쟁터에 간 Jackie가 맡은 역할을 우리말로 쓰시오.

Ⓖ

4 다음 우리말과 일치하도록 주어진 말을 바르게 배열하시오.

우리는 저녁 식사를 하기 위해 식당에 갔다.

_____

(to have dinner / we went / to the restaurant)

Words

pet 애완동물
~ named ... …라고 이름 지어진~
cf. name 이름 짓다; 이름
smart 똑똑한
one day 어느 날
war 전쟁
take A to B A를 B에 데리고
가다
listen for ~을 들으려고 귀를
기울이다
enemy 적; 적군
soldier 군인
last 계속되다; 지난; 마지막(의)
make a surprise attack 기
습 공격을 하다
cf. surprise 뜻밖의[놀라운] 일
cf. attack 공격; 공격하다
medal 메달, 훈장, 상
thank 감사하다, 고마워하다
wear (-wore) (장신구, 옷 등을)
착용하다

Review Test

정답과 해설 p.05

[1-2] 다음 빈칸에 알맞은 단어를 고르시오.

1
> Students should _____ attention to their teachers.

① say   ② pay   ③ thank   ④ cross

2
> David gave a perfect piano _____ on the stage.

① step   ② reply   ③ application   ④ performance

3 영영 풀이에 해당하는 단어는?

> a natural ability to do something well

① talent   ② attack   ③ study   ④ instrument

4 우리말 풀이가 틀린 것은?

① read your mind : 너의 마음을 파악하다   ② be good at: ~을 잘 하다
③ make a surprise attack: 기습 공격을 하다   ④ sign up: 연락하다

5 빈칸에 공통으로 들어가기에 알맞은 것은?

> • Their happy days did not _____ long.
> • The good weather may _____ a long time.

① own   ② pass   ③ last   ④ save

[6-7] 다음 문장의 괄호 안에서 알맞은 것을 고르시오.

6 (Get / Getting) up early is not easy for me.

7 Yesterday, I helped my dad (wash / washed) his car.

8 다음 우리말과 일치하도록 주어진 말을 바르게 배열하시오.

Kelly는 전화를 걸기 위해 운전하는 것을 멈췄다.

_____

(driving / to / stopped / Kelly / make a phone call)

04

Humor

★☆☆ / 76 words

Last Christmas, Bobby got a new game as a present. He wanted to show it off to his friend Jimmy.

"What did you get for Christmas?" Bobby asked Jimmy. 3

"I got a harmonica from my uncle. It's the best present I've ever gotten."

"A harmonica? What's so great about a harmonica?" asked 6 Bobby.

Jimmy smiled. "My mom gives me a *quarter a week not to play it." 9

"Really? Well then, I'm going to get a trumpet."

*quarter 25센트 동전 (1달러의 1/4의 금액)

Grammar Link

10행 | **be going to**: ~할 예정이다, ~할 것이다

I'**m going to** visit my uncle's house this weekend.
나는 이번 주말에 삼촌 댁을 방문할 예정이다.

What **are** you **going to** do after school?
너는 방과 후에 무엇을 할 예정이니?

They **are going to play** tennis tonight. (= They **will** play tennis tonight.)

be going to 뒤에
동사원형을 사용해서
'가까운 미래'를
나타내요.

1 이 글의 내용으로 미루어 짐작할 수 있는 것은?

① Bobby wants to play Jimmy's harmonica.

② A trumpet makes a better sound than a harmonica.

③ Jimmy's mom thinks that a harmonica makes a beautiful sound.

④ Bobby will get a trumpet from Jimmy as a Christmas present.

⑤ Jimmy's mom does not like the sound of Jimmy's harmonica.

서술형

2 이 글에서 Jimmy가 하모니카가 최고의 선물이라고 말한 이유를 우리말로 쓰시오.

3 이 글의 마지막에서 Bobby가 <u>a trumpet</u>을 언급한 이유는?

① 친구에게 자랑하고 싶어서

② 하모니카 연습이 지겨워져서

③ 악기를 하나 배워 보고 싶어서

④ 엄마에게 아름다운 연주를 해 드리고 싶어서

⑤ 소리가 크면 더 많은 돈을 받을 수 있을 것 같아서

G

4 다음 우리말과 일치하도록 괄호 안에 주어진 말과 be going to를 사용하여 문장을 완성하시오.

(1) 그녀는 새 원피스를 살 것이다.

　　She _____ a new dress. (buy)

(2) 그들은 내년에 세계 일주를 할 것이다.

　　They _____ around the world next year. (travel)

Words

last 지난, 바로 요전의
get (-got-gotten) 받다, 얻다
as ~로서
present 선물
show off 자랑하다
harmonica 하모니카
the best ~ I've ever ... 내가
여지껏 …한 것 중 최고의 ~
what's so great about ~?
~이 뭐가 그렇게 대단한가?
play (악기를) 연주하다
trumpet 트럼펫

05

Animal

★★☆ / 109 words

Hold a mirror in front of a dog. He will bark loudly and try to fight with the "other dog" in the mirror. He doesn't know that he is seeing himself. <u>A fish behaves in the same way.</u> If ₃ there is a mirror beside a fish tank, the fish will try to attack his image in the mirror. However, elephants, *chimps and dolphins know better. Once scientists did an interesting test. ₆ They put paint on an elephant's face. The elephant saw the paint on his face in the mirror. Then he touched his own face with his trunk! This shows that, like humans, elephants can ₉ recognize _____.

*chimp 침팬지(chimpanzee의 줄임말)

Grammar Link

3/9행 | 목적절을 이끄는 접속사 that

I know (**that**) he is your friend. ▶ that 이하가 know의 목적어
나는 그가 너의 친구라는 것을 안다.

She said (**that**) the story was true. ▶ that 이하가 said의 목적어
그녀는 그 이야기가 사실이라고 말했다.

목적절을 이끄는
접속사 that은
생략할 수 있어요.

서술형

1 이 글의 밑줄 친 <u>A fish behaves in the same way.</u>가 의미하는 내용을 우리말로 쓰시오.

2 이 글의 빈칸에 들어갈 말로 가장 적절한 것은?

① human faces

② their own images

③ their human owner

④ the color of the paint

⑤ their family members

3 이 글의 내용과 일치하면 T, 일치하지 <u>않으면</u> F를 쓰시오.

(1) _____ 개는 거울에 비친 자신의 모습을 다른 개라고 생각하고 짖는다.

(2) _____ 코끼리는 코로 거울 속에 비친 자신의 얼굴을 닦았다.

ⓖ

4 다음 우리말과 일치하도록 주어진 말을 사용해 문장을 완성하시오.

나는 Sam이 Vicky를 좋아하는 것을 안다. (Sam likes Vicky.)

_____

Words

hold 들고[잡고] 있다
mirror 거울
bark (개가) 짖다
loudly 요란하게, 시끄럽게
try to ~하려고 하다
other 다른; 다른 사람
himself 그 자신
behave 행동하다
in the same way 같은 방식으로
beside ~ 옆에, ~ 곁에
fish tank 어항, 수족관
attack 공격하다
image 상, 모습
however 그러나
dolphin 돌고래
know better 분별력이 있다, 영리하다
once (과거) 언젠가, 이전에
trunk (코끼리의) 코; (자동차의) 트렁크
recognize 알아보다, 인식하다
문 2. **owner** 주인, 소유자

06

Origin

★★☆ / 83 Words

Men wear neckties all over the world. But do you know where they started? Neckties came from *Croatia, a small country in Eastern Europe. In the 17th century, Croatia had the Thirty Years' War. (ⓐ) In this war, men wore neckties. But they didn't wear them for fashion. (ⓑ) They wore them to look different from enemy soldiers. (ⓒ) Later, the war ended. (ⓓ) Why? Their neckties looked so nice. (ⓔ) These days, neckties are an important part of men's fashion.

* **Croatia** [krouéiʃə] 크로아티아

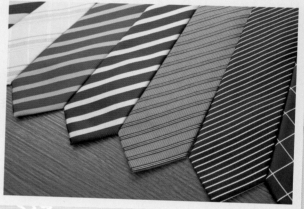

AUSTRIA

SWITZERLAND

HUNGARY

ROMANIA

FRANCE

SLOVENIA

CROATIA

SERBIA

ITALY

BULGARIA

1 **What is the best title for the passage?**

① Men's Fashion History

② How People Started Wearing Neckties

③ Why the Thirty Years' War Happened

④ How to Pick the Perfect Necktie

⑤ Interesting Fashion Styles in Croatia

2 **Where does the following sentence best fit?**

> But people continued to wear their neckties.

① ⓐ   ② ⓑ   ③ ⓒ   ④ ⓓ   ⑤ ⓔ

3 **The Croatian soldiers wore neckties because they did not want to**

_____.

① look ugly   ② fight the enemy soldiers

③ lose the war   ④ wear the soldier uniforms

⑤ look the same as the enemy

Words

wear	~을 매다, 입다 (-wore-worn) / have something on your body as clothing
necktie	넥타이 / a long narrow piece of cloth that you wear around your neck
come from	~에서 오다, 유래하다 / start in a particular place
eastern	동쪽에 위치한 / in or from the east of a country or place
century	세기(100년) / a period of 100 years
fashion	패션; 유행 / the style of clothes or hair that is popular at a particular time
enemy	적; (전쟁에서) 적군 / an army that is opposed to you in a war
soldier	군인 / someone who is in the army
these days	요즘 / at the present time
important	중요한 / highly valued or necessary
문 2. continue	계속하다 / keep doing something without stopping

Review Test

정답과 해설 p.10

[1-2] 다음 빈칸에 알맞은 단어를 고르시오.

1

Many _____ fought in the war.

① scientists   ② trumpets   ③ pets   ④ soldiers

2

When I knocked on the door, a dog began to _____ inside.

① wear   ② bark   ③ sink   ④ ask

[3-4] 다음 영영 풀이에 해당하는 단어를 고르시오.

3

something you give someone as a gift

① waste   ② secret   ③ ability   ④ present

4

know something because you have seen it before

① prepare   ② hold   ③ recognize   ④ behave

5 우리말 풀이가 틀린 것은?

① try to fight: 싸우려고 하다   ② show off: 자랑하다
③ these days: 그 당시에는   ④ in the same way: 같은 방식으로

6 다음 밑줄 친 that의 쓰임이 다른 것은?

① That is not mine.
② She knows that he is a genius.
③ He said that the movie was scary.
④ They knew that strange things happened.

7 다음 우리말과 일치하도록 주어진 말을 바르게 배열하시오.

세호는 그의 방학을 제주에서 보낼 예정이다.

_____

(in Jeju / his vacation / is going to / Seho / spend)

주어진 영영 풀이나 우리말에 해당하는 단어로 퍼즐을 완성하시오.

① W

②

③ i

④

⑤

⑥

⑦ r

⑧

⑨

Across

❸ facts about someone or something

❹ 많은 사람들에 의해 사랑 받는

❼ something that you say or write as an answer

❽ a young person between the ages of 13 and 19

❾ an animal or bird that you keep in your home and take care of

Down

❶ fighting between two or more countries

❷ a period of 100 years

❺ a short performance where you sing, dance, or act so that someone can decide if you are good

❻ 어떤 것들을 특별한 방식으로 하다

Answers ❶ war ❷ century ❸ information ❹ popular ❺ audition ❻ behave ❼ reply ❽ teenager ❾ pet

What Happened to Corn?

07

Relationship

★☆☆ / 75 words

A man and a woman are talking in a restaurant. Are they meeting for business, for friendship or for love? The answer is simple. Watch their eyes. If they are looking only at each ₃ other's eyes and forehead, they are probably meeting for business. If their eyes are looking down towards their noses and mouths, they are friends in many cases. If they are ₆ looking down to the necktie or necklace, they are in love.

Grammar Link

3/5/6행 | 접속사 if: (만약) ~(이)라면

Ask me **if** you have any questions.
질문이 있으면 나에게 물어봐.

If you hurry up, you won't miss the subway.
네가 만약 서두르면, 너는 지하철을 놓치지 않을 거야.

if 다음에는
「주어+동사 ~」가
와요.

1 이 글의 제목으로 가장 적절한 것은?

① The Eyes Sometimes Lie   ② The Power of Eye Contact
③ The Eyes Tell Everything   ④ How to Read People's Minds
⑤ The Eyes Tell You about Your Health

2 이 글의 내용에 근거하여, 아래 그림에서 여자의 시선이 머무는 부분에 따른 대화 상대를 [보기]에서 골라 쓰시오.

┌─ 보기 ─────────────┐

a friend
a boyfriend
a businessman

└────────────────────┘

(1)

(2)

(3)

_____   _____   _____

3 이 글의 내용과 일치하도록 괄호 안에서 알맞은 말을 고르시오.

When people talk to each other, watch their (eyes / faces).
Then you can find out their (relationship / feelings).

Ⓖ

4 다음 우리말과 일치하도록 if를 이용하여 두 문장을 한 문장으로 연결하시오.
비가 오면 나는 집에 머물 것이다. (It rains. / I will stay at home.)

_____

Words

business 사업
friendship 우정; 교우관계
simple 단순한
each other 서로
forehead 이마
probably 아마도
towards ~쪽으로, ~을 향하여
in many cases 많은 경우에
cf. case 경우; 상자
necklace 목걸이
in love 사랑에 빠진
문 1. eye contact 시선 맞추기
  3. relationship 관계

Animal

★★☆ / 97 Words

Some geese are following a man on the grass. It's a funny scene. But there's a reason for this. ⓐ The man was the first living thing the geese saw when they hatched. ⓑ So now they think he is their parent. This behavior is common among birds like ducks, geese or chickens. ⓒ If a newborn bird happens to see you right after its birth, it will think of you as its mother and follow you everywhere. ⓓ They like to feed on corn, grain and vegetables. ⓔ Interestingly, even if it sees its real mother after that, it will ignore her and continue to think you are its mother.

Grammar Link

8행 | **접속사 even if** : 비록 ~일지라도
Roy will not be sad **even if** his soccer team loses.
Roy는 비록 그의 축구 팀이 지더라도 슬퍼하지 않을 것이다.

Even if I knew the truth, I couldn't tell you.

cf. You will be in trouble **if** you are late again. ▶ 접속사 if: ~라면
네가 또 늦으면 너는 곤경에 처하게 될 것이다.

> even if 다음에는 「주어＋동사 ~」가 와요.

1 이 글을 다음과 같이 요약할 때, 빈칸 (A)와 (B)에 들어갈 말로 가장 적절한 것은?

> A newborn bird thinks of the first ___(A)___ as its ___(B)___ .

	(A)		(B)
①	place it goes	.....	home
②	thing it tastes	.....	favorite food
③	sound it hears	.....	mother's voice
④	living thing it sees	.....	mother
⑤	bird it sees	.....	parent

2 이 글의 ⓐ~ⓔ 중, 글의 전체 흐름과 관계 <u>없는</u> 문장은?

① ⓐ 　② ⓑ 　③ ⓒ 　④ ⓓ 　⑤ ⓔ

Ⓦ

3 다음 영영 풀이에 해당하는 단어를 본문에서 찾아 쓰시오.

> come out of an egg by breaking the shell and is born

Ⓖ

4 다음 문장의 의미가 자연스럽도록 괄호 안에서 알맞은 것을 고르시오.

(1) I will buy that car (if / even if) it's very expensive.

(2) You can see the building (if / even if) you turn right.

Did You Know?

각인 효과(imprinting)

갓 태어난 동물들이 태어나는 순간에 처음 본 움직이는 대상을 부모로 인식해 따라다니는 것을 '각인 효과'라고 부른다. 각인 효과는 새에게 많이 나타나지만, 일부 포유류와 어류, 그리고 곤충에게서도 나타난다는 사실이 입증되고 있다. 오리는 생후 17시간까지가 가장 민감한 시기이고, 보통 새들은 생후 50일 사이에 본 대상을 부모로 알고 쫓아다닌다.

Words

geese 거위들 cf. goose 거위
scene 장면
reason 이유
living thing 생명체, 생물
hatch (알에서) 부화하다
parent (한쪽의) 부모, 어버이
behavior 행동
common 흔한
among ~사이에 (셋 이상 중)
newborn 갓 태어난
happen to 우연히 ~하다
right after ~직후에
birth 출생
think of A as B A를 B라고 생각하다
feed on ~을 먹고 살다
grain 곡물
interestingly 흥미롭게도
real 진짜의
ignore 무시하다
continue 계속하다
문 **3. shell** (달걀 등의) 껍데기

09

Environment

★★★ / 134 words

Today, the Earth is getting warmer and warmer. As a result, the ice in the South and North Poles is melting. This makes the sea levels rise. The new sea level will be one meter higher than the current level by 2100. Which country is going to suffer the most? It is the *Maldives, an island country in the Indian Ocean. The Maldives is the lowest country in the world. The highest part is only 2.4 meters above the sea. People in the Maldives are worried that their country will sink under water soon. They are making a plan to build high walls to avoid rising sea levels. The plan is to build many sandy mountains three meters above sea level. Will <u>this</u> solve the sinking problem in the Maldives? What do you think?

*Maldives [mǽldaivz] 몰디브(인도양에 있는 1,192개의 산호섬으로 이루어진 나라)

Grammar Link

5/6/7행 | 최상급: 가장 ~한

The Nile is **the longest** river in the world. ▶ 형용사(long)의 최상급
나일 강은 세계에서 가장 긴 강이다.
Jessica dances **the best** out of us. ▶ 부사(well)의 최상급

• 「단모음＋단자음」으로 끝나면 끝자음을 한 번 더 쓴다. (thin – **thinnest**)

• 「자음＋y」로 끝나면 y를 i로 바꾼다. (funny – **funniest**)

• 3음절 이상의 단어는 앞에 most를 붙인다. (wonderful – **most wonderful**)

최상급은 보통
형용사나 부사의 끝에
-est를 붙이고 앞에
정관사 the를 붙여요.

1 이 글의 주제로 가장 적절한 것은?

① 몰디브의 아름다움   ② 몰디브의 기후 변화

③ 지구 온난화의 원인   ④ 몰디브 사람들의 생활상

⑤ 침몰 위기에 처한 몰디브

서술형

2 이 글의 내용을 다음과 같이 시간 순서에 따라 정리할 때, 빈칸에 각각 알맞은 말을 본문에서 찾아 쓰시오.

The Earth is getting warmer and warmer.

↓

The ice in the polar regions is (A) _____ , so the sea level is rising.

↓

The Maldives will (B) _____ under water because it is the lowest country in the world.

↓

People in the Maldives will (C) _____ many sandy mountains to avoid rising sea levels.

서술형

3 이 글의 밑줄 친 this가 가리키는 내용을 구체적으로 우리말로 쓰시오.

G

4 다음 문장의 빈칸에 들어갈 말을 보기에서 골라 알맞은 형태로 바꿔 쓰시오.

┌─ 보기 ─────────────────────┐
difficult   fast   happy
└───────────────────────────┘

(1) Jason is the _____ runner of all five members.

(2) Yesterday was the _____ day in my life.

(3) What is the _____ _____ question for you?

Review Test

정답과 해설 p.14

[1-3] 다음 각 문장의 빈칸에 알맞은 말을 보기 에서 골라 쓰시오.

보기

| solve | continue | melt |

1 The good weather will _____ for another week.

2 Students need to _____ this problem by working together.

3 When spring comes, snow will _____ away.

[4-5] 다음 영영 풀이에 해당하는 단어를 고르시오.

4

the way you act or do things

① scene ② reason ③ behavior ④ business

5

happening or existing at the present time

① real ② simple ③ common ④ current

6 우리말 풀이가 <u>틀린</u> 것은?

① above the sea: 바다 아래에 ② right after: 바로 직후

③ each other: 서로 ④ happen to see you: 너를 우연히 보다

[7-9] 다음 문장의 괄호 안에서 알맞은 것을 고르시오.

7 You can catch the bus (if / even if) you walk more quickly.

8 (If / Even if) it rained a lot, we went for a walk.

9 Paul is (busier / the busiest) man in our company.

10 다음 우리말과 일치하도록 주어진 말을 바르게 배열하시오.

그가 비록 유명하지는 않을지라도 위대하다.

_____

(great / even if / he is / not famous / he is)

10

Psychology

★★☆ / 130 words

You begin to have special feelings for a girl. But does she like you, too? Here are six signs that she is interested in you, too! Check off the ones that apply to you:

- She stays near you. She always sits next to you at a party or in a restaurant. ☐

- She often looks at you. ☐

- When you talk to her, she plays with her hair or bites her fingernails. ☐

- She laughs at all your jokes even if they're not that funny. ☐

- She starts a conversation with you. She often asks you for advice. ☐

- She notices small changes about you. She comments on your new shoes before anyone else! ☐

How many did you check off?
5–6: She likes you.
3–4: She is interested in you.
0–2: She might not be interested in you.

3

6

9

12

15

Grammar Link

4/6/11행 | **빈도부사**: always(항상), usually(보통), often(종종), sometimes(가끔), never(절대 ~않는)

He **often** plays soccer after school. ▶ 일반동사 앞

Jessica is **sometimes** late for class. ▶ be동사 뒤

I will **never** make the same mistake again. ▶ 조동사 뒤

빈도부사는 어떤 일이 일어나는 횟수나 정도를 나타내요.

1 이 글을 한 문장으로 요약할 때, 빈칸에 들어갈 말을 본문에서 찾아 쓰시오.

> There are some _____ that tell you if someone is _____ in you.

2 이 글의 내용으로 보아, 사랑의 신호로 볼 수 <u>없는</u> 행동은?

① 말을 걸거나 충고를 구한다.
② 재미없는 농담에도 웃어준다.
③ 항상 가까운 곳에 있으려 한다.
④ 시선이 마주치면 부끄러워서 피한다.
⑤ 대화 도중에 머리카락을 만지작거린다.

(W)

3 다음 각 영영 풀이에 해당하는 말을 보기 에서 고르시오.

┌─ 보기 ─────────────────────────────┐
     ⓐ bite   ⓑ notice   ⓒ comment
└──────────────────────────────────┘

(1) give your opinion about something
(2) use your teeth to cut or break something
(3) get to know of something by seeing, hearing or feeling

(G)

4 다음 주어진 말을 알맞은 곳에 넣어 문장을 다시 쓰시오.

Our family has lunch at 12 o'clock. (usually)

→ _____

Words

special 특별한
sign 신호
be interested in ~에 관심이 있다
check off 체크 표시를 하다
apply to ~에 적용되다
near ~ 가까이에, ~ 근처에
next to ~ 옆에
play with ~을 만지작거리다
bite (이빨로) 물다
fingernail 손톱
laugh at ~을 듣고[보고] (소리 내) 웃다
joke 농담
even if 비록 ~일지라도
conversation 대화
ask A for B A에게 B를 요청하다
advice 조언, 충고
notice 알아차리다
change 변화; 바뀌다
comment on ~에 관해 (의견을) 말하다
before anyone else 다른 사람보다 먼저
might ~일지도 모른다
문 3. opinion 의견

11

Plant

★★☆ / 98 words

People spend 90 percent of their time indoors. But there is a problem: Indoor air is polluted. According to scientists, indoor air is much worse than outdoor air. (ⓐ) Why? A lot of harmful chemicals come from paint, carpets and furniture. (ⓑ) Houseplants are like air-cleaning machines. They take in harmful chemicals from the air. (ⓒ) And they make fresh, clean oxygen. (ⓓ) One of the most popular houseplants is a *peace lily. A peace lily cleans the air fast. (ⓔ) And it is easy to grow indoors. Why don't you try one inside your house?

*peace lily 스파티 필름(평화 백합)

I'm a peace lily!

Grammar Link

3행 | 비교급: (~보다) 더 …한/하게

The movie was **worse** than I thought. ▶ 형용사(bad)의 비교급

Harry runs **faster** than me. ▶ 부사(fast)의 비교급

cf. 불규칙 비교급: many/much – more   good/well – better   bad/ill – worse

비교급은 형용사나 부사의 끝에 -er을 붙이고, 비교하는 대상 앞에 than을 써요.

1 이 글은 실내 식물의 어떤 역할을 설명하고 있는가?

① 온도 조절 ② 습도 조절

③ 공기 정화 ④ 유해 전자파 제거

⑤ 인테리어 효과

2 이 글의 흐름으로 보아, 다음 문장이 들어가기에 가장 적절한 곳은?

> But don't worry because houseplants can help.

① ⓐ   ② ⓑ   ③ ⓒ   ④ ⓓ   ⑤ ⓔ

3 이 글을 바르게 이해하지 <u>못한</u> 학생은?

① 진영: 하루의 대부분을 실내에서 보내는데, 실내 공기가 오염되어 있다니 놀라워.

② 시경: 실내 공기가 바깥 공기보다 나쁠 수도 있구나.

③ 지연: 페인트나 카펫, 가구 등에서 유해 물질이 나오는 건 몰랐어.

④ 민지: 실내 식물이 유해 물질을 흡수하고 깨끗한 산소를 만들어 낸다니 나도 길러봐야지.

⑤ 선미: Peace lily라는 실내 식물은 공기 정화에는 좋지만 기르기가 까다롭다는 단점이 있어.

ⓖ

4 다음 주어진 말을 알맞은 형태로 바꿔 문장을 완성하시오.

(1) I like dogs _____ than cats. (well)

(2) My dad is _____ than my teacher. (tall)

(3) The weather today is _____ than yesterday. (bad)

Did You Know?

공기 정화식물 vs. 공기 청정기

• 공기 정화식물이 나을 경우
 → 자연적 정화를 좋아한다.
 → 화분을 몇 개 놓을 수 있을 만큼 집이 크다.
 → 유지 비용이 많이 들지 않는다.

• 공기 청정기가 나을 경우
 → 집이 크지 않다.
 → 정화 필터를 교환하는 일이 귀찮지 않다.
 → 도시 먼지나 연기, 곰팡이 등을 제거하고 싶다.

Words

spend (시간을) 보내다
indoors 실내에서
cf. indoor 실내의
polluted 오염된
cf. pollute 오염시키다
much (비교급 앞에서) 훨씬
outdoor 실외의
harmful 해로운
chemical 화학 물질
carpet 카펫, 장판
furniture 가구
houseplant 실내 식물
be like ~와 같다
air-cleaning machine 공기 청정기
cf. machine 기계
take in 흡수하다, 들이마시다
fresh 신선한
oxygen 산소
grow 기르다, 재배하다; 자라다
Why don't you ~? ~해 보는 게 어때?
try 시험 삼아 ~해 보다

12

Health

★★☆ / 95 words

Dr. Weston Price was a world-famous dentist. In 1931, he travelled to the Swiss Alps. While he was staying in a village deep in the mountains, he learned something surprising. ₃ Almost no one in the village had *tooth decay. They had no dentists. They didn't even brush their teeth! How was this possible? Later, Dr. Price discovered the people's secret. It ₆ was their natural, healthy diet. They ate fresh bread and vegetables. They drank raw milk from goats and cows. These foods were full of vitamins and minerals. Vitamins and ₉ minerals made their teeth strong.

*tooth decay 충치 (decay 썩음, 부패)

1 According to the passage, which set of words best fits in the blanks (A) and (B)?

> The people in the village had _____(A)_____ teeth because of their _____(B)_____.

	(A)		(B)		(A)		(B)
①	strong	·····	healthy diet	②	strong	·····	dentists
③	natural	·····	dentists	④	white	·····	dentists
⑤	white	·····	healthy diet				

2 Write T if the statement is true, or F if it is false.

(1) _____ Dr. Weston was living in the village.

(2) _____ People in the village brushed their teeth every day.

(3) _____ People in the village drank fresh milk from cows and goats.

3 Find the word from the passage that fits in both blanks.

• What is the _____ of your success?

• Don't tell anyone about this. It's a _____.

Words

world-famous	세계적으로 유명한 / known by people in all parts of the world
travel	여행하다 / visit different places, especially places that are far away from where you live or work
village	마을 / a very small town in the countryside
almost	거의 / nearly but not quite
possible	가능한 / able to happen
discover	알아내다 / find out something that you did not know before
secret	비결 / the particular knowledge and skills needed to do something very well
	비밀 / information that is only known by some people and should not be told to others
natural	(가공한 게 아닌) 자연 그대로의 / existing in nature and not made by people
healthy	건강에 좋은; 건강한 / good for your health; strong and well
diet	(일상적으로 먹는) 음식물 / the food that a person or animal usually eats
raw	익히지 않은, 날것의 / not cooked
be full of	~으로 가득 차다 / contain as much as possible
mineral	(철, 칼슘 등의 영양소) 미네랄, 광물질 / a chemical that your body needs to stay healthy

Review Test

정답과 해설 p.19

1 짝지어진 단어의 관계가 나머지와 **다른** 것은?

① indoor – outdoor   ② better – worse

③ empty – full   ④ funny – interesting

2 우리말 풀이가 **틀린** 것은?

① bite his fingernail: 그의 손톱을 다듬다

② ask her for advice: 그녀에게 조언을 요청하다

③ take in clean oxygen: 깨끗한 산소를 들이마시다

④ much taller than this building: 이 건물보다 훨씬 높은

3 빈칸에 알맞은 단어는?

> Headaches may be a _____ of stress.

① joke   ② sign   ③ diet   ④ mirror

4 다음 밑줄 친 **like**의 의미가 다른 것은?

① I <u>like</u> reading comic books.

② He looks <u>like</u> an actor.

③ Eat healthy foods <u>like</u> fruits and vegetables.

④ In many homes, pets are <u>like</u> family members.

[5-7] 다음 문장의 괄호 안에서 알맞은 것을 고르시오.

5 I (go often / often go) to the movie theater with Sam.

6 I get up (early / earlier) than my sister.

7 Math is (more / the most) difficult than science to me.

8 다음 우리말과 일치하도록 주어진 말을 바르게 배열하시오.

그 거리는 항상 많은 사람들로 가득하다.

The street _____.

(a lot of people / always / crowded with / is)

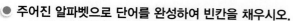

Word Hunter

● 주어진 알파벳으로 단어를 완성하여 빈칸을 채우시오.

1 `l` `a` `i` `s` `d` `n`

Jeju i_____ is very famous for its beautiful scenery.

2 `o` `k` `e` `j`

Some children were laughing and telling j_____s.

3 `c` `s` `i` `r` `d` `o` `e` `v`

He was very surprised to d_____ the truth.

4 `w` `r` `a`

Eating _____ fish can be dangerous for health.

5 `o` `r` `o` `t` `u` `o` `d`

People are enjoying sunlight, sitting at an o_____ cafe.

6 `t` `a` `h` `c` `h`

Eagle eggs usually h_____ between late May and early June.

7 `c` `e` `n` `k` `l` `e` `c` `a`

She is wearing a black dress with a diamond n_____.

8 `d` `e` `r` `a` `h` `o` `f` `e`

He kissed her on the f_____.

9 `t` `a` `l` `v` `r` `e`

Ben's dream is to t_____ the world.

10 `e` `n` `s` `d` `p`

I want to s_____ time with my boyfriend.

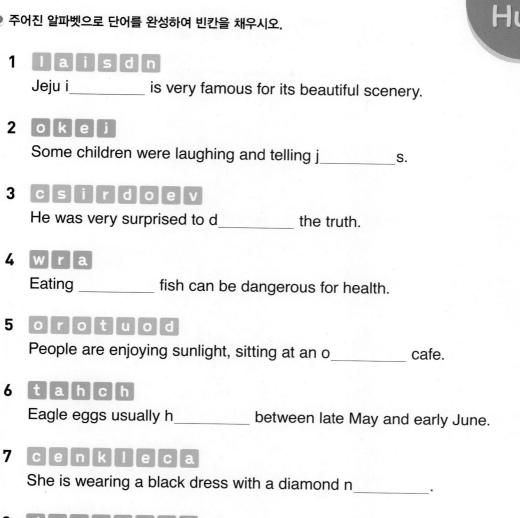

Answers **1** island **2** joke **3** discover **4** raw **5** outdoor **6** hatch **7** necklace **8** forehead **9** travel **10** spend

Food Chain in 2020

해석 [2020년의 먹이 사슬] 포장재

13

Animal

★ ☆ ☆ / 75 words

How do animals taste their food? Most animals use their tongues. But some insects taste in different ways. _____, flies taste with their feet. Flies have many special hairs all over their legs. They taste with these hairs. That is why flies like to walk on your food. Butterflies and spiders taste with their feet, too. But honey bees use the tips of their *antennae to taste. They also use their antennae to smell.

***antennae** [ænténiː] antenna(더듬이)의 복수형

It's yummy.

Grammar Link

5행 | **That is why ~**: 그것이 ~한 이유이다, 그래서 ~이다

Kate is very kind. **That's why** she has many friends.
Kate는 매우 친절하다. 그것이 그녀가 친구가 많은 이유이다.

Jinho likes English. **That's why** he is good at it.
진호는 영어를 좋아한다. 그것이 그가 영어를 잘하는 이유이다.

That is why ~에서 That은 보통 앞 문장의 내용을 가리켜요.

서술형

1 이 글의 내용과 일치하도록 빈칸에 알맞은 말을 본문에서 찾아 쓰시오.

> A fly's feet and a honey bee's antennae are like other
> animals' _____.

2 이 글의 내용과 일치하면 T, 일치하지 <u>않으면</u> F를 쓰시오.

(1) _____ 파리는 다리 전체에 특수한 털이 있다.

(2) _____ 나비는 더듬이로 음식의 맛을 본다.

(3) _____ 꿀벌은 냄새 맡을 때 더듬이를 사용한다.

3 이 글의 빈칸에 들어갈 말로 가장 적절한 것은?

① However

② Therefore

③ In addition

④ For example

⑤ On the other hand

ⓖ

4 다음 우리말과 일치하도록 주어진 말을 바르게 배열하시오.

그는 어제 잠을 잘 못 잤다. 그것이 그가 피곤한 이유이다.

He didn't sleep well last night. _____

(he / why / tired / is / that's)

Did You Know?

곤충의 미각

대부분의 곤충은 몸통 전체가 감각모 (sensory hair)라고 불리는 털로 뒤덮여 있다. 각 감각모의 뿌리에는 5개의 신경세포가 있는데, 그 중 4개가 미각과 관련이 있다. 하나는 물맛, 하나는 단맛, 나머지 두 개는 짠 맛을 감지한다. 나비도 파리처럼 발에 붙어 있는 털로 맛을 보는데, 사람의 혀보다 200배 이상 민감하여 0.0003%의 저농도 설탕물도 찾아낼 수 있다.

Words

taste 맛보다; 맛
most 대부분의
use 사용하다
tongue 혀
insect 곤충
different 다른, 다양한
way 방식
fly 파리; 날다
special 특수한
hair 털; 머리카락
all over ~의 전면에
butterfly 나비
spider 거미
honey bee 꿀벌
tip (뾰족한 것의) 끝
also 또한
smell 냄새 맡다; 냄새
[문] 1. **like** ~와 같은

14

Science

★★☆ / 106 words

A star is like us. It has the same life cycle as a human: birth, growth and death. When we grow old, we get more *wrinkles. What about stars? Their color changes! A baby star is usually ³ red because it is cool. As it gets hotter, it becomes yellow and then white. When a star is hottest, it is blue. When a star becomes old, it cools down and turns red again. Stars run on ⁶ the gas, *hydrogen. They die when they have no more gas to burn. What happens to them when they die? Some just disappear, but the big ones become scary black holes!

* **wrinkle** 주름(살)　　* **hydrogen**[háidrədʒən] 수소

Grammar Link

2/4/6행 | **grow/become/turn + 형용사**: ~하게 되다[변하다]

As we **grow** old, we will experience many new things.
우리가 나이들어 갈수록, 우리는 많은 새로운 것들을 경험하게 될 것이다.
Lucy worked hard and **became** very rich.
The green leaves **turn** red and yellow when fall comes.

grow, become, turn
뒤에 형용사가 오면
'상태의 변화'를
나타내요.

정답과 해설 p.21

1 이 글의 제목으로 가장 적절한 것은?

① How to Observe Stars
② Various Sizes of Stars
③ The Birth of Black Holes
④ The Colorful Stars in the Universe
⑤ The Colors of Stars Tell their Age

2 별에 관한 설명 중, 이 글의 내용과 일치하지 <u>않는</u> 것은?

① 별은 인간처럼 태어나고, 성장하고, 죽는다.
② 별은 나이가 들면 어린 시절의 색으로 돌아간다.
③ 별은 온도가 가장 높을 때 흰색을 띤다.
④ 별은 더 이상 태울 연료가 없으면 죽는다.
⑤ 큰 별들은 죽고 나면 블랙홀이 된다.

3 이 글의 내용과 일치하도록 별 그림을 알맞은 것과 연결하시오.

(1)
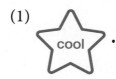
· ⓐ a baby star

· ⓑ a grown-up star

(2)

· ⓒ an old star

ⓖ

4 다음 문장의 괄호 안에서 알맞은 것을 고르시오.

(1) She was very angry with her son, and her face (turned / came) red.

(2) We were lost in the mountain, and it was growing (dark / darkness).

Words

the same ~ as ... …와 똑같은 ~
life cycle 생애 주기
human 인간
birth 탄생, 출생
growth 성장
death 죽음 *cf.* die 죽다
grow old 나이가 들다
What about ~? ~은 어떤가?
cool 서늘한; 식다, 차가워지다
cf. cool down (열이) 식다
as ~함에 따라서
turn red 빨개지다
run on ~ ~을 연료로 움직이다
burn (연료를) 태우다
disappear 사라지다
scary 무서운
black hole 블랙홀(모든 물체를 빨아들이는 천체)
문 1. observe 관찰하다
3. grown-up 어른이 된

15

Sports

★★☆ / 138 words

Juggling is the art of keeping balls in the air. Soccer players practice juggling a lot because it improves their ability to control the ball. Here are some tips to learn how to juggle. ₃

Choose a ball without much air.

Choose a ball that doesn't have too much air in it. A ball is easier to control if it is not full of air. ₆

Use your hands.

The rules of soccer say we cannot use our hands. But hands are a key part of juggling practice. Hold a ball with both ₉ hands and drop it. Then, use your foot to kick it up so that you can catch it with your hands.

Use your upper body. ₁₂

Once you get comfortable, you can also use your thighs, and then your upper body parts like your head, chest and shoulders.

Grammar Link

3행 | 의문사 + to부정사: ~해야 할지

Tell me **how** to use the machine. 그 기계를 어떻게 사용하는지 말해줘.

He asked me **when** to start. 그는 나에게 언제 출발할지 물었다.

We should decide **where** to stay. 우리는 어디서 머무를지 결정해야 한다.

I don't know **what** to do first. 나는 먼저 무엇을 해야 할지 모르겠다.

(= I don't know **what** I should do first.)

「의문사 + to부정사」는 「의문사 + 주어 + should + 동사원형」으로 바꿔 쓸 수 있어요.

1 다음 중, 이 글에서 설명하는 내용에 해당하는 그림이 <u>아닌</u> 것은?

①
②
③

2 Juggling에 대한 설명 중, 이 글의 내용과 일치하지 <u>않는</u> 것은?

① 공중에서 공을 계속 가지고 있는 기술이다.

② 축구 선수들의 공을 다루는 능력을 키워준다.

③ 공기가 꽉 찬 공을 선택하는 것이 좋다.

④ 먼저 손을 이용하여 연습하는 것이 중요하다.

⑤ 익숙해지면 상체를 활용해서 연습할 수도 있다.

Ⓦ
3 다음 빈칸에 공통으로 들어갈 말을 본문에서 찾아 쓰시오.

> · This book asks one _____ question.
> · I can't find my car _____.

Ⓖ
4 다음 우리말과 일치하도록 괄호 안에 주어진 말을 사용하여 빈칸에 알맞은 말을 쓰시오.

(1) 나에게 그 문제를 어떻게 푸는지 알려줘. (solve)

Tell me _____ _____ _____ the problem.

(2) 나는 내일 무엇을 입을지 결정을 못하겠다. (wear)

I can't decide _____ _____ _____ tomorrow.

Words

juggle 공중에서 공으로 묘기를 부리다, 저글링하다

art 기술, 기예; 예술

keep (계속) 가지고 있다

in the air 공중에서 *cf.* air 공중; 공기

practice 연습하다; 연습

improve 향상시키다; 나아지다

ability 능력

control 제어하다

be full of ~으로 가득 차다

say ~라고 되어[쓰여] 있다; 말하다

key 중요한; 열쇠

hold 잡다, 붙들다

both 둘 다

drop 떨어뜨리다; 떨어지다

kick up 위로 차다

so that ~ can ... ~이 ...할 수 있도록

upper body 상체

cf. upper 위쪽의

once 일단 ~하면

comfortable 편안한

thigh 허벅지

chest 가슴

shoulder 어깨

Review Test

정답과 해설 p.23

[1-2] 다음 중 나머지 셋을 모두 포함하는 단어를 고르시오.

1 ① spider   ② insect   ③ butterfly   ④ honey bee

2 ① birth   ② growth   ③ death   ④ life cycle

[3-4] 다음 영영 풀이에 해당하는 단어를 고르시오.

3

> make something better

① control   ② improve   ③ juggle   ④ disappear

4

> the end of something long, narrow and pointed

① hair   ② art   ③ tip   ④ tongue

5 빈칸에 들어갈 말이 바르게 짝지어진 것은?

> • The city park was full _____ people.
> • This machine runs _____ gas.
> • All the planes are _____ the air.

① with – for – in   ② of – on – in
③ with – on – from   ④ of – for – with

[6-7] 다음 문장의 괄호 안에서 알맞은 것을 고르시오.

6 The old man became (sick / sickness) and stayed in bed.

7 I don't know (where to go / go to where).

8 다음 우리말과 일치하도록 주어진 말을 바르게 배열하시오.

James는 내 말을 듣지 않는다. 그것이 내가 그렇게 화가 난 이유이다.

James doesn't listen to me. _____

(why / get / I / that's / so angry)

A boy sat by the side of the road with a sign. It said, "Please help me! I'm blind." But no one helped him. Later, a gentleman came. (ⓐ) He dropped some coins in the boy's ₃ hat. (ⓑ) Then he deleted the boy's message and wrote <u>a new one</u>. (ⓒ) Many people gave him money. (ⓓ) Do you wonder what the amazing message was? (ⓔ) It said, "Today ₆ is a beautiful day. But I cannot see it."

5행 | **수여동사 + 사람 + 물건: ~에게 …을 주다**

수여동사: give(주다), buy(사 주다), send(보내주다), show(보여주다), lend(빌려주다) 등

Tina **gave** him a birthday present. Tina는 그에게 생일 선물을 주었다.
   (수여동사) (사람)   (물건)

Can you **lend** me 10,000 won? 나에게 만원을 빌려줄 수 있니?

'주다'의 의미를 가진 동사를 수여동사라고 해요.

정답과 해설 p.25

1 이 글의 내용으로 미루어 짐작할 수 있는 것은?

① 소년은 눈이 안 보이는 것처럼 행동했다.

② 실제로는 날씨가 좋지 않았다.

③ 소년은 신사의 충고를 받아들였다.

④ 바뀐 팻말의 내용이 사람들을 감동시켰다.

⑤ 아무도 소년을 도와주지 않았다.

2 이 글의 흐름으로 보아, 다음 문장이 들어가기에 가장 적절한 곳은?

> After that, a surprising thing happened!

① ⓐ   ② ⓑ   ③ ⓒ   ④ ⓓ   ⑤ ⓔ

(서술형)

3 이 글의 밑줄 친 **a new one**이 가리키는 구체적인 내용을 우리말로 쓰시오.

Ⓖ

4 다음 우리말과 일치하도록 주어진 말을 바르게 배열하시오.

이모가 나에게 책을 몇 권 사 주셨다.

_____

(some books / my aunt / me / bought)

Words

by ~ 옆에
side 가장자리, 측(면)
road 길, 도로
sign 팻말, 표지판
say ~라고 쓰여 있다 (said-said)
blind 눈이 먼
drop 떨어뜨리다
coin 동전
delete 지우다, 삭제하다
message 메시지, 문구, 전달 내용
wonder 궁금해하다
amazing 놀라운
문 2. **surprising** 놀랄만한
      happen 발생하다

17

Environment

★★☆ / 109 words

The Earth was peaceful 200,000 years ago. All the plants and animals were living happily on the Earth. But their happiness didn't last long. One day, a "selfish monster" appeared. He didn't care about other living things. ⓐ Every living thing on the Earth became unhappy because of him. ⓑ He hurt plants and animals. ⓒ He began to build factories and make cars. ⓓ Their waste and smoke slowly destroyed the beautiful Earth. ⓔ This situation grew better and better. By the year 2100, the Earth was full of dirty garbage and harmful gases. Many plants and animals started to die and disappear. Finally, the last day came. All the plants and animals died. The selfish monster did, too.

정답과 해설 p.26

1 이 글의 밑줄 친 "selfish monster"가 의미하는 것을 우리말로 쓰시오.

2 이 글의 내용과 일치하면 T, 일치하지 <u>않으면</u> F를 쓰시오.

(1) _____ 약 20만 년 전 지구에 사는 생물들은 치열한 생존 경쟁으로 불행했다.

(2) _____ 괴물의 이기심으로 인해 지구가 점점 파괴되었다.

(3) _____ 결국 모든 식물과 동물은 죽고 그 괴물만 살아남았다.

3 이 글의 ⓐ~ⓔ 중, 글의 전체 흐름과 관계 <u>없는</u> 문장은?

① ⓐ   ② ⓑ   ③ ⓒ   ④ ⓓ   ⑤ ⓔ

4 이 글의 밑줄 친 **did**가 대신하는 동사를 본문에서 찾아 쓰시오.

5 다음 우리말과 일치하도록 주어진 말로 문장을 완성하시오.

아이들은 어른들보다 외국어를 더 빨리 배운다.

Children _____ foreign languages faster than adults _____. (do, learn)

Words

peaceful 평화로운
ago ~전에
last 지속[계속]하다; 마지막의
selfish 이기적인
monster 괴물
appear 나타나다
care about ~에 대해 신경 쓰다, 염려하다
living thing 생물, 생명체
because of ~ 때문에
hurt 해치다, 상처 내다 (-hurt-hurt)
factory 공장
waste 쓰레기, 폐기물
smoke 연기
destroy 파괴하다
situation 상황
garbage 쓰레기
harmful 해로운
start to ~하기 시작하다
die 죽다
disappear 사라지다
finally 결국

18

History

★★☆ / 98 words

A long time ago, Egyptians believed that cats were gods. So ⓐ they were not allowed to kill cats. However, Egyptians never thought about what would happen to ⓑ them because of this belief. Once there was a war between Egypt and Persia. Since Egypt was much stronger than Persia, Egyptians were not worried. But the Persians had a secret plan. The Persians knew cats were gods in Egypt, so ⓒ they brought cats with them to the war. Also, they painted the cats on their shields. The Egyptians were shocked. ⓓ They couldn't attack the Persians, so ⓔ they lost the war.

1 Which of the underlined words refers to different people?

① ⓐ   ② ⓑ   ③ ⓒ   ④ ⓓ   ⑤ ⓔ

2 Which picture describes the underlined <u>a secret plan</u> best?

①

②

③

3 Which is true about the story?

① Cats were like gods to the Persians.
② Persia had a stronger army than Egypt.
③ The Persians used cats to win the war.
④ The Egyptians knew the Persians' plan before the war.
⑤ The Egyptians enjoyed painting cats on their shields.

Words

god	신 / a spirit with special powers that people believe in
be allowed to	~하는 것이 허용되다 / be okay for you to do something
however	그러나, 하지만 / but
belief	믿음 / a strong feeling that something is true or real
once	(과거) 한때 / at some time in the past, but not now
since	~이기 때문에 / because
secret	비밀의 / not told to other people, or kept hidden from other people
bring	가져오다, 데리고 오다(-brought) / take someone or something from one place
shield	방패 / a big metal or wooden thing that soldiers carried in the past to protect themselves
shocked	충격 받은 / very surprised and upset by something bad
attack	공격하다 / try to hurt or kill somebody
lose	(게임, 싸움, 전쟁 등에서) 지다 (-lost) / not win a race, game, fight or war, etc.

Review Test

정답과 해설 p.28

[1-3] 다음 각 문장의 빈칸에 알맞은 말을 보기에서 골라 쓰시오.

보기

| wonder | delete | lose |

1 You should press this button to _____ the message.

2 Amy didn't come to the meeting. I _____ where she was.

3 It's okay to _____ the game because you can learn from mistakes.

4 영영 풀이가 틀린 것은?

① blind: unable to see

② destroy: grow or make something

③ secret: not told to other people

④ garbage: things you do not need any more and throw away

5 우리말 풀이가 틀린 것은?

① care about him: 그를 미워하다   ② be allowed to eat: 먹는 것이 허용되다

③ because of you: 너 때문에   ④ start to disappear: 사라지기 시작하다

[6-7] 다음 문장의 괄호 안에서 알맞은 것을 고르시오.

6 I bought (Jeremy a nice watch / a nice watch Jeremy).

7 He wants to go there more than I (am / do / does).

[8-9] 다음 우리말과 일치하도록 주어진 말을 바르게 배열하시오.

8 삼촌이 나에게 그의 모자를 주었다.

_____

(his cap / me / my uncle / gave)

9 Helen은 Jenny보다 테니스를 더 잘 친다.

_____

(Helen / Jenny / does / plays tennis / better than)

Word Hunter

● 주어진 뜻에 맞게 단어를 완성한 후, 각 번호에 해당하는 알파벳으로 문장을 만드시오.

Words

1 t e c i n s 곤충

☐ ☐ ☐ ☐ ☐ ☐
　　　　18　4

2 r s a p a i p d e 사라지다

☐ ☐ ☐ ☐ ☐ ☐ ☐ ☐ ☐
　　　　　　　14　1　　　2

3 d h i s l e 방패

☐ ☐ ☐ ☐ ☐ ☐
　　　　　8

4 e c t h s 가슴

☐ ☐ ☐ ☐ ☐
19　　15

5 y a f t r o c 공장

☐ ☐ ☐ ☐ ☐ ☐ ☐
17　　　5

6 m a l h r u f 해로운

☐ ☐ ☐ ☐ ☐ ☐ ☐
　　10　　9

7 t k c a t a 공격하다

☐ ☐ ☐ ☐ ☐ ☐
　　　　7　11

8 e o v b r s e 관찰하다

☐ ☐ ☐ ☐ ☐ ☐ ☐
　　　　16　　12

9 t i h g h 허벅지

☐ ☐ ☐ ☐ ☐
20　6

10 n a u i t s t i o 상황

☐ ☐ ☐ ☐ ☐ ☐ ☐ ☐ ☐
13　　　3

Sentence

☐ ☐ ☐ ☐ ☐ ☐ ☐ ☐　☐ ☐ ☐ ☐ ☐　☐ ☐ ☐ ☐ ☐ ☐ ☐
1　2　3　4　5　6　7　8　9　10　11　12　13　14　15　16　17　18　19　20

A Child's Imagination

[어린이의 상상] 엄마, 죄송해요. 하지만 저는 더 이상 (오줌을) 참지 못하겠어요!

HOLLYWOOD

19

Origin

★★☆ / 111 words

Long ago, people in southern Italy were poor. So they couldn't eat expensive food. And they were busy with their work, too. So they wanted _____ food. Then ₃ some people in *Naples came up with an idea. They put tomatoes, olives, cheese and other things on top of the dough. Then they baked it. This food was cheap and easy to ₆ make. It was also very tasty and nutritious. What did they name this new dish? Pizza! The word "pizza" means pie in Italian. ₉

Later, many Italians moved to America. Pizza went to the United States with them. Today, this "poor people's food" is popular all over the world.

* **Naples** [néiplz] 나폴리(이탈리아 남부의 도시)

Grammar Link

8행 | **name〔call〕A B**: A를 B라고 이름 짓다〔부르다〕
We decided to **name the dog Max.** 우리는 그 개를 Max라고 이름 짓기로 결정했다.
Her name is Lucia, but everyone **calls her Lucy.**
그녀의 이름은 Lucia이지만, 모두 그녀를 Lucy라고 부른다.

1 이 글의 제목으로 가장 적절한 것은?

① What Is in Pizza?

② Who Likes Pizza?

③ How Did Pizza Start?

④ Why Do People Like Pizza?

⑤ How Do People Cook Pizza?

2 이 글의 빈칸에 들어갈 말로 가장 적절한 것은?

① expensive but tasty

② cheap and simple

③ tasty and healthy

④ cheap and healthy

⑤ expensive but simple

3 이 글의 내용과 일치하면 T, 일치하지 않으면 F를 쓰시오.

(1) _____ 나폴리 지방 사람들의 피자는 만들기 어려웠지만 맛있었다.

(2) _____ 피자는 이탈리아어로 파이를 의미한다.

(3) _____ 이탈리아 사람들이 피자를 미국으로 전파했다.

Ⓖ

4 다음 우리말과 일치하도록 주어진 말을 바르게 배열하시오.

그 가족은 그 아기를 Roy라고 이름 지었다.

The family _____.

(the baby / named / Roy)

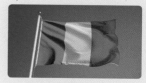
Words

southern 남부의

cf. south 남쪽

Italy 이탈리아

poor 가난한

expensive 비싼 (↔ cheap)

come up with ~을 생각해 내다

olive 올리브

on top of ~ 위에

dough 밀가루 반죽

bake (불에) 굽다

tasty 맛있는

nutritious 영양가 있는

dish 요리; 접시

Italian 이탈리아어; 이탈리아인

move (~으로) 이동하다

문 2. simple 간단한; 단순한

20

Teens

★★☆ / 96 words

A boy smiles at you. Now your face feels hot. Your heart beats faster. What's going on? You have a crush on him!

A crush is a special feeling for someone. It can feel like true love. Everybody has a crush at least once in their childhood. ⓐ It's a part of growing up. ⓑ Who do you have a crush on? ⓒ The person may be your classmate, or even a teacher. ⓓ You should not spend time with them. ⓔ You may be embarrassed by this strong new feeling. But don't worry. A crush is just like a cold. It does not last a long time.

Grammar Link

1행 | **feel + 형용사**: ~한 느낌이 들다
My face **feels** hot. 나의 얼굴이 화끈거리는 느낌이 든다.
I **feel** safe in my home.

3행 | **feel like + 명사**: ~처럼 느껴지다
It can **feel like** true love. 그것이 진짜 사랑처럼 느껴질 수 있다.
It **feels like** a dream.

1 crush에 관한 설명 중, 이 글의 내용과 일치하지 <u>않는</u> 것은?

① 누군가에게 느끼는 특별한 감정이다.

② 어릴 적 누구나 한 번쯤 경험하는 것이다.

③ 성장의 일부라고 할 수 있다.

④ 낯설고 당황스럽게 느껴질 수 있다.

⑤ 새로 만난 이성에게 느끼는 감정을 의미한다.

2 이 글의 내용으로 보아, 다음 문장의 빈칸에 들어갈 말로 가장 적절한 것은?

> You don't have to worry about a crush because it
> _____.

① passes soon   ② stays a long time

③ is true love   ④ makes your heart strong

⑤ is not a strong feeling

3 이 글의 ⓐ~ⓔ 중, 글의 전체 흐름과 관계 <u>없는</u> 문장은?

① ⓐ   ② ⓑ   ③ ⓒ   ④ ⓓ   ⑤ ⓔ

ⓖ

4 다음 문장의 괄호 안에서 알맞은 것을 고르시오.

(1) Sometimes I (feel / feel like) tired after playing soccer.

(2) I started a new job. I (feel / feel like) a new person now.

Words

smile at ~에게 미소 짓다
heart 심장; 마음
beat (심장이) 뛰다, 고동치다
go on (일이) 진행되다, 되어 가다
have a crush on ~에게 반하다
cf. crush (오래가지 않는) 강렬한
사랑, 홀딱 반함
at least 적어도, 최소한
once 한 번
childhood 어린 시절
may ~일지도 모른다
classmate 반 친구
embarrassed 당황한
just like 꼭 ~와 같은
cold 감기; 추운
last 지속되다; 마지막으로
문 2. **don't have to** ~할 필요
없다
pass 지나가다; 통과하다

21

Body

★★★ / 120 words

Cells in our body don't last long. At any point of your life, old cells die and new cells fill their places. But how quickly does this happen? It depends on where they are in your body ₃ and what they do.

(A) The same is true about your skin cells. They have to protect your body from the outside world. That's why ₆ they're fully replaced every few weeks.

(B) However, some cells in your bones don't have to work too hard, so they live a little longer. They usually last for ₉ three months.

(C) Take the cells in your stomach for example. They have to work hard all day to digest all kinds of food. So they only ₁₂ survive a couple of days.

skin cells

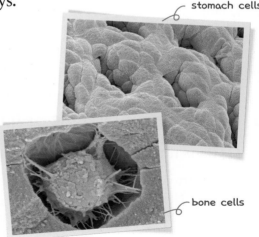

stomach cells

bone cells

Grammar Link

3행 | 간접의문문

Do you know? + Who is he?

→ Do you know **who he is**? 너는 그가 누구인지 아니?
　　　　　　　　(의문사)(주어)(동사)

I want to know **where she lives**. 나는 그녀가 어디 사는지 알고 싶다.

I wonder **what the body cells do**. 나는 인체 세포들이 무엇을 하는지 궁금하다.

간접의문문은 의문문이 다른 문장의 일부로 쓰이는 것으로, 「의문사+주어+동사」의 순서로 써요.

1 이 글의 (A), (B), (C)를 글의 흐름에 맞게 순서대로 배열한 것은?

① (A) – (C) – (B)　　　② (B) – (A) – (C)

③ (B) – (C) – (A)　　　④ (C) – (A) – (B)

⑤ (C) – (B) – (A)

2 이 글의 내용으로 보아, 다음 문장의 빈칸에 들어갈 말로 가장 적절한 것은?

> Every cell in our body _____.

① dies at different times

② dies at the same time

③ works hard to survive

④ lasts for a long time

⑤ is replaced every week

3 이 글의 내용과 일치하지 <u>않는</u> 것은?

① 우리 몸에서 오래된 세포는 죽고 새로운 세포로 교체된다.

② 인체 세포의 수명은 세포가 있는 곳과 하는 일에 따라 다르다.

③ 피부 세포는 힘들게 외부로부터 우리 몸을 보호하고 몇 주 안에 죽는다.

④ 뼈 세포는 단단해서 다른 세포들보다 수명이 길다.

⑤ 위 세포는 음식물을 소화시켜야 하므로 이삼일 정도 머무르다 죽는다.

Ⓖ

4 다음 문장의 밑줄 친 부분을 바르게 고치시오.

(1) Can you tell me <u>what is her name</u>?

(2) I don't know <u>where are they</u>.

Words

cell 세포
last 지속되다; 마지막의
at any point of ~ ~의 어느 시점에서
depend on ~에 달려있다
have to ~ 해야 한다
protect 보호하다
fully 완전히
replace 교체하다; 바꾸다
every few ~ 몇 ~마다
a little 조금, 다소
take ~ for example ~을 예로 들다
stomach 위; 복부
all day 하루 종일
digest (음식을) 소화시키다
survive 살아남다, 생존하다
a couple of ~ 둘의, 두 서너 개의

Review Test

정답과 해설 p.32

1 짝지어진 단어의 관계가 나머지와 <u>다른</u> 것은?

① expensive – cheap   ② poor – rich

③ tasty – nutritious   ④ survive – die

[2-3] 다음 영영 풀이에 해당하는 단어를 고르시오.

2

> break down food in your stomach

① digest   ② beat   ③ produce   ④ discover

3

> take the place of something that was there before

① control   ② replace   ③ protect   ④ move

[4-6] 다음 각 문장의 빈칸에 알맞은 말을 보기 에서 골라 쓰시오.

보기

come up with   depend on   have a crush on

4 I think I _____ Lucy. I think of her all the time.

5 Our future may _____ how hard we work now.

6 I'll try to _____ some ideas to solve this problem.

[7-8] 다음 문장의 괄호 안에서 알맞은 것을 고르시오.

7 I (felt / felt like) sleepy because the movie was boring.

8 We decided to (call him / call to him) "Genius Dave" because he is very smart.

9 다음 우리말과 일치하도록 주어진 말을 바르게 배열하시오.

학교에 어떻게 가는지 말해주시겠어요?

Can you tell me _____?

(I can / how / get to school)

22

Society

★★☆ / 92 words

Barbie first appeared in 1959. Now, the dolls are entering a new age. In the past, they were all skinny. Now there is more variety in body types. You can buy curvy dolls or short dolls. You can even buy a disabled doll: a doll in a wheelchair or with one leg missing. Mattel is the company that makes Barbie. It decided to make different kinds of dolls to win the hearts of a more diverse group of children. When children see dolls that look like them, they can feel more comfortable.

Grammar Link

7행 | **접속사 when**: ~할 때

When my sister got home, I was having dinner.
(= I was having dinner **when** my sister got home.)
누나가 집에 왔을 때, 나는 저녁 식사를 하고 있었다.

cf. **When** did he come back? ▶ 의문사 when: 언제
그는 언제 돌아왔니?

> 접속사 when 뒤에는
> 「주어＋ 동사 ~」가 오고,
> 의문사 when은 시간을
> 물을 때 써요.

정답과 해설 p.33

서술형

1 이 글의 내용과 일치하도록 빈칸에 들어갈 말을 본문에서 찾아 쓰시오.

과거	→	**현재**
Barbie dolls were all _____ .		Barbie dolls have many different _____ _____ .

2 이 글의 내용과 일치하면 T, 일치하지 <u>않으면</u> F를 쓰시오.

(1) _____ 최근에 통통하거나 키가 작은 바비 인형도 등장했다.

(2) _____ 아이들은 자신을 닮은 인형을 보면 편안함을 느낀다.

3 이 글에서 Mattel이 다양한 바비 인형을 만드는 이유는?

① 회사의 브랜드 가치를 높이기 위해

② 빠르게 변화하는 유행에 발맞추기 위해

③ 다양한 소비자들의 마음을 사로잡기 위해

④ 여러 소비자들의 요구가 있었기 때문에

⑤ 기존 인형들의 판매가 줄어들었기 때문에

G

4 다음 문장의 밑줄 친 When의 뜻에 해당하는 것을 보기 에서 고르시오.

보기

ⓐ 언제 　　　　ⓑ ~할 때

(1) <u>When</u> does the movie start?

(2) <u>When</u> she wrote her first novel, she was 80 years old.

Did You Know?

Barbie 이름의 유래

Mattel의 창업자인 Handler(핸들러) 부부에게는 아기 인형을 가지고 노는 것을 좋아하는 딸 Barbara(바바라)가 있었다. 10살이 된 Barbara가 아기 인형에 흥미를 잃고 잡지에서 젊은 여성들의 사진을 오려 그것들에 옷을 붙여 노는 것에서 아이디어를 얻어 바비 인형을 만들게 되었고, 그녀의 딸 Barbara의 이름을 따서 Barbie라고 불렀다.

Words

appear 등장하다, 나타나다
enter (상황에) 진입하다
age 시대; 나이
in the past 과거에, 이전에
cf. past 과거
skinny 깡마른
variety 다양성
cf. various 다양한
body type 체형
curvy 통통한; 굴곡이 있는
cf. curve 곡선, 굴곡
even 심지어
disabled 장애가 있는
wheelchair 휠체어
missing 없어진, 사라진
decide to ~하기로 결정하다
win the heart of ~의 마음을 사로잡다
diverse 다양한
look like ~처럼 보이다
comfortable 편안한
문 4. **novel** 소설

23

Story

★★★ / 121 words

Rick Antosh lives in New York City. One day, <u>he got really
lucky</u>. While he was eating oysters at a restaurant, he felt
something hard in his mouth. At first, he thought that it was ³
his tooth. To his surprise, it was a pearl!

A pearl is a white, lovely jewel that grows inside the shell
of oysters. If sand gets into an oyster's body, it hurts. The ⁶
oyster does something amazing to feel less pain. It covers the
sand with some shiny substances. It takes many years. Finally
these substances turn into a beautiful pearl. ⁹

Rick was very fortunate to find the pearl. It was a white,
beautiful pearl with a black dot. It was worth about four
thousand dollars!

◀ Rick Antosh holding
the pearl

Grammar Link

2행 | 접속사 while: ~하는 동안에

We didn't speak **while** we were eating.

(= **While** we were eating, we didn't speak.)

cf. We didn't speak **during** the meal. ▶ 전치사 during: ~ 동안에
우리는 식사 시간 동안 말을 하지 않았다.

while 다음에는 「주어+
동사 ~」가 오고, during
다음에는 특정 기간을
나타내는 「명사」가 와요.

1 이 글을 읽고 답할 수 <u>없는</u> 질문은?

① Where does Rick Antosh live?
② What was in Rick's mouth?
③ How is a pearl made?
④ Why does the pearl have a black dot?
⑤ How much was Rick's pearl worth?

(서술형)

2 이 글의 밑줄 친 **he got really lucky**의 이유를 우리말로 쓰시오.

3 이 글의 내용을 바탕으로, 진주 생성 과정을 순서대로 배열하시오.

> (A) The shiny substances become a beautiful pearl.
> (B) Sand gets into an oyster's body.
> (C) The oyster feels pain because of the sand.
> (D) The oyster covers the sand with some shiny substances again and again.

G

4 다음 문장의 괄호 안에서 알맞은 것을 고르시오.

(1) John played with my pet dog (during / while) I was sleeping.
(2) I'll travel to France (during / while) my summer vacation.

Words

lucky 운이 좋은
oyster 굴
hard 딱딱한; 열심히
at first 처음에
to one's surprise ~이 놀랍게도
pearl 진주
lovely 아름다운, 사랑스러운
jewel 보석
inside 안에서, 내부에서
shell (조개나 굴의) 딱딱한 껍질, 껍데기
get into ~안으로 들어가다
hurt 아프다
feel less ~ ~을 덜 느끼다
pain 통증, 고통
cover A with B A를 B로 씌우다, 덮다
cf. cover (보호하기 위해) 씌우다, 덮다
shiny 빛나는, 반짝거리는
substance 물질
it takes ~ ~의 시간이 걸리다
turn into ~으로 변하다
fortunate 운이 좋은
dot 점
worth ~의 가치가 있는
about 대략

A*jellyfish can live for a thousand years! When it grows old or sick, it does an amazing trick. Instead of dying, it changes back into a baby and grows up again. The jellyfish repeats this ₃ life cycle over and over again. It is just like a music player that repeats the same song again and again. Can all jellyfish do this? No. Only the scarlet jellyfish can. Now scientists want to ₆ make the human body like a jellyfish. If they succeed, humans may _____!

* **jellyfish** 해파리

▲ A scarlet jellyfish

1 What is the best title for the passage?

① How Humans Use a Jellyfish

② How a Jellyfish Does a Trick

③ The Birth of a Scarlet Jellyfish

④ How a Scarlet Jellyfish Grows Old

⑤ A Scarlet Jellyfish: The Never-dying Animal

2 Write T if the statement is true, or F if it is false.

(1) _____ A scarlet jellyfish turns into a baby when it gets old or sick.

(2) _____ A scarlet jellyfish repeats its life cycle forever.

(3) _____ If you eat many scarlet jellyfish, it can help you live longer.

3 Which one best fits in the blank?

① change their body types   ② not grow old or sick

③ be able to live in the sea   ④ be able to live forever

⑤ have a lot more babies

Words

trick	재주 / a skill of doing something that looks like magic
instead of	~ 대신에 / in place of
change back into	~으로 되돌아가다 / return to what it was at first
repeat	반복하다 / do something again
life cycle	생애 주기 / the series of changes that happen to a living thing during its life
over and over again	반복하여 / many times
scarlet	진홍색의, 다홍색의 / bright red in color
succeed	성공하다 / have the results that you wanted
문 2. forever	영원히 / for all time in the future
3. be able to	~할 수 있다 / can

Review Test

정답과 해설 p.37

[1-2] 다음 각 문장의 밑줄 친 단어와 유사한 뜻을 가진 단어를 고르시오.

1 New York is a very culturally <u>diverse</u> city.

① disabled   ② various   ③ missing   ④ skinny

2 Look at the rainbow in the sky! Its color is <u>amazing</u>!

① healthy   ② strange   ③ surprising   ④ comfortable

[3-4] 다음 영영 풀이에 해당하는 단어를 고르시오.

3

> a hard, colored and valuable stone that has been cut and made shiny

① trick   ② shell   ③ age   ④ jewel

4

> a feeling that you have in your body when you are hurt or sick

① pain   ② past   ③ pearl   ④ scarlet

5 빈칸에 공통으로 들어가기에 알맞은 것은?

> • The frog turned _____ a prince.
> • Rain in the morning will turn _____ snow during the afternoon.

① on   ② off   ③ into   ④ from

[6-7] 다음 우리말과 일치하도록 괄호 안에서 알맞은 것을 고르시오.

6 그가 문을 열었을 때 나는 책을 읽고 있었다.

I was reading a book (when / if) he opened the door.

7 엄마가 전화를 하는 동안 나는 잠이 들었다.

(During / While) my mom was talking on the phone, I fell asleep.

8 다음 우리말과 일치하도록 주어진 말을 바르게 배열하시오.

내가 저녁 식사를 준비하는 동안 James는 숙제를 하였다.

_____

(I was preparing / James / while / dinner / did his homework)

Word Hunter

주어진 영영 풀이나 우리말에 해당하는 단어로 퍼즐을 완성하시오.

Across

2 없어진, 사라진

6 do something again

7 a long written story about imaginary characters and events

8 food cooked in a particular way

Down

1 stay alive

3 have the results that you wanted

4 lucky

5 생물체를 이루는 가장 작은 기본 단위

In the Near Future...

해석 [가까운 미래에는…]

UNIT

9

25
Superstition

★ ☆ ☆ / 93 words

Dragons are in many stories and movies. Are they good luck or bad luck? It depends on _____. In Europe, dragons are bad luck. Maybe it's because of the Bible. In the Bible, dragons are always bad monsters. In one part of the Bible, *the Devil is an evil dragon. He is the enemy of God and fights with the angels. In China, the opposite is true. Dragons are good luck. In fact, there is a dragon god in China. In old Chinese stories, Chinese people are the dragon god's children!

*the Devil 사탄, 악마

Grammar Link

1/9행 | 명사의 복수형: 대부분의 명사는 끝에 -s를 붙여 복수형을 만든다.

movie – movies   flower – flowers   student – students

cf. • -s, -sh, -ch, -x 등으로 끝나는 명사: -es를 붙인다.

    class – classes   dish – dishes   church – churches   box – boxes

  • -f, -fe로 끝나는 명사: f(e)를 v로 바꾸고 -es를 붙인다. leaf – leaves   knife – knives

  • 「자음+y」로 끝나는 명사: y를 i로 바꾸고 -es를 붙인다. story – stories   lady – ladies

  • 단어의 일부분을 바꾸는 명사도 있다. child – children   foot - feet

1 이 글의 제목으로 가장 적절한 것은?

① Dragons in the Bible
② A Dragon God in China
③ Dragons Bring Good Luck
④ Dragons: Good Luck or Bad Luck?
⑤ Evil Dragons in Stories and Movies

2 이 글의 빈칸에 들어갈 말로 가장 적절한 것은?

① how you live
② where you live
③ where a dragon god lives
④ how much luck you have
⑤ what you think of dragons

(서술형)

3 용에 대한 유럽인들의 시각에 가장 크게 영향을 미친 것을 본문에서 찾아 두 단어의 영어로 쓰시오.

(서술형)

4 이 글의 내용과 일치하도록 빈칸에 들어갈 말을 본문에서 찾아 쓰시오.

유럽	중국
• Dragons are (A)_____ luck. • An evil dragon is the (B)_____ of God.	• Dragons are (C)_____ luck. • The Chinese are the dragon god's (D)_____.

ⓖ

5 다음 문장에서 틀린 부분을 찾아 바르게 고치시오.

(1) I have five class today.

(2) I want to visit many foreign countrys.

Did You Know?

용에 대한 우리나라의 시각

중국에서처럼 우리나라에서도 용은 최고의 위엄과 권위를 상징하며, 정의를 지키고 행운을 전해주는 존재로 여겨졌다. 또한 용은 왕권이나 왕위를 상징하기도 하여, 임금과 관련되는 것 앞에 용이라는 말을 붙이기도 했다. 왕의 얼굴은 용안, 왕의 자손들은 용손 등으로 표현한 것이 그 예이다.

Words

dragon 용(거대한 뱀처럼 생긴 상상 속의 동물)
good luck 행운, 행운을 가져오는 존재 (↔ bad luck 불운)
depend on ~에 달려 있다
maybe 아마도
because of ~ ~때문에
the Bible 성경, 성서
monster 괴물
evil 사악한
enemy 적; 적군
God 하느님
fight with ~와 싸우다
angel 천사
opposite 반대; 반대의
god (일반적인) 신

26

Technology

★★☆ / 87 words

In China, students in some schools wear "smart uniforms." These uniforms have computer chips in them. (ⓐ) These chips keep track of the students' activities. (ⓑ) Using smartphones, the parents can check where their children are and when they get to school. (ⓒ) So if a student skips a class, the chips in the uniforms can tell their parents. (ⓓ) If a student goes missing, the chips will help find them. (ⓔ) One Chinese Internet user commented, "Don't children have human rights and privacy?"

1 이 글의 주제로 가장 적절한 것은?

① 스마트 기술을 활용한 수업

② 인권과 사생활 보호의 필요성

③ 중국 학생들의 남다른 공부법

④ 스마트 교복 활용의 다양한 예시

⑤ 스마트 교복의 기능과 도입에 관한 논란

2 이 글의 흐름으로 보아, 다음 문장이 들어가기에 가장 적절한 곳은?

> However, some people don't like the smart uniforms.

① ⓐ   ② ⓑ   ③ ⓒ   ④ ⓓ   ⑤ ⓔ

3 다음은 smart uniforms에 관한 엄마와 아들의 말이다. 엄마의 말이면 M, 아들의 말이면 S를 쓰시오.

(1) _____ I can check where you are by using them.

(2) _____ I feel like someone is always watching me.

(3) _____ When you are missing, they can help me find you.

Ⓖ

4 다음 우리말과 일치하도록 주어진 말을 바르게 배열하시오.

Carl은 우리 집을 페인트칠 하는 것을 도와주었다.

_____

(our house / Carl / helped / paint)

Words

uniform 교복, 제복, 군복

chip 칩, 조각

keep track of ~을 추적하다

activity 활동

parents 부모

get to ~에 도착하다

skip a class 수업을 빼먹다
cf. skip (일을) 빼먹다, 거르다

tell 알려주다; 말하다

go missing 사라지다, 행방불명
되다 *cf.* missing 사라진, 없어진

comment 의견을 밝히다, 논평
하다

human right 인권
cf. right 권리

privacy 사생활

When you eat fruits, you should not eat anything else with them. Fruits digest too quickly, so they do not go well with other foods. For example, if you eat watermelon together ³ with meat, it can cause problems. Watermelon digests in just 20 minutes, but meat digests in four hours. According to scientists, when you eat two foods at the same time, they ⁶ leave the stomach together, too. So the watermelon has to wait a long time until the meat is ready to go. During that time, the watermelon goes bad. Think of a highway. If the ⁹ slowest car is in front, the faster cars behind it cannot move. It is the same with food. So _____. Or eat them about one hour before a meal.

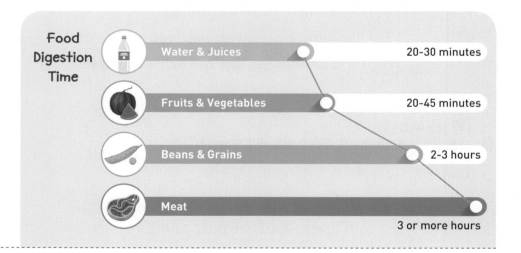

Food Digestion Time

Water & Juices		20-30 minutes
Fruits & Vegetables		20-45 minutes
Beans & Grains		2-3 hours
Meat		3 or more hours

Grammar Link

8행 | until: ～까지

You have to wait here **until** I call your name. ▶ 접속사 until (+절)
내가 네 이름을 부를 때까지 너는 여기서 기다려야 한다.

He will be very busy **until** this weekend. ▶ 전치사 until (+명사구)
그는 이번 주말까지 매우 바쁠 것이다.

cf. You should come back home **by** 9 o'clock. ▶ 전치사 by
너는 9시까지 집으로 돌아와야 한다.

until은 어떤 상태나 행동이
그 시점까지 '지속'됨을 나타내고,
by는 그 시점까지 끝내야
하는 '마감 기한'을
나타낼 때 써요.

정답과 해설 p.40

1 이 글의 빈칸에 들어갈 말로 가장 적절한 것은?

① try to eat fruits at every meal
② eat fruits as slowly as possible
③ eat fruits without anything else
④ don't eat watermelon with other fruits
⑤ remember that fruits are good for health

2 이 글에서 수박과 고기를 함께 먹을 때 일어나는 현상으로 언급된 것은?

① 수박이 고기가 소화되는 것을 돕는다.
② 고기가 소화되는 동안 수박이 썩는다.
③ 수박과 고기가 섞여 둘 다 소화가 되지 않는다.
④ 수박과 고기가 섞이면서 나쁜 물질이 생긴다.
⑤ 수박이 먼저 소화되어 고기보다 빨리 위에서 배출된다.

(서술형)

3 이 글의 밑줄 친 **It is the same with food.**가 의미하는 내용을 우리말로 쓰시오.

(G)

4 다음 문장의 괄호 안에서 알맞은 것을 고르시오.

(1) He will stay there (until / by) Monday.
(2) He should finish the project (until / by) Monday.

Did You Know?

음식 궁합
(Food Combinations)

남녀 사이에 궁합이 있듯이 음식도 함께 먹으면 이로운 것과 해로운 것이 있는데, 이를 '음식 궁합'이라고 한다. 소화시키는 데 걸리는 시간뿐만 아니라 영양학적으로 서로 관련이 있다. 예를 들어, 소고기와 브로콜리를 함께 먹으면, 적혈구를 생성하는 철분이 많아져 몸 속 신체 기관으로 산소를 골고루 전달해 피곤함을 방지한다. 반면, 토마토와 설탕은 음식 궁합이 좋지 않은데, 이는 설탕이 토마토 속 비타민 B의 흡수를 방해하기 때문이다.

Words

fruit 과일
anything else 다른 것, 그 밖에 또 무언가
digest 소화되다; 소화하다
cf. digestion 소화
go (well) with ~와(잘) 어울리다
watermelon 수박
cause (문제 등을) 일으키다
in+시간 ~ 후에
cf. within+시간 ~이내에
according to ~ ~에 의하면
at the same time 동시에
leave 떠나다
stomach (인체) 위, 배, 복부
be ready to ~할 준비가 되다
during ~ 동안
go bad 상하다; 썩다
highway 고속도로
in front 앞에
move 이동하다
it is the same with ~ 그것은 ~도 마찬가지이다, 똑같다
meal 식사

Review Test

정답과 해설 p.41

1 영영 풀이가 <u>틀린</u> 것은?

① cause: make something happen

② skip: do or have something that you usually do

③ highway: a wide road for fast travel between towns and cities

④ privacy: the freedom to do things without other people seeing you

[2-4] 다음 각 문장의 빈칸에 알맞은 말을 보기 에서 골라 쓰시오.

> 보기
>
> go missing   go well with   go bad

2 Hot temperatures can make food _____ easily.

3 Do you have a handbag that would _____ these shoes?

4 When kids _____, we send text messages to people in the area.

5 다음 중 명사의 복수형이 <u>틀린</u> 것은?

① foot → feet   ② place → places

③ leaf → leaves   ④ candy → candys

[6-8] 다음 문장의 괄호 안에서 알맞은 것을 고르시오.

6 Let's wait (until / by) the rain stops.

7 Her opinion will help (make / making) a right decision.

8 Can you help me to wash the (dishs / dishes)?

9 다음 우리말과 일치하도록 주어진 말을 바르게 배열하시오.

너는 그가 돌아올 때까지 나의 아기들을 돌보는 것을 도와줄 수 있니?

Can you _____?

(my babies / help / he comes back / until / take care of)

UNIT

10

28

Humor

★☆☆ / 91 words

Jimmy was an elementary school student. He was a nice kid and had many friends, but he did not do well in school.

One day, as soon as he got home from school, he walked ³ into his father's room. "Dad," he said, "I have great news for you." His father smiled. "What is it, Jimmy?" he asked. "Do you remember?" asked Jimmy. "You promised to give me ⁶ five dollars if I passed my English test." "Oh, yes," said his father. "Well," said Jimmy, "now you don't have to spend five dollars!"

Grammar Link

8행 | **don't have to + 동사원형**: ~할 필요가 없다
Tomorrow is a national holiday. So we **don't have to go** to school.
내일은 국경일이다. 그래서 우리는 학교에 갈 필요가 없다.

cf. We **have to follow** the school rules. ▶ have to+동사원형: ~해야 한다 (= must)
우리는 학교 규칙들을 따라야 한다.

정답과 해설 p.42

서술형

1 이 글에서 아버지가 아들에게 약속한 내용을 우리말로 쓰시오.

2 이 글의 밑줄 친 now you don't have to spend five dollars!를 통해 짐작할 수 있는 것은?

① 5달러가 필요하다.
② 5달러를 벌었다.
③ 영어 시험이 쉬웠다.
④ 5달러를 저금할 예정이다.
⑤ 영어 시험에 통과하지 못했다.

3 이 글의 내용으로 미루어 알 수 있는 아버지의 감정 변화로 가장 적절한 것은?

① angry → nervous
② sad → bored
③ hopeful → excited
④ hopeful → disappointed
⑤ angry → disappointed

4 다음 문장의 빈칸에 들어갈 말을 보기 에서 골라 쓰시오.

┌ 보기 ─────────────────────┐
　　have to　　　don't have to
└──────────────────────────┘

(1) I'm not hungry. So you _____ cook.
(2) This building has no elevators. So we _____ walk up the stairs.

Words

elementary school 초등학교
do well in school 학교에서 공부를 잘하다, 학교생활을 잘하다
as soon as ~하자마자
get home 집에 오다, 귀가하다
news 소식, 뉴스
smile 미소 짓다
remember 기억하다
promise to ~하기로 약속하다
if 만약 ~하면
pass (시험에) 통과하다, 합격하다
spend (돈을) 쓰다
문 3. nervous 긴장한
　　bored 지루해 하는
　　hopeful 기대에 찬
　　disappointed 실망스러운
　4. stairs 계단

29

Environment

★ ★ ☆ / 109 words

A strange thing is taking place in some rivers! Male fish are becoming female. According to a study, many male fish in the Potomac River of the United States have turned female. The same thing is happening in many other parts of the world. Why is such a strange thing happening? It's because of pollution. Scientists report that chemicals from plastics can change the sex of fish. If chemicals keep flowing into the river, there will be only female fish. Scientists say that these fish are a sign that something is really wrong. If we don't take action now, a more serious problem might happen in the future.

▲ Potomac River

Grammar Link

5행 | **such + a/an + 형용사 + 명사**: 매우 ~한 … / 그렇게 ~한 …
We had **such a great time** there.
우리는 그곳에서 매우 즐거운 시간을 보냈다.

I am very glad to have **such an excellent student** in my class.
그렇게 훌륭한 학생이 나의 반에 있어서 나는 정말 기쁘다.

such는 '그런, 그러한'이라는 뜻으로 쓰여요.

정답과 해설 p.43

1 이 글을 다음과 같이 요약할 때, 빈칸 (A)와 (B)에 들어갈 말로 가장 적절한 것은?

> ___(A)___ in the river changed the ___(B)___ of fish.

	(A)		(B)
①	Harmful plants	·····	sex
②	Harmful plants	·····	size
③	Chemicals	·····	sex
④	Chemicals	·····	size
⑤	Chemicals	·····	color

(서술형)

2 이 글의 밑줄 친 **The same thing**이 가리키는 내용을 우리말로 쓰시오.

3 이 글의 내용을 <u>잘못</u> 이해한 학생은? (2명)

① 주영: 암컷 물고기들만 잡으면 문제를 해결할 수 있을 거야.
② 장호: 세계 여러 강에서 기이한 현상이 벌어지고 있대.
③ 광진: 강에 화학 물질이 흘러 들어가지 않는 게 중요하겠네.
④ 영준: 이러다가 수컷 물고기들은 아예 없어질 수도 있겠다.
⑤ 경진: 오염된 강에서는 수컷 물고기는 암컷으로, 암컷 물고기는 수컷으로 바뀐대.

(G)

4 다음 문장의 밑줄 친 부분을 바르게 고쳐 쓰시오.

우리는 그렇게 큰 집을 살 필요가 없다.

We don't have to buy <u>a such big house</u>.

Words

strange 이상한
take place 발생하다, 일어나다
male 수컷의; 수컷
female 암컷의; 암컷
study 조사, 연구
turn (~한 상태로) 변하다
happen 일어나다, 발생하다
pollution 오염
cf. pollute 오염시키다
report 발표하다, 알리다; 보고하다
chemical 화학 물질; 화학의
sex (암수의) 성
keep -ing 계속 ~하다
flow into ~안으로 흘러 들어가다
cf. flow 흐르다; 흐름
sign 징후, 조짐; 표지판; 신호
take action 조치를 취하다
serious 심각한
might ~할지도 모른다
문 1. **harmful** 해로운, 유해한
    plant 식물

A group of people in Indonesia decided to use Hangul as their written language in 2009. This tribe, called the Cia-Cia, has a population of 80,000. They have a spoken language, but they don't have their own writing system. Now they can record their own history or literature using Hangul. They chose Hangul because it's simple and easy to pronounce. For example, in English, the sound of "a" in "cat" is different from the sound of "a" in "table." In Hangul, however, each letter has just one sound.

This is the first time that a foreign country has adopted Hangul as its written language. Koreans were happy to hear the amazing news. Also, they are starting to show interest in the Cia-Cia people.

▲ A girl is writing Hangul on a whiteboard.

1 What is the best title for the passage?

① How to Learn Hangul Quickly

② Hangul's Amazing Alphabet System

③ Hangul: Adopted in a Foreign Country

④ Interesting Language System of the Cia-Cia

⑤ Differences Between Hangul and English

2 According to the passage, which is true about the Cia-Cia?

① They adopted Hangul as a spoken language.

② They decided to use both Hangul and English.

③ They use Hangul to record their history or literature.

④ Some of them didn't want to use Hangul.

⑤ They think Koreans are like their family.

(서술형)

3 Why did the Cia-Cia decide to use Hangul? Answer in Korean.

Words

tribe	부족 / a large group of related families who live in the same area and share a common language, religion and customs
population	인구 / the number of people who live in a particular area
record	기록하다 / keep information for the future by writing it down
history	역사 / the things that have happened in a particular place or to a particular group of people
literature	문학 / stories, poems, and plays that are considered to have value as art
pronounce	발음하다 / say the sounds of letters or words
foreign	외국의 / from another country, or in another country
adopt	채택하다 / decide to start using a particular idea, plan or method
interest	관심 / a feeling of wanting to know about something

Review Test

정답과 해설 p.45

1 짝지어진 두 단어의 관계가 나머지와 <u>다른</u> 것은?

① pass – fail   ② male – female

③ start – begin   ④ remember – forget

2 우리말 풀이가 <u>틀린</u> 것은?

① do well in school: 학교생활을 잘하다

② promise to visit: 방문할 것을 약속하다

③ record their own history: 그들만의 역사를 기록하다

④ keep flowing into the river: 강으로 흘러 들어가는 것을 막다

3 영영 풀이에 해당하는 단어는?

> making air, water or land too dirty

① decision   ② pollution   ③ attention   ④ tribe

4 빈칸에 공통으로 들어가기에 알맞은 것은?

> • The company needs to _____ action to fix this problem.
> • What time did the accident _____ place?

① get   ② take   ③ have   ④ make

[5-7] 다음 문장의 괄호 안에서 알맞은 것을 고르시오.

5 You (have to / don't have to) teach me how to swim. I can't swim at all.

6 You (have to / don't have to) worry. The test will be easy.

7 I have never seen (a such / such a) beautiful castle.

8 다음 우리말과 일치하도록 주어진 말을 바르게 배열하시오.

그들은 그렇게 높은 건물을 지을 필요가 없었다.

_____

(tall building / they / such a / have to / didn't / build)

Word Hunter

● 주어진 알파벳으로 단어를 완성하여 빈칸을 채우시오.

1 `g` `a` `e` `l` `n`
An a_____ came to me in my dream.

2 `s` `o` `e` `r` `i` `s` `u`
This is a s_____ problem. We need to fix it.

3 `o` `l` `a` `p` `p` `n` `i` `o` `u` `t`
The world p_____ is rapidly increasing.

4 `e` `s` `x`
We don't want to know the _____ of our baby before it is born.

5 `o` `s` `c` `t` `m` `h` `a`
I have eaten too much and feel uncomfortable in the s_____.

6 `b` `e` `r` `t` `i`
The TV program shows the life style of a t_____ in Africa.

7 `o` `s` `p` `o` `t` `e` `p` `i`
My sister is just the o_____. She is very shy, but I'm not.

8 `f` `u` `r` `n` `m` `o` `i`
I think the school u_____ looks good on you.

9 `t` `s` `i` `s` `r` `a`
The lady is helping the boy walk up the s_____.

10 `e` `a` `m` `l`
I hope you enjoyed your m_____.

Everyone Grows Up

해석 [모두가 성장한다] 그건 옛날 사진이에요.

31

Animal

★☆☆ / 80 words

Dogs like snow, but they hate rain. Snow is quiet, but rain is too noisy for a dog's ears. Rain sounds like *gunshots to a dog. That's because dogs can hear much better than humans. ₃ A human can hear sounds from a hundred meters away. _____, dogs can hear sounds from four hundred meters away. Do you want to see for yourself? Then <u>open a</u> ₆ <u>can of dog food in the kitchen</u>. Soon your dog will come running from outside!

*gunshot 총소리

Grammar Link

3행 | 비교급 강조 much: 훨씬, 더욱 더

Dogs can hear **much better** than humans.
개는 사람보다 훨씬 더 잘 들을 수 있다.

This brown sofa is **much more comfortable** than the blue one.
이 갈색 소파는 파란색 소파 보다 훨씬 더 편하다.

cf. Don't spend too **much** time watching TV. ▶ much: 많은
TV 보는 데 너무 많은 시간을 보내지 마라.

much가 비교급 앞에 쓰이면, 비교급의 의미를 강조해요.

정답과 해설 p.47

1 개에 대한 이 글의 내용과 일치하는 것은?

① 날씨를 잘 예측한다.

② 사람보다 4배 정도 더 잘 듣는다.

③ 아주 작은 소리는 듣지 못한다.

④ 통조림 따는 날카로운 소리를 싫어한다.

⑤ 훈련을 받으면 사람의 말을 듣고 이해한다.

2 이 글의 빈칸에 들어갈 말로 가장 적절한 것은?

① In short　　　　② Therefore

③ However　　　　④ For example

⑤ In the same way

3 이 글의 밑줄 친 open a can of dog food in the kitchen은 개의 무엇을 확인하기 위한 것인가?

① how fast a dog runs　　② how far a dog sees

③ how well a dog smells　④ how well a dog hears

⑤ how much a dog eats

Ⓖ

4 다음 문장의 밑줄 친 much의 뜻에 해당하는 것을 보기 에서 고르시오.

┌ 보기 ─────────────────────────┐
ⓐ 많은　　　　　　ⓑ 훨씬
└────────────────────────────┘

(1) His father is much taller than his mother.

(2) We didn't have much time to stay there.

Did You Know?

개의 청각

사람은 2만 Hz(헤르츠)까지의 소리를 듣고, 개는 7만에서 12만 Hz(헤르츠)까지의 소리를 듣는다. 개는 주인의 발자국 소리처럼 인간이 구별할 수 없는 소리도 정확히 구별한다. 또한, 개는 듣고 싶은 소리만 골라 들을 수 있는 능력도 갖추고 있는데, 사람이 보기 싫으면 눈을 감듯이 개 역시 듣기 싫은 소리에는 귀를 닫는 것이다.

Words

quiet 조용한

too ~ for ... …에게 너무 ~한

noisy 시끄러운

sound like ~처럼 들리다

cf. sound 들리다; 소리

that's because ~ 그것은 ~이기 때문이다

human 사람, 인간

meter (길이 단위) 미터

away 떨어져

see for oneself 스스로 확인하다, 직접 보다

a can of ~ 한 캔(통)의 ~

come running 달려오다

outside 바깥, 밖

32

Culture

★★☆ / 125 words

There are a lot of funny laws around the world. You might laugh out loud when you learn about them. But you will get into trouble if you don't follow them. ₃

In Singapore, it is against the law to chew gum. Singapore is well known for its being (A) clean / dirty . If you spit out chewing gum on the streets, you have to pay a fine of about ₆ $1,000.

In Samoa, an island in the Pacific, (B) remembering / forgetting your wife's birthday is a crime. That's because ₉ people in Samoa believe happy women make happy families.

In Japan, being (C) overweight / underweight is illegal. For adults aged 40 to 74, the maximum waistline cannot be more ₁₂ than 85 centimeters (33.5 inches) for men or 90 centimeters (35. 4 inches) for women.

1 (A), (B), (C)의 각 네모 안에서 문맥에 맞는 낱말로 가장 적절한 것은?

(A)	(B)	(B)
① clean ·····	remembering ·····	overweight
② clean ·····	forgetting ·····	underweight
③ dirty ·····	forgetting ·····	underweight
④ clean ·····	forgetting ·····	overweight
⑤ dirty ·····	remembering ·····	underweight

2 이 글의 내용과 일치하면 T, 일치하지 <u>않으면</u> F를 쓰시오.

(1) _____ 싱가포르의 거리에서 껌을 뱉으면 체포된다.

(2) _____ 사모아 사람들은 행복한 가정의 필수 조건이 아내의 행복이라고 생각한다.

(3) _____ 일본의 과체중 금지법은 남녀에게 동등한 기준이 적용된다.

Ⓦ
3 다음 빈칸에 알맞은 말을 본문에서 찾아 쓰시오.

It is against the law to smoke here.
= It is _____ to smoke here.

Ⓖ
4 다음 문장의 괄호 안에서 알맞은 것을 고르시오.

(1) Tom is healthy. That's (because / why) he exercises every day.

(2) I like animals. That's (because / why) I want to be an animal doctor.

33

Science

★★★ / 127 words

There is a wonderful building in Africa. Even when the weather outside is too hot, it is nice and cool ___(A)___ the building. What's the secret? The building was designed like the houses of insects called *termites.

A few years ago, scientists found out an interesting fact about African termites. Their houses always stay ___(B)___ inside, even in the African heat. The secret is cooling chimneys and many air tunnels. Cool air comes in through the underground tunnels, then turns into hot air and goes out through the chimneys. People used the idea to design a building in Africa. It is the Eastgate Shopping Center in Zimbabwe. During the day, this building stays cool without air conditioning. So it uses 90 percent ___(C)___ energy than other buildings!

* **termite** [tɔ́ːrmait] 흰개미

▲ Eastgate Shopping Center

Grammar Link

3행 | **수동태**: 「be동사 + 과거분사 + (by + 목적격)」
Mona Lisa **was painted** by Leonardo da Vinci.
'모나리자'는 레오나르도 다빈치에 의해 그려졌다.

cf. English **is spoken** in Australia (by people). ▶일반인일 때 「by+목적격」 생략
The bridge **was built** in 1887 (by them). ▶ 불분명할 때 「by+목적격」 생략

수동태는 '(~에 의해)
…해지다, …당하다'라고
해석해요.

1 이 글의 주제로 가장 적절한 것은?

① 건물에서 굴뚝의 역할

② 흰개미와 인간의 공생

③ 에너지 절약형 건물의 특징

④ 흰개미 집을 본 따서 지은 건물의 장점

⑤ 흰개미 집과 인간이 만든 집이 가진 공통점

2 이 글의 빈칸 (A)~(C)에 들어갈 말로 가장 적절한 것은?

	(A)		(B)		(C)
①	inside	·····	cool	·····	more
②	inside	·····	cool	·····	less
③	inside	·····	hot	·····	more
④	outside	·····	hot	·····	less
⑤	outside	·····	cool	·····	more

3 이 글의 내용과 일치하면 T, 일치하지 <u>않으면</u> F를 쓰시오.

(1) _____ 흰개미 집은 냉방과 난방이 골고루 잘 된다.

(2) _____ 흰개미 집이 시원한 비결은 굴뚝과 지하 터널이다.

(3) _____ 이스트게이트 쇼핑 센터를 냉방하는 데 드는 에너지는 다른 건물의 10%에 불과하다.

4 Ⓖ 다음 우리말과 일치하도록 주어진 말을 바르게 배열하시오.

그 도둑은 경찰에 의해 잡혔다.

The thief _____.

(the police / caught / by / was)

Words

even 심지어, 조차도
secret 비결; 비밀
design 설계하다, 디자인하다
insect 곤충
find out 알아내다, 발견하다
stay ~한 상태를 유지하다
heat 열기, 더위
chimney 굴뚝
tunnel 터널
through ~을 통하여
underground 지하의, 땅 속의
turn into ~으로 바뀌다
day 낮; 하루
without ~없이
air conditioning 에어컨, 냉방

Review Test

정답과 해설 p.51

[1-3] 다음 빈칸에 알맞은 단어를 고르시오.

1
> Stealing money is a _____.

① law   ② secret   ③ human   ④ crime

2
> Timmy is _____, so he will go on a diet soon.

① quiet   ② natural   ③ overweight   ④ underground

3
> I can't _____ my food well because of a toothache.

① chew   ② drop   ③ protect   ④ attack

4 영영 풀이가 틀린 것은?

① spit: chew food until it becomes soft

② chimney: a pipe that allows smoke to go up in the air

③ law: the system of rules that people must follow

④ tunnel: a long narrow space under or through the ground

5 빈칸에 공통으로 들어가기에 알맞은 것은?

> • The team showed a _____ performance.
> • The driver was given a $60 _____ for speeding.

① good   ② money   ③ fine   ④ noisy

[6-7] 다음 문장의 괄호 안에서 알맞은 것을 고르시오.

6 Gaining weight is (very / much) easier than losing weight.

7 This building (designed / was designed) by an artist.

8 다음 우리말과 일치하도록 주어진 말을 바르게 배열하시오.

그 영화는 인기가 많았다. 그것은 그것이 유명한 감독에 의해 만들어졌기 때문이다.

The movie was popular. _____

(because / it / by a famous director / that was / was made)

UNIT

12

34

Story

★☆☆ / 98 words

A woman once wrote a long story and sent it to a famous editor. After a few weeks, her story came back. The woman was angry. She wrote to the editor: ₃

"Dear Sir. Yesterday you sent back my story. How do you know it's not a good story? I'm sure _____. Before I sent you the story, I glued together pages 18, 19 and ₆ 20. When the story came back, the pages were still stuck together."

The editor wrote back: "Dear Madam. <u>Do you eat all of an ₉ egg to know it is bad?</u>"

Grammar Link

2/4/9행 | '되돌려'를 의미하는 부사 back

come **back** 돌아오다	go **back** 돌아가다	send **back** 돌려보내다
write **back** 답장을 쓰다	pay **back** (돈을) 갚다	talk **back** 말대꾸하다

Peter likes living in Korea. He doesn't want to <u>go **back**</u> to America.

My mom said to me, "Don't <u>talk **back**</u> to your teacher."

1 이 글의 빈칸에 들어갈 말로 가장 적절한 것은?

① you lost some pages
② you didn't like my story
③ my story still hasn't arrived
④ you didn't read every page
⑤ you checked the story carefully

2 이 글의 밑줄 친 마지막 문장에 담긴 의미로 가장 적절한 것은?

① 좋은 이야기는 줄거리만 봐도 알 수 있다.
② 결말을 상상할 수 있게 해주는 이야기가 좋다.
③ 중요한 것과 중요하지 않은 것을 구별해야 한다.
④ 진정한 가치를 알려면 전체를 치밀하게 검토해야 한다.
⑤ 일부만 봐도 전체의 상태를 짐작할 수 있다.

3 이 글의 내용을 바탕으로, (A)~(D)를 일어난 순서대로 바르게 배열하시오.

> (A) The editor sent back the story to the woman.
> (B) A woman sent a story to an editor.
> (C) The editor sent a reply to explain why he refused her story.
> (D) The woman got angry and wrote a letter to the editor.

Ⓖ
4 다음 문장의 밑줄 친 부분을 우리말로 쓰시오.

(1) I'll <u>pay back</u> the money.
(2) Ask him to <u>send my book back</u>.

Words

once 한 번은, 이전에 (과거에 있었던 일을 말할 때 사용)
editor 편집자
a few 몇몇의, 약간의
glue 풀로 붙이다; 풀
still 여전히; 아직도
stuck 달라붙은; 꼼짝 못하는
madam 부인 (격식을 차려 여성에게 말을 하거나 글을 쓸 때 씀)
bad (음식이) 상한
📖 **3. reply** 답장
　　explain 설명하다
　　refuse 거절하다

35

Animal

★ ★ ☆ / 103 words

Sharks are scary killers, but they are interesting animals. They lose teeth every day. One tooth only lasts for ten days. Sharks lose several teeth every time they bite into prey. When ₃ a shark loses a tooth, a new one grows to fill its place. So sharks' teeth never have a chance to grow too old. They always stay young and healthy. <u>That</u> is why sharks have a ₆ strong bite.

Humans have just two sets of teeth for their whole lives. But sharks grow thousands of new teeth in their lifetime. ₉ They never have to worry about losing teeth. How lucky they are!

Grammar Link

4행 | 대명사 one

I lost my umbrella. I will buy **one**. (= an umbrella)
나는 내 우산을 잃어버렸다. 나는 하나를 살 것이다. (my umbrella ≠ one)

cf. I lost my umbrella. I will look for **it**. (= the umbrella) ▶ 대명사 it
나는 내 우산을 잃어버렸다. 나는 그것을 찾을 것이다. (my umbrella = it)

I don't like the red <u>shoes</u>, but I like the green **ones**. ▶ 복수 명사

> 대명사 one은 앞에서 언급된 명사와 같은 종류의 특정하지 않은 '어느 하나'를 가리킬 때 써요. 복수 명사를 가리킬 때는 ones를 사용해요.

1 이 글을 다음과 같이 요약할 때, 빈칸 (A)와 (B)에 들어갈 말로 가장 적절한 것은?

> Sharks don't worry about ___(A)___ their teeth because new teeth ___(B)___ all their life.

	(A)	(B)		(A)	(B)
①	cleaning	····· grow	②	cleaning	····· stay
③	losing	····· change	④	losing	····· grow
⑤	breaking	····· stay			

2 상어에 대한 이 글의 내용과 일치하면 T, 일치하지 <u>않으면</u> F를 쓰시오.

(1) _____ 이빨은 10일 정도 지나면 빠진다.

(2) _____ 이빨이 빠질 것을 대비해 한 자리에 두 쌍의 이빨이 있다.

(3) _____ 죽을 때까지 수천 개의 이빨이 새로 난다.

(서술형)

3 이 글의 밑줄 친 <u>That</u>이 가리키는 내용을 우리말로 쓰시오.

(G)

4 다음 문장의 괄호 안에서 알맞은 것을 고르시오.

(1) This shirt is too small. I don't like (one / it).

(2) I don't have a pen. Can you lend me (one / it)?

Words

shark 상어
scary 무서운
killer (다른 동물을) 잡아먹는 동물 *cf.* kill 죽이다
lose teeth 이빨이 빠지다
cf. lose 빠지다; 잃어버리다
cf. teeth 치아, 이빨(tooth의 복수형)
last 지속되다; 마지막의
several 몇몇의
every time ~할 때마다
bite into ~을 덥석 물다
cf. bite (이빨로) 물다; 무는 행위
prey 먹이, 사냥감
fill 채우다, 메우다
place 자리, 위치; 장소
have a chance to ~할 기회가 있다
grow old 나이가 들다, 늙다
stay ~한 상태를 유지하다
just 단지, 겨우
two sets of teeth 두 벌의 치아
whole life 전 생애, 평생
thousands of 수천의
lifetime 일생
worry about ~에 대해 걱정하다
lucky 운 좋은

One day, you argue with your friend. Later you feel bad about it and want to apologize.

Here are some good tips on how to apologize: ₃

– Just say you're sorry. Don't make any excuses.

– Tell your friend exactly why you're sorry. _____, instead of just saying "I'm sorry," say "I'm sorry for speaking ₆ ill of you in front of your friends."

– Tell your friend what you'll do next time to avoid this problem. For example, you can say, "Next time if there's ₉ anything I want to tell you, I will speak to you in private."

What can you do if your friend still doesn't forgive you even after you do all of the above? In that case, it is best to wait. ₁₂ When your friend is ready, he or she will contact you.

Sorry

1 **What is the best title for the passage?**

① How to Accept an Apology

② How to Make Good Friends

③ How to Apologize After You Argue

④ How to Understand Others' Feelings

⑤ How to Avoid Fighting with Your Friend

2 **Which one best fits in the blank?**

① In fact   ② Therefore   ③ However

④ For example   ⑤ In the same way

3 **According to the passage, which of the following tips is NOT true?**

① It's better not to make excuses.

② You should tell your friend what you are sorry for.

③ Tell your friend what you'll do to avoid the same mistake in the future.

④ If your friend doesn't forgive you, wait until he or she is ready.

⑤ Apologize to your friend when you are with other people.

Words

argue	논쟁하다 / speak to each other in an angry way because of disagreement
apologize	사과하다 / tell someone that you are sorry for doing something wrong
tip	조언 / useful piece of advice
excuse	변명 / a reason that you give to explain why you have done something bad
instead of	~ 대신에 / in place of; rather than
speak ill of	나쁘게 말하다, 흉보다 / say bad things about somebody
avoid	방지하다, 피하다 / try to stop something from happening
in private	다른 사람이 없는 곳에서, 개인적으로 / in a place or situation where other people cannot watch or listen
forgive	용서하다 / stop feeling angry toward someone for a mistake that they make
the above	먼저 언급된 것들 / something that is mentioned or listed earlier
contact	연락하다, 접촉하다 / write to someone or talk to them on the phone, or go to see them in order to tell them something

Review Test

정답과 해설 **p.56**

[1-2] 다음 빈칸에 알맞은 단어를 고르시오.

1

> You can use the _____ to stick these two pieces together.

① glue   ② prey   ③ cell   ④ sign

2

> You are late again! What's your _____ this time?

① tip   ② ability   ③ excuse   ④ bite

3 영영 풀이에 해당하는 단어는?

> a person who corrects or changes pieces of text or films before they are printed or shown

① editor   ② engineer   ③ reporter   ④ director

4 우리말 풀이가 <u>틀린</u> 것은?

① lose teeth: 이빨이 빠지다   ② grow old: 나이가 들다, 늙다

③ speak ill of him: 그의 흉을 보다   ④ in private: 다른 사람들이 많은 곳에서

[5-7] 다음 각 문장의 빈칸에 알맞은 말을 보기 에서 골라 쓰시오.

> **보기**
>
> write back   pay back   come back

5 She believes her son will _____ someday.

6 Ken promised to _____ the money, but he didn't.

7 I sent a letter to Jack, but he didn't _____ to me.

[8-9] 다음 문장의 괄호 안에서 알맞은 것을 고르시오.

8 I lost my gloves yesterday. I should buy new (one / ones).

9 Kate gave me a pink balloon, but I wanted a green (it / one).

● 주어진 뜻에 맞게 단어를 완성한 후, 각 번호에 해당하는 알파벳으로 문장을 만드시오.

Words

1 t l a u d 성인

☐ ☐ ☐ ☐ ☐
  10

2 l o f l w o (관습, 규칙 등을) 따르다

☐ ☐ ☐ ☐ ☐ ☐
    6   14

3 d g i s n e 설계하다

☐ ☐ ☐ ☐ ☐ ☐
    3   13

4 k c t u s 달라붙은

☐ ☐ ☐ ☐ ☐
  11

5 e r s a l v e 몇몇의

☐ ☐ ☐ ☐ ☐ ☐ ☐
 1   8

6 y r e p 먹이, 사냥감

☐ ☐ ☐ ☐
    12

7 t n c a t c o 연락하다

☐ ☐ ☐ ☐ ☐ ☐ ☐
 5   2

8 x m m a u i m 최대한의

☐ ☐ ☐ ☐ ☐ ☐ ☐
  7

9 y i o s n 시끄러운

☐ ☐ ☐ ☐ ☐
      4

10 l m i f t i e e 일생

☐ ☐ ☐ ☐ ☐ ☐ ☐ ☐
       9

Sentence

☐ ☐ ☐ ☐   ☐ ☐ ☐ ☐ ,   ☐ ☐ ☐ ☐   ☐ ☐ .
1 2 3 4   5 6 7 8   9 10 11 12   13 14

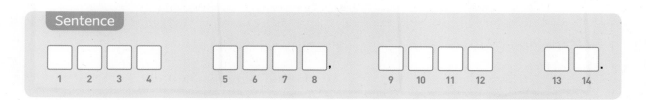

Someday

해석 [언젠가]

READER'S BANK

WORKBOOK

UNIT별 어휘 문제 및 주요 문장 해석하기

Level 3

visang

ABOVE IMAGINATION

우리는 남다른 상상과 혁신으로
교육 문화의 새로운 전형을 만들어
모든 이의 행복한 경험과 성장에 기여한다

READER'S BANK

WORKBOOK

Level **3**

UNIT별 어휘 문제 및 주요 문장 해석하기

A 다음 영어 단어나 표현의 우리말 뜻을 쓰시오.

1 talent _____

2 soldier _____

3 popular _____

4 thank _____

5 fill out _____

6 smart _____

7 teenager _____

8 ability _____

9 be good at _____

10 front _____

11 pay attention to _____

12 reply _____

13 time limit _____

14 nervous _____

15 in other words _____

16 application form _____

17 surprised _____

18 either _____

19 uncomfortable _____

20 body language _____

B 다음 우리말에 해당하는 영어 단어나 표현을 쓰시오.

1 오디션 _____

2 배경 _____

3 공연 _____

4 등록하다 _____

5 준비하다 _____

6 연구; 공부하다 _____

7 악기; 도구 _____

8 옷, 의복 _____

9 ~을 입다, 착용하다 _____

10 공격하다 _____

11 ~을 받아들이다 _____

12 받다 _____

13 연락; 연락하다 _____

14 자신의; 소유하다 _____

15 적; 적군 _____

16 A를 B에 데려가다 _____

17 ~에 따르면 _____

18 ~의 마음을 읽다 _____

19 ~의 팔짱을 끼다 _____

20 정보 _____

01 인기 있는 사람의 비결

○ 다음 각 문장의 밑줄 친 부분에 유의하여 해석하시오.

1 Ted is not handsome. He doesn't wear nice clothes, <u>either</u>.

_____

2 But he <u>is</u> very <u>popular with</u> girls. How is this so?

_____

3 According to a study, popular people <u>are good at reading</u> others' minds.

_____

4 In other words, they can easily tell <u>what others want, think and feel</u>.

_____

5 A good mind reader <u>pays special attention to</u> other people's body language.

_____

6 For example, <u>crossing her arms</u> means that she isn't open to your ideas.

_____

7 <u>If</u> she touches her front neck, she feels nervous or uncomfortable.

_____

8 If she <u>raises her eyebrows</u>, she is surprised.

_____

○ 다음 각 문장의 밑줄 친 부분에 유의하여 해석하시오.

1 TeenStar will <u>help you take a step toward</u> your dream.

_____

2 TeenStar is looking for teenagers <u>with great singing abilities</u>.

_____

3 Do you <u>want to develop</u> your singing talent?

_____

4 Teens aged 10—14 <u>who</u> can sing well!

_____

5 Prepare a short performance. The <u>time limit</u> is 2 minutes.

_____

6 <u>If</u> you want to sing your own song, please bring an MP3 file for background music.

_____

7 You can use your own instrument <u>if you want</u>.

_____

8 You will receive a reply <u>after signing up</u>.

_____

전쟁에서 활약한 원숭이

정답 p.57

○ 다음 각 문장의 밑줄 친 부분에 유의하여 해석하시오.

1 Marr had a pet baboon named Jackie.

_____

2 Marr had to go war and he took Jackie to the war.

_____

3 Monkeys can hear better than humans.

_____

4 Jackie always went up tall trees to listen for the enemies.

_____

5 Jackie showed Marr where the enemies were.

_____

6 One day, the enemy made a surprise attack. Sadly, Jackie lost one leg.

_____

7 Later, the army gave Jackie a medal to thank him.

_____

8 They went back home and Jackie wore his medal every day.

_____

● 정답 p.57

A 다음 영어 단어나 표현의 우리말 뜻을 쓰시오.

1 bark _____

2 show off _____

3 century _____

4 beside _____

5 eastern _____

6 loudly _____

7 try to _____

8 dolphin _____

9 wear _____

10 fashion _____

11 come from _____

12 behave _____

13 himself _____

14 however _____

15 other _____

16 in the same way _____

17 enemy _____

B 다음 우리말에 해당하는 영어 단어나 표현을 쓰시오.

1 거울 _____

2 계속하다 _____

3 하모니카 _____

4 (악기를) 연주하다 _____

5 잡고〔들고〕 있다 _____

6 어항 _____

7 주인, 소유자 _____

8 중요한 _____

9 선물 _____

10 트럼펫 _____

11 요즘 _____

12 넥타이 _____

13 알아보다, 인식하다 _____

14 공격하다 _____

15 군인 _____

16 (코끼리의) 코 _____

17 상, 모습 _____

04 하모니카는 최고의 선물

정답 p.57

○ **다음 각 문장의 밑줄 친 부분에 유의하여 해석하시오.**

1 Last Christmas, Bobby got a new game <u>as a present</u>.

_____

2 He wanted to <u>show it off</u> to his friend Jimmy.

_____

3 "What did you <u>get</u> for Christmas?" Bobby asked Jimmy.

_____

4 I got a harmonica from my uncle. It's <u>the best present I've ever gotten</u>.

_____

5 "What's so great about a harmonica?" asked Bobby.

_____

6 My mom gives me a quarter a week <u>not to play it</u>.

_____

7 Really? Well then, <u>I'm going to</u> get a trumpet.

_____

○ 다음 각 문장의 밑줄 친 부분에 유의하여 해석하시오.

1 <u>Hold</u> a mirror in front of a dog.

_____

2 He will bark loudly and <u>try to fight</u> with the "other dog" in the mirror.

_____

3 He doesn't know <u>that he is seeing himself</u>.

_____

4 A fish behaves <u>in the same way</u>.

_____

5 <u>If there is</u> a mirror beside a fish tank, the fish will try to attack his image in the mirror.

_____

6 Scientists <u>put</u> paint <u>on</u> an elephant's face and the elephant saw the paint on his face in the mirror.

_____

7 The elephant touched his own face <u>with his trunk</u>!

_____

8 This shows <u>that, like humans, elephants can recognize their own images</u>.

_____

06 전쟁터에서 유래된 넥타이

○ 다음 각 문장의 밑줄 친 부분에 유의하여 해석하시오.

1 Men wear neckties <u>all over the world</u>.

_____

2 But do you know <u>where they started</u>?

_____

3 Neckties <u>came from</u> Croatia, a small country in Eastern Europe.

_____

4 <u>In the 17th century</u>, Croatia had the Thirty Years' War.

_____

5 In this war, men wore neckties, but they didn't wear them <u>for fashion</u>.

_____

6 They wore them <u>to look different from</u> enemy soldiers.

_____

7 Later, the war ended, but people <u>continued to</u> wear their neckties.

_____

8 <u>These days</u>, neckties are an important part of men's fashion.

_____

● 정답 p.58

A 다음 영어 단어나 표현의 우리말 뜻을 쓰시오.

1 common _____

2 scene _____

3 as a result _____

4 polar _____

5 happen to _____

6 current _____

7 toward _____

8 eye contact _____

9 simple _____

10 reason _____

11 ignore _____

12 parent _____

13 avoid _____

14 rise _____

15 right after _____

16 feed on _____

17 probably _____

18 in many cases _____

19 suffer _____

20 interestingly _____

B 다음 우리말에 해당하는 영어 단어나 표현을 쓰시오.

1 행동 _____

2 갓 태어난 _____

3 남극 _____

4 해결하다 _____

5 출생 _____

6 ~사이에 (셋 이상 중) _____

7 사업 _____

8 우정; 교우 관계 _____

9 이마 _____

10 곡물 _____

11 (달걀) 등의 껍데기 _____

12 (알에서) 부화하다 _____

13 녹다 _____

14 섬 _____

15 거위 _____

16 계속하다 _____

17 관계 _____

18 목걸이 _____

19 가라앉다 _____

20 ~보다 위에[높이] _____

정답 p.58

○ 다음 각 문장의 밑줄 친 부분에 유의하여 해석하시오.

1 A man and a woman <u>are talking</u> in a restaurant.

_____

2 Are they meeting <u>for</u> business, <u>for</u> friendship or <u>for</u> love?

_____

3 <u>If</u> they are looking only at each other's eyes and forehead, they are probably meeting for business.

_____

4 <u>If</u> their eyes are looking down towards their noses and mouths, they are friends <u>in many cases</u>.

_____

5 If they are looking down to the necktie or necklace, they <u>are in love</u>.

_____

○ 다음 각 문장의 밑줄 친 부분에 유의하여 해석하시오.

1 Some <u>geese</u> are following a man on the grass.

_____

2 The man was <u>the first living thing the geese saw</u> when they hatched.

_____

3 So now they <u>think he is their parent</u>.

_____

4 This behavior is common among birds <u>like</u> ducks, geese or chickens.

_____

5 If a newborn bird <u>happens to see</u> you right after its birth, it will <u>think of</u> you <u>as</u> its mother and follow you everywhere.

_____

6 Interestingly, <u>even if</u> it sees its real mother after that, it will ignore her and continue to think you are its mother.

_____

○ 다음 각 문장의 밑줄 친 부분에 유의하여 해석하시오.

1 Today, the Earth is <u>getting warmer and warmer</u>.

_____

2 <u>As a result</u>, the ice in the South and North Poles is melting.

_____

3 The new sea level will be <u>one meter higher than</u> the current level <u>by 2100</u>.

_____

4 The Maldives is <u>the lowest country</u> in the world.

_____

5 <u>The highest part</u> is only 2.4 meters above the sea.

_____

6 People in the Maldives are worried <u>that</u> their country will sink under water soon.

_____

7 They are making a plan <u>to build</u> high walls <u>to avoid</u> rising sea levels.

_____

8 The plan is <u>to build</u> many sandy mountains three meters above sea level.

_____

A 다음 영어 단어나 표현의 우리말 뜻을 쓰시오.

1 conversation _____

2 next to _____

3 notice _____

4 apply to _____

5 fresh _____

6 secret _____

7 furniture _____

8 houseplant _____

9 be full of _____

10 special _____

11 village _____

12 world-famous _____

13 comment on _____

14 discover _____

15 raw _____

16 diet _____

17 almost _____

18 change _____

19 be interested in _____

20 machine _____

B 다음 우리말에 해당하는 영어 단어나 표현을 쓰시오.

1 산소 _____

2 실외의 _____

3 손톱 _____

4 (이빨로) 물다 _____

5 오염된 _____

6 흡수하다, 들이마시다 _____

7 여행하다 _____

8 A에게 B를 요청하다 _____

9 가능한 _____

10 ~ 가까이에[근처에] _____

11 화학 물질 _____

12 자연 그대로의 _____

13 미네랄, 광물질 _____

14 ~을 보고[듣고] 웃다 _____

15 체크 표시를 하다 _____

16 건강에 좋은; 건강한 _____

17 실내에서 _____

18 농담 _____

19 조언, 충고 _____

20 (시간을) 보내다 _____

○ 다음 각 문장의 밑줄 친 부분에 유의하여 해석하시오.

1 You begin to have special feelings <u>for a girl</u>.

_____

2 Here are <u>six signs that she is interested in you</u>, too!

_____

3 She <u>always</u> sits next to you at a party or in a restaurant.

_____

4 When you talk to her, she <u>plays with her hair</u> or bites her fingernails.

_____

5 She laughs at all your jokes <u>even if</u> they're not that funny.

_____

6 She starts a conversation with you. She <u>often</u> asks you for advice.

_____

7 She notices <u>small changes</u> about you.

_____

8 She comments on your new shoes <u>before anyone else</u>!

_____

● 정답 p.59

○ **다음 각 문장의 밑줄 친 부분에 유의하여 해석하시오.**

1 People spend 90 percent of their time <u>indoors</u>.

_____

2 According to scientists, indoor air is <u>much worse than</u> outdoor air.

_____

3 A lot of harmful chemicals <u>come from</u> paint, carpets and furniture.

_____

4 Houseplants <u>are like</u> air-cleaning machines.

_____

5 They <u>take in</u> harmful chemicals from the air. And they make fresh, clean oxygen.

_____

6 <u>One of the most popular houseplants</u> is a peace lily.

_____

7 A peace lily cleans the air fast. And it is <u>easy to grow indoors</u>.

_____

8 Why don't you <u>try one</u> inside your house?

_____

○ 다음 각 문장의 밑줄 친 부분에 유의하여 해석하시오.

1 While Dr. Price was staying in a village deep in the mountains, he learned something surprising.

_____

2 Almost no one in the village had tooth decay. They had no dentists.

_____

3 They didn't even brush their teeth! How was this possible?

_____

4 Later, Dr. Price discovered the people's secret.

_____

5 It was their natural, healthy diet. They ate fresh bread and vegetables.

_____

6 They drank raw milk from goats and cows.

_____

7 These foods were full of vitamins and minerals.

_____

8 Vitamins and minerals made their teeth strong.

_____

A 다음 영어 단어나 표현의 우리말 뜻을 쓰시오.

1 tongue _____
2 birth _____
3 spider _____
4 drop _____
5 insect _____
6 upper body _____
7 observe _____
8 taste _____
9 most _____
10 scary _____
11 key _____
12 run on _____
13 the same ~ as ... _____
14 cool down _____
15 juggle _____
16 in the air _____
17 comfortable _____
18 also _____
19 smell _____
20 What about ~? _____

B 다음 우리말에 해당하는 영어 단어나 표현을 쓰시오.

1 죽음 _____
2 꿀벌 _____
3 허벅지 _____
4 가슴 _____
5 사라지다 _____
6 향상시키다 _____
7 날다; 파리 _____
8 제어하다 _____
9 생애 주기 _____
10 사용하다 _____
11 다른, 다양한 _____
12 성장 _____
13 위로 차다 _____
14 나비 _____
15 어깨 _____
16 연습하다; 연습 _____
17 기술, 기예; 예술 _____
18 잡다, 붙들다 _____
19 일단 ~하면 _____
20 털; 머리카락 _____

13 곤충이 맛을 보는 법

○ 다음 각 문장의 밑줄 친 부분에 유의하여 해석하시오.

1 How do animals <u>taste</u> their food?

_____

2 Most animals use their tongues. But some insects taste <u>in different ways.</u>

_____

3 <u>For example,</u> flies taste with their feet.

_____

4 Flies have many special hairs <u>all over their legs.</u>

_____

5 They taste with these hairs. <u>That is why</u> flies like to walk on your food.

_____

6 Butterflies and spiders taste with their feet, <u>too.</u>

_____

7 But honey bees use the tips of their antennae <u>to taste.</u>

_____

8 They also use their antennae <u>to smell.</u>

_____

정답 p.59

○ 다음 각 문장의 밑줄 친 부분에 유의하여 해석하시오.

1 A star is <u>like</u> us. It has <u>the same</u> life cycle <u>as</u> a human: birth, growth and death.

_____

2 When we <u>grow old</u>, we get more wrinkles.

_____

3 <u>What about</u> stars? Their color changes!

_____

4 A baby star is usually red <u>because it is cool</u>.

_____

5 <u>As it gets hotter</u>, it becomes yellow and then white.

_____

6 Stars <u>run on</u> the gas, hydrogen. They die when they have no more <u>gas to burn</u>.

_____

7 <u>What happens to</u> them when they die?

_____

8 Some stars just disappear, but the big <u>ones</u> become scary black holes!

_____

15 축구 기술, 저글링

○ 다음 각 문장의 밑줄 친 부분에 유의하여 해석하시오.

1 Juggling is <u>the art of keeping balls</u> in the air.

_____

2 Soccer players practice juggling a lot because it improves their ability <u>to control the ball</u>.

_____

3 Here are some tips to learn <u>how to juggle</u>.

_____

4 Choose a ball <u>that</u> doesn't have too much air in it.

_____

5 Hands are a <u>key</u> part of juggling practice.

_____

6 Hold a ball with <u>both</u> hands and drop it.

_____

7 Then, use your foot to kick it up <u>so that</u> you <u>can</u> catch it with your hands.

_____

8 <u>Once you get comfortable</u>, you can also use your thighs, and then your upper body parts like your head, chest and shoulders.

_____

A 다음 영어 단어나 표현의 우리말 뜻을 쓰시오.

1 garbage _____

2 selfish _____

3 shield _____

4 hurt _____

5 happen _____

6 monster _____

7 side _____

8 wonder _____

9 peaceful _____

10 surprising _____

11 be allowed to _____

12 smoke _____

13 bring _____

14 message _____

15 amazing _____

16 care about _____

17 ago _____

B 다음 우리말에 해당하는 영어 단어나 표현을 쓰시오.

1 지우다, 삭제하다 _____

2 충격 받은 _____

3 공장 _____

4 파괴하다 _____

5 믿음 _____

6 동전 _____

7 길, 도로 _____

8 눈이 먼 _____

9 상황 _____

10 생물, 생명체 _____

11 (게임, 전쟁에서) 지다 _____

12 ～ 때문에 _____

13 나타나다 _____

14 지속하다; 마지막의 _____

15 죽다 _____

16 결국 _____

17 ～하기 시작하다 _____

16 내용만 바꿨을 뿐인데

○ 다음 각 문장의 밑줄 친 부분에 유의하여 해석하시오.

1 A boy sat <u>by</u> the side of the road <u>with</u> a sign.

_____

2 <u>It said</u>, "Please help me! I'm blind."

_____

3 But <u>no one</u> helped him. Later, a gentleman came.

_____

4 He <u>dropped some coins</u> in the boy's hat.

_____

5 Then he deleted the boy's message and wrote a new <u>one</u>.

_____

6 After that, a surprising thing happened! Many people <u>gave him money</u>.

_____

7 Do you wonder <u>what the amazing message was</u>?

_____

8 <u>It said</u>, "Today is a beautiful day. But I cannot see it."

_____

정답 p.60

○ 다음 각 문장의 밑줄 친 부분에 유의하여 해석하시오.

1 All the plants and animals <u>were living</u> happily on the Earth.

_____

2 But their happiness didn't <u>last long</u>. One day, a "selfish monster" appeared.

_____

3 He didn't <u>care about</u> other living things.

_____

4 Every living thing on the Earth <u>became unhappy</u> because of him.

_____

5 He hurt plants and animals. He <u>began to</u> build factories and make cars.

_____

6 Their waste and smoke <u>slowly destroyed</u> the beautiful Earth.

_____

7 By the year 2100, the Earth <u>was full of</u> dirty garbage and harmful gases.

_____

8 All the plants and animals died. The selfish monster <u>did</u>, too.

_____

○ 다음 각 문장의 밑줄 친 부분에 유의하여 해석하시오.

1 A long time ago, Egyptians believed <u>that</u> cats were gods.

_____

2 So they <u>were not allowed to</u> kill cats.

_____

3 However, Egyptians never thought about <u>what would happen to them</u> because of this belief.

_____

4 <u>Once</u> there was a war between Egypt and Persia.

_____

5 <u>Since</u> Egypt was <u>much</u> stronger than Persia, Egyptians were not worried.

_____

6 The Persians knew cats were gods in Egypt, so they <u>brought</u> cats with them <u>to</u> the war.

_____

7 Also, they painted the cats <u>on their shields</u>.

_____

8 The Egyptians couldn't attack the Persians, so they <u>lost the war</u>.

_____

A 다음 영어 단어나 표현의 우리말 뜻을 쓰시오.

1 survive _____

2 classmate _____

3 cheap _____

4 replace _____

5 protect _____

6 have a crush on _____

7 come up with _____

8 depend on _____

9 simple _____

10 tasty _____

11 at any point of ~ _____

12 a couple of ~ _____

13 a little _____

14 dish _____

15 on top of ~ _____

16 nutritious _____

17 beat _____

18 just like _____

19 fully _____

20 move _____

B 다음 우리말에 해당하는 영어 단어나 표현을 쓰시오.

1 당황한 _____

2 어린 시절 _____

3 가난한 _____

4 (불에) 굽다 _____

5 (음식을) 소화시키다 _____

6 지나가다; 통과하다 _____

7 남부의 _____

8 적어도, 최소한 _____

9 하루 종일 _____

10 세포 _____

11 비싼 _____

12 밀가루 반죽 _____

13 심장; 마음 _____

14 올리브 _____

15 (일이) 진행되다, 되어가다 _____

16 감기; 추운 _____

17 ~에게 미소 짓다 _____

18 ~을 예로 들다 _____

19 이탈리아어; 이탈리아인 _____

20 위; 복부 _____

정답 p.60

○ 다음 각 문장의 밑줄 친 부분에 유의하여 해석하시오.

1 <u>Long ago</u>, people in southern Italy were poor.

_____

2 So they couldn't eat expensive food. And they <u>were busy with their work</u>, too.

_____

3 So they wanted <u>cheap and simple</u> food.

_____

4 Then some people in Naples <u>came up with</u> an idea.

_____

5 They <u>put</u> tomatoes, olives, cheese and other things <u>on top of the dough</u>.

_____

6 This food was <u>cheap and easy to make</u>. It was also very tasty and nutritious.

_____

7 What did <u>they name this new dish</u>? Pizza!

_____

8 The word "pizza" means pie <u>in Italian</u>.

_____

정답 p.60

○ 다음 각 문장의 밑줄 친 부분에 유의하여 해석하시오.

1 A boy smiles at you. Now your face feels hot. Your heart beats faster.

_____

2 What's going on? You have a crush on him!

_____

3 A crush is a special feeling for someone. It can feel like true love.

_____

4 Everybody has a crush at least once in their childhood.

_____

5 It's a part of growing up. Who do you have a crush on?

_____

6 The person may be your classmate, or even a teacher.

_____

7 You may be embarrassed by this strong new feeling. But don't worry.

_____

8 A crush is just like a cold. It does not last a long time.

_____

21 우리 몸의 세포 재생 주기

정답 p.61

○ 다음 각 문장의 밑줄 친 부분에 유의하여 해석하시오.

1 <u>At any point of</u> your life, old cells die and new cells fill their places.

_____

2 But how quickly does this <u>happen</u>?

_____

3 It depends on <u>where they are in your body</u> and <u>what they do</u>.

_____

4 The cells in your stomach <u>have to</u> work hard all day <u>to digest</u> all kinds of food.

_____

5 <u>The same is true</u> about your skin cells.

_____

6 They have to <u>protect</u> your body <u>from</u> the outside world.

_____

7 <u>That's why</u> they're fully replaced <u>every few weeks</u>.

_____

8 However, some cells in your bones <u>don't have to</u> work too hard, so they live a little longer.

_____

A 다음 영어 단어나 표현의 우리말 뜻을 쓰시오.

1 pearl _____
2 substance _____
3 in the past _____
4 succeed _____
5 worth _____
6 instead of _____
7 jewel _____
8 trick _____
9 missing _____
10 age _____
11 diverse _____
12 shiny _____
13 inside _____
14 over and over again _____
15 forever _____
16 dot _____
17 lovely _____
18 it takes ~ _____
19 be able to _____
20 turn into _____

B 다음 우리말에 해당하는 영어 단어나 표현을 쓰시오.

1 깡마른 _____
2 다양성 _____
3 통통한; 굴곡이 있는 _____
4 통증, 고통 _____
5 장애가 있는 _____
6 체형 _____
7 반복하다 _____
8 ~처럼 보이다 _____
9 ~하기로 결정하다 _____
10 소설 _____
11 운이 좋은 _____
12 씌우다, 덮다 _____
13 딱딱한; 열심히 _____
14 굴 _____
15 껍질, 껍데기 _____
16 휠체어 _____
17 진홍색의, 다홍색의 _____
18 처음에 _____
19 ~의 마음을 사로잡다 _____
20 등장하다; 나타나다 _____

22 새로운 바비 인형을 만나봐!

○ 다음 각 문장의 밑줄 친 부분에 유의하여 해석하시오.

1 Now, the Barbie dolls <u>are entering</u> a new age.

_____

2 <u>In the past</u>, they were all skinny.

_____

3 Now <u>there is</u> more variety in body types.

_____

4 You can buy <u>curvy</u> dolls or short dolls.

_____

5 You can even buy a disabled doll: a doll in a wheelchair or <u>with one leg missing</u>.

_____

6 Mattel is the company <u>that</u> makes Barbie.

_____

7 It <u>decided to</u> make different kinds of dolls <u>to win the hearts of</u> a more diverse group of children.

_____

8 <u>When</u> children see dolls <u>that look like them</u>, they can feel more comfortable.

_____

○ 다음 각 문장의 밑줄 친 부분에 유의하여 해석하시오.

1 While he was eating oysters at a restaurant, he felt something hard in his mouth.

_____

2 To his surprise, it was a pearl!

_____

3 A pearl is a white, lovely jewel that grows inside the shell of oysters.

_____

4 If sand gets into an oyster's body, it hurts.

_____

5 The oyster does something amazing to feel less pain.

_____

6 It covers the sand with some shiny substances. It takes many years.

_____

7 Finally these substances turn into a beautiful pearl.

_____

8 Rick was very fortunate to find the pearl.

_____

정답 p.61

○ 다음 각 문장의 밑줄 친 부분에 유의하여 해석하시오.

1 A jellyfish can live for a thousand years!

_____

2 When it grows old or sick, it does an amazing trick.

_____

3 Instead of dying, it changes back into a baby and grows up again.

_____

4 The jellyfish repeats this life cycle over and over again.

_____

5 It is just like a music player that repeats the same song again and again.

_____

6 Can all jellyfish do this? No. Only the scarlet jellyfish can.

_____

7 Now scientists want to make the human body like a jellyfish.

_____

8 If they succeed, humans may be able to live forever!

_____

UNIT 09 Word Practice

A 다음 영어 단어나 표현의 우리말 뜻을 쓰시오.

1 dragon
2 the Bible
3 privacy
4 good luck
5 skip a class
6 watermelon
7 keep track of
8 comment
9 activity
10 uniform
11 go well with
12 highway
13 digestion
14 leave
15 get to
16 in front
17 anything else

B 다음 우리말에 해당하는 영어 단어나 표현을 쓰시오.

1 과일
2 반대; 반대의
3 사악한
4 인권
5 천사
6 칩, 조각
7 (일반적인) 신
8 부모
9 (문제) 등을 일으키다
10 식사
11 동시에
12 상하다; 썩다
13 ~와 싸우다
14 사라지다, 행방불명되다
15 ~할 준비가 되다
16 ~ 동안
17 괴물

25 동서양의 용 이야기

○ 다음 각 문장의 밑줄 친 부분에 유의하여 해석하시오.

1 Dragons are in many <u>stories and movies</u>.

_____

2 Are they good luck or bad luck? It depends on <u>where you live</u>.

_____

3 In Europe, dragons are bad luck. <u>Maybe it's because of</u> the Bible.

_____

4 <u>In the Bible</u>, dragons are always bad monsters.

_____

5 In one part of the Bible, <u>the Devil</u> is an evil dragon.

_____

6 He is the enemy of God and <u>fights with</u> the angels.

_____

7 In China, <u>the opposite</u> is true. Dragons are good luck.

_____

8 In old Chinese stories, Chinese people are the dragon god's <u>children</u>!

_____

○ 다음 각 문장의 밑줄 친 부분에 유의하여 해석하시오.

1 In China, students in some schools <u>wear</u> "smart uniforms."

_____

2 These uniforms have computer <u>chips</u> in them.

_____

3 These chips <u>keep track of</u> the students' activities.

_____

4 Using smartphones, the parents can check <u>where their children are</u> and <u>when they get to school</u>.

_____

5 If a student <u>skips a class</u>, the chips in the uniforms can tell their parents.

_____

6 If a student <u>goes missing</u>, the chips will <u>help find</u> them.

_____

7 <u>However</u>, some people don't like the smart uniforms.

_____

8 One Chinese Internet user commented, "Don't children have <u>human rights and privacy</u>?"

_____

27 후식으로 과일은 그만!

다음 각 문장의 밑줄 친 부분에 유의하여 해석하시오.

1 When you eat fruits, you <u>should not eat anything else</u> with them.

_____

2 Fruits digest too quickly, so they do not <u>go well with</u> other foods.

_____

3 If you eat watermelon together with meat, it can <u>cause</u> problems.

_____

4 Watermelon digests <u>in just 20 minutes</u>, but meat digests in four hours.

_____

5 When you eat two foods <u>at the same time</u>, they leave the stomach together, too.

_____

6 The watermelon has to wait a long time <u>until</u> the meat is ready to go.

_____

7 During that time, the watermelon <u>goes bad</u>.

_____

8 Think of a highway. If <u>the slowest car is in front</u>, the faster cars behind it cannot move.

_____

A 다음 영어 단어나 표현의 우리말 뜻을 쓰시오.

1 history _____

2 record _____

3 nervous _____

4 serious _____

5 take action _____

6 as soon as _____

7 foreign _____

8 population _____

9 bored _____

10 promise to _____

11 strange _____

12 adopt _____

13 flow into _____

14 take place _____

15 harmful _____

16 stairs _____

17 keep -ing _____

B 다음 우리말에 해당하는 영어 단어나 표현을 쓰시오.

1 암컷의; 암컷 _____

2 오염 _____

3 기대에 찬 _____

4 기억하다 _____

5 발음하다 _____

6 실망한 _____

7 (돈을) 쓰다 _____

8 문학 _____

9 (암수의) 성 _____

10 발표하다, 알리다 _____

11 부족 _____

12 관심 _____

13 초등학교 _____

14 소식, 뉴스 _____

15 미소 짓다 _____

16 집에 오다, 귀가하다 _____

17 학교에서 공부를 잘하다 _____

○ 다음 각 문장의 밑줄 친 부분에 유의하여 해석하시오.

1 Jimmy was a nice kid and had many friends, but he did not <u>do well</u> in school.

_____

2 One day, <u>as soon as</u> he got home from school, he walked into his father's room.

_____

3 I have great <u>news</u> for you.

_____

4 You <u>promised to</u> give me five dollars <u>if</u> I passed my English test.

_____

5 Now you <u>don't have to</u> spend five dollars!

_____

○ 다음 각 문장의 밑줄 친 부분에 유의하여 해석하시오.

1 A strange thing is taking place in some rivers!

_____

2 Male fish are becoming female.

_____

3 The same thing is happening in many other parts of the world.

_____

4 Why is such a strange thing happening? It's because of pollution.

_____

5 Scientists report that chemicals from plastics can change the sex of fish.

_____

6 If chemicals keep flowing into the river, there will be only female fish.

_____

7 Scientists say that these fish are a sign that something is really wrong.

_____

8 If we don't take action now, a more serious problem might happen in the future.

_____

○ 다음 각 문장의 밑줄 친 부분에 유의하여 해석하시오.

1 A group of people in Indonesia decided to use Hangul <u>as</u> their written language in 2009.

_____

2 <u>This tribe, called the Cia-Cia,</u> has a population of 80,000.

_____

3 Now they can record their own history or literature <u>using Hangul</u>.

_____

4 They chose Hangul because it's <u>simple and easy to pronounce</u>.

_____

5 In English, the sound of "a" in "cat" <u>is different from</u> the sound of "a" in "table."

_____

6 In Hangul, however, each letter has <u>just</u> one sound.

_____

7 <u>This is the first time that</u> a foreign country has adopted Hangul as its written language.

_____

8 Koreans were <u>happy to hear</u> the amazing news.

_____

정답 p.62

A 다음 영어 단어나 표현의 우리말 뜻을 쓰시오.

1 law

2 through

3 quiet

4 spit out

5 the Pacific

6 chimney

7 illegal

8 noisy

9 laugh out loud

10 find out

11 get into trouble

12 see for oneself

13 away

14 more than

15 maximum

16 turn into

17 design

B 다음 우리말에 해당하는 영어 단어나 표현을 쓰시오.

1 지하의, 땅 속의

2 과체중의

3 범죄

4 ~처럼 들리다

5 벌금; 좋은, 멋진

6 허리둘레 (치수)

7 사람, 인간

8 성인

9 씹다

10 열기, 더위

11 (나이가) ~세의

12 ~으로 잘 알려져 있다

13 (관습, 규칙을) 따르다

14 터널

15 에어컨, 냉방

16 심지어, 조차도

17 ~없이

31 개가 빗소리를 싫어하는 이유

○ 다음 각 문장의 밑줄 친 부분에 유의하여 해석하시오.

1 Snow is quiet, but rain is <u>too</u> noisy <u>for</u> a dog's ears.

_____

2 Rain <u>sounds like</u> gunshots to a dog.

_____

3 <u>That's because</u> dogs can hear much better than humans.

_____

4 Dogs can hear sounds from four hundred meters <u>away</u>.

_____

5 Do you want to <u>see for yourself</u>?

_____

6 Then open <u>a can of</u> dog food in the kitchen.

_____

7 Soon your dog will <u>come running</u> from outside!

_____

● 정답 p.63

○ 다음 각 문장의 밑줄 친 부분에 유의하여 해석하시오.

1 You will get into trouble if you don't follow laws.

_____

2 In Singapore, it is against the law to chew gum.

_____

3 Singapore is well known for its being clean.

_____

4 If you spit out chewing gum on the streets, you have to pay a fine of about $1,000.

_____

5 In Samoa, forgetting your wife's birthday is a crime.

_____

6 That's because people in Samoa believe happy women make happy families.

_____

7 In Japan, being overweight is illegal.

_____

8 For adults aged 40 to 74, the maximum waistline cannot be more than 85 centimeters for men.

_____

정답 p.63

○ 다음 각 문장의 밑줄 친 부분에 유의하여 해석하시오.

1 The building <u>was designed</u> like the houses of <u>insects called termites</u>.

_____

2 <u>A few</u> years ago, scientists <u>found out</u> an interesting fact about African termites.

_____

3 Their houses always <u>stay cool</u> inside, even in the African heat.

_____

4 The <u>secret</u> is cooling chimneys and many air tunnels.

_____

5 Cool air comes in <u>through</u> the underground tunnels, then <u>turns into</u> hot air and goes out through the chimneys.

_____

6 People used the idea <u>to design</u> a building in Africa.

_____

7 <u>During the day</u>, this building stays cool without air conditioning.

_____

8 So it uses 90 percent <u>less energy</u> <u>than</u> other buildings!

_____

A 다음 영어 단어나 표현의 우리말 뜻을 쓰시오.

1 forgive _____

2 lifetime _____

3 avoid _____

4 contact _____

5 two sets of teeth _____

6 speak ill of _____

7 bite into _____

8 worry about _____

9 lucky _____

10 grow old _____

11 scary _____

12 fill _____

13 thousands of _____

14 stuck _____

15 a few _____

16 several _____

17 whole life _____

B 다음 우리말에 해당하는 영어 단어나 표현을 쓰시오.

1 편집자 _____

2 사과하다 _____

3 거절하다 _____

4 여전히; 아직도 _____

5 설명하다 _____

6 답장 _____

7 이빨이 빠지다 _____

8 ~할 기회가 있다 _____

9 먹이, 사냥감 _____

10 ~할 때마다 _____

11 자리, 위치; 장소 _____

12 풀로 붙이다; 풀 _____

13 죽이다 _____

14 변명 _____

15 상어 _____

16 논쟁하다 _____

17 다른 사람이 없는 곳에서 _____

34 하나를 보면 열을 알 수 있어!

○ 다음 각 문장의 밑줄 친 부분에 유의하여 해석하시오.

1 A woman once wrote a long story and <u>sent it to a famous editor</u>.

_____

2 After a few weeks, her story <u>came back</u>.

_____

3 Yesterday you <u>sent back my story</u>.

_____

4 How do you <u>know it's not a good story</u>?

_____

5 <u>I'm sure</u> you didn't read every page.

_____

6 Before I sent you the story, I <u>glued together</u> pages 18, 19 and 20.

_____

7 When the story came back, the pages <u>were still stuck</u> together.

_____

8 Do you eat all of an egg <u>to know it is bad</u>?

_____

35 매일 새로 나는 상어의 이빨

○ 다음 각 문장의 밑줄 친 부분에 유의하여 해석하시오.

1 Sharks <u>lose teeth</u> every day. One tooth only lasts for ten days.

_____

2 Sharks lose several teeth <u>every time</u> they <u>bite into</u> prey.

_____

3 When a shark loses a tooth, a new one <u>grows to fill</u> its place.

_____

4 Sharks' teeth never <u>have a chance to</u> grow too old.

_____

5 They always stay young and healthy. <u>That is why</u> sharks have a strong bite.

_____

6 Humans have just <u>two sets of teeth</u> for their whole lives.

_____

7 But sharks <u>grow thousands of new teeth</u> in their lifetime.

_____

8 They <u>never have to</u> worry about losing teeth. How lucky they are!

_____

36 친구에게 이렇게 사과하세요

○ 다음 각 문장의 밑줄 친 부분에 유의하여 해석하시오.

1 Here are some good tips <u>on</u> how to apologize:

_____

2 Just say you're sorry. Don't <u>make any excuses</u>.

_____

3 Tell your friend exactly <u>why you're sorry</u>.

_____

4 Say "I'm sorry for <u>speaking ill of</u> you in front of your friends."

_____

5 Tell your friend <u>what you'll do</u> next time <u>to avoid</u> this problem.

_____

6 <u>Next time</u> if there's anything I want to tell you, I will speak to you <u>in private</u>.

_____

7 What can you do if your friend still doesn't forgive you even after you do all of <u>the above</u>?

_____

8 In that case, <u>it</u> is best <u>to wait</u>.

_____

영역별		**TAPA**	영어 고민을 한 방에 타파! 영역별 · 수준별 학습 시리즈, **TAPA!** Reading　Grammar　Listening　Word	중학 1~3학년
독해	▶	**READER'S BANK**	초등부터 고등까지, 영어 독해서의 표준! 10단계 맞춤 영어 전문 독해서, **리더스뱅크** Level 1~10	(예비) 중학 ~ 고등 2학년
독해	▶	중등 **수능 독해**	수능 영어를 중학교 때부터! 단계별로 단련하는 수능 학습서, **중등 수능독해** Level 1~3	중학 1~3학년
문법·구문	▶	**마법같은 블록구문**	컬러와 블록으로 독해력을 완성하는 마법의 구문 학습서, **마법같은 블록구문** 기본편　필수편　실전편	중학 3학년~고등 2학년
문법	▶	**Grammar in**	3단계 반복 학습으로 완성하는 중학 문법 연습서, **그래머 인** Level 1A/B ~ 3A/B	중학 1~3학년
듣기	▶	중학영어 **듣기모의고사** 22회	영어듣기능력평가 완벽 대비 듣기 실전서, **중학영어 듣기모의고사** 중1~3	중학 1~3학년
어휘	▶	**VOCA PICK**	기출에 나오는 핵심 영단어만 Pick! 중학 내신 및 수능 대비, **완자 VOCA PICK** 기본　실력　고난도	(예비)중학~(예비)고등

리·더·스·뱅·크   흥미롭고 유익한 지문으로 독해의 자신감을 키워줍니다.

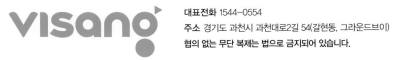

대표전화 1544-0554
주소 경기도 과천시 과천대로2길 54(갈현동, 그라운드브이)
협의 없는 무단 복제는 법으로 금지되어 있습니다.

시드니(호주)

남반구에 위치한 오스트레일리아는 국토 면적이 넓어 열대부터 온대까지 다양한 기후가 나타난다. 대부분 온화한 온대지역인 해안지역에 주거지가 형성되는데, 이 지역 여름은 덥지 않고 겨울에 영하로 내려가는 일이 거의 없어 살기 좋은 도시로 자주 거론된다. 북반구와 달리 여름이 12~2월, 겨울이 6~8월이다.

비상 누리집에서 더 많은 정보를 확인해 보세요.
http://book.visang.com/

READER'S BANK

Level **3**

정답과 해설

visang

pionada

피어나다를 하면서 아이가 공부의
필요를 인식하고 플랜도 바꿔가며
실천하는 모습을 보게 되어 만족합니다.
제가 직장 맘이라 정보가 부족했는데,
코치님을 통해 아이에 맞춘 피드백과
정보를 듣고 있어서 큰 도움이 됩니다.

− 조○관 회원 학부모님

공부 습관에도
진단과 처방이
필수입니다

초4부터 중등까지는 공부 습관이 피어날 최적의 시기입니다.

공부 마음을 망치는 공부를 하고 있나요?
성공 습관을 무시한 공부를 하고 있나요?
더 이상 이제 그만!

지금은 피어나다와 함께 사춘기 공부 그릇을 키워야 할 때입니다.

강점코칭 무료체험

바로 지금,
마음 성장 기반 학습 코칭 서비스, **피어나다®**로
공부 생명력을 피어나게 해보세요.

상담
문의 **1833-3124**

READER'S BANK

Level **3**

정답과 해설

01 인기 있는 사람의 비결   pp. 12~13

문제 정답 **1** ④, ⑤   **2** body language   **3** (1) ⓒ (2) ⓑ (3) ⓐ   **4** Learning a new language is not easy.

문제 해설 **1** ④ 3~5행 참조   ⑤ 5~6행 참조

2 인기 있는 사람은 다른 사람들의 신체 언어의 의미를 파악하여 마음을 읽는다는 내용의 글이다. (5~6행 참조)
당신이 다른 사람들의 마음을 읽고 싶다면, 그들의 신체 언어에 주의를 기울여라.

3 (1) 6~7행 참조   (2) 7~8행 참조   (3) 8~9행 참조
ⓐ 그게 사실이니? 나는 정말 놀랐어.   ⓑ 나는 불안해.   ⓒ 나는 네 생각을 받아들이지 않아.

4 '~하는 것'의 의미를 갖는 동명사로 주어를 만들어 문장을 완성한다.

본문 해석 Ted는 잘생기지 않았다. 그는 또한 멋진 옷을 입지도 않는다. 그러나 그는 여학생들에게 매우 인기가 많다.
이것은 어떻게 그럴 수 있을까? 한 연구에 따르면, 인기가 많은 사람들은 다른 사람들의 마음을 읽는 것에
능숙하다고 한다. 다시 말해, 그들은 다른 사람들이 무엇을 원하고, 생각하고, 느끼는지를 쉽게 알 수 있다.
마음을 잘 읽는 사람은 다른 사람들의 신체 언어에 특별한 주의를 기울인다. 예를 들어, 그녀가 팔짱을 끼는
것은 그녀가 당신의 생각을 받아들이지 않는다는 것을 의미한다. 만약 그녀가 앞 목을 만진다면, 그녀는
불안하거나 마음이 불편하다는 것이다. 만약 그녀가 눈썹을 치켜 올리면, 그녀는 놀란 것이다.

지문 풀이

Ted is not handsome. / He doesn't wear nice clothes, / ❶ **either**. / But he is very popular / with girls. /
Ted는 잘생기지 않았다 /   그는 멋진 옷을 입지 않는다 /   또한 /   그러나 그는 매우 인기 있다 /   여학생들에게 /

How is this so? / According to a study, / popular people are good at / reading others' minds. /
이것은 어떻게 그럴 수 있을까? / 한 연구에 따르면 /   인기 있는 사람은 잘한다 /   다른 사람들의 마음을 읽는 것을 /

In other words, / ❷ **they can easily tell** / **what others want, think and feel**. / A good mind reader /
다시 말하면 /   그들은 쉽게 알 수 있다 /   다른 사람들이 무엇을 원하고, 생각하고, 느끼는지를 /   마음을 잘 읽는 사람은 /

pays special attention to / other people's body language. / For example, / crossing her arms means /
특별한 주의를 기울인다 /   다른 사람들의 신체 언어에 /   예를 들어 /   그녀가 팔짱을 끼는 것은 의미한다 /

that she isn't open to your ideas. / If she touches her front neck, / she feels nervous or
그녀가 당신의 생각을 받아들이지 않는다는 것을 /   만약 그녀가 그녀의 앞 목을 만지면 /   그녀는 불안하거나 마음이 불편한

uncomfortable. / If she raises her eyebrows, / she is surprised. /
것이다 /   만약 그녀가 그녀의 눈썹을 치켜 올리면 /   그녀는 놀란 것이다 /

---

❶ too와 either는 모두 '~도, ~ 또한'의 의미이지만, too는 긍정문에서, either는 부정문에서 쓰인다.
ex. A: I'm not hungry.   B: I'm not hungry, **either**.

❷ they can easily tell <u>what</u> <u>others</u> <u>want, think and feel</u>
                       간접의문: 의문사 주어   동사
간접의문문은 의문문이 문장의 일부로 쓰이는 것으로 「의문사 + 주어 + 동사」의 어순을 갖는다.
ex. Do you know **what he likes**? 너는 그가 무엇을 좋아하는지 아니?

문제 정답   **1** ④   **2** ⑤   **3** prepare   **4** help me find

문제 해설   **1** ① 6행 참조   ② 7~8행 참조   ③ 10~11행 참조   ⑤ 15~16행 참조

       2 ⑤ 15~16행에서 오디션 신청은 온라인 신청서를 작성하라고 했으므로 ⑤는 내용과 일치하지 않는다.

         ① 6행 참조   ② 10~11행 참조   ③ 12~13행 참조   ④ 14행 참조

       3 prepare: 준비하다

         너 자신이 무엇인가에 준비되게 하다

       4 help + 목적어 + 동사원형: ~이 …하는 것을 돕다

본문 해석   **TeenStar**(틴스타) 노래 오디션

가수가 되고 싶은가요? TeenStar는 여러분이 여러분의 꿈을 향해 한 발 앞으로 나아가는 것을 도와줄 것입니다. TeenStar는 훌륭한 노래 실력을 가진 십 대들을 찾고 있습니다. 노래하는 재능을 발전시키고 싶은가요? 그렇다면 우리와 함께 하세요!

누구   노래를 잘 할 수 있는 10세에서 14세의 십 대들!

언제&어디서   오후 4시에서 6시, 11월 18일, TeenStar 건물의 제2스튜디오에서

준비 방법

– 짧은 공연을 준비하세요. 시간 제한은 2분입니다.

– 여러분이 여러분만의 노래를 부르길 원한다면, 배경음악으로 MP3 파일을 가져오세요.

– 여러분이 원하면 여러분만의 악기를 사용할 수 있습니다.

– 온라인 신청서를 작성하세요. 등록한 후에 당신은 답장을 받게 될 것입니다.

연락

더 많은 정보를 원하시면, info@teenstaraudition.co.uk로 Taylor Smith(테일러 스미스)에게 연락하시거나 03456-123-815로 전화하세요.

지문 풀이

TeenStar Singing Auditions /
TeenStar 노래 오디션 /

Do you want to be a singer? / TeenStar will help you take a step / toward your dream. / TeenStar is
당신은 가수가 되고 싶은가요? /   TeenStar는 당신이 한 발 앞으로 나아가는 것을 도와줄 것입니다 / 당신의 꿈을 향해 /   TeenStar는

looking for teenagers / with great singing abilities. / Do you want to develop your singing talent? /
십 대들을 찾고 있습니다 /   훌륭한 노래 실력을 가진 /   당신은 당신의 노래하는 재능을 발전시키고 싶은가요? /

Then join us! /
그렇다면 우리와 함께 하세요! /

Who / ❶ Teens aged 10-14 / who can sing well! /
누구 /   10세에서 14세의 십 대들 / 노래를 잘 할 수 있는! /

When & Where / 4–6 p.m., / November 18, / in Studio 2 of the TeenStar Building /
언제 & 어디서 /   오후 4시에서 6시 / 11월 18일 /   TeenStar 건물의 제2스튜디오에서 /

❷ How to Prepare /
준비 방법 /

– Prepare a short performance. / The time limit is 2 minutes. /
짧은 공연을 준비하세요 /   시간 제한은 2분입니다 /

– If you want to sing / your own song, / please bring an MP3 file / for background music. /
당신이 부르길 원한다면 /   당신만의 노래를 /   MP3 파일을 가져오세요 /   배경에 쓰이는 음악용으로 /

– You can use your own instrument / if you want. /
당신은 당신만의 악기를 사용할 수 있습니다 /   당신이 원하면 /

– Fill out the online application form. / You will receive a reply / ❸ **after signing** up. /
온라인 신청서를 작성하세요 /   당신은 답장을 받게 될 것입니다 /   등록한 후에 /

Contact /
연락 /

For more information, / contact Taylor Smith / at info@teenstaraudition.co.uk / or call 03456-123-
더 많은 정보를 원하시면 /   Taylor Smith에게 연락하세요 /   info@teenstaraudition.co.uk로 /   또는 03456-123-815로

815. /
전화하세요 /

❶ who는 주격 관계대명사로 쓰였으며, who can sing well이 Teens를 수식한다.

❷ how + to부정사: ~하는 방법

❸ 전치사는 (동)명사를 목적어로 취하므로, after 뒤에 signing(동명사)이 쓰였다.

---

03   전쟁터에서 활약한 원숭이   pp. 16~17

문제 정답   **1** (D) – (C) – (A) – (B)   **2** ①   **3** 나무에 올라가 적군의 소리 듣고 위치 알려 주기   **4** We went to the restaurant to have dinner.

- -

문제 해설   **1** (D) Jackie는 전쟁 중에 모든 군인들을 도왔다.   (4~6행 참조)
       (C) Jackie는 적의 공격으로 그의 한쪽 다리를 잃었다.   (7~8행 참조)
       (A) Jackie는 군대에서 메달을 받았다.   (10~11행 참조)
       (B) Jackie는 전쟁 후에 Marr와 집으로 돌아왔다.   (11행 참조)

   2 주어진 문장은 '원숭이가 인간보다 더 잘 들을 수 있다.'는 뜻이므로, 적이 오는 소리를 듣기 위해 높은 나무에 올라갔다는 문장 앞인 ⓐ가 알맞다.

   3 4~5행의 'So Jackie always ~ where they were.'에 Jackie의 역할이 나와 있다.

   4 '~하기 위해'라는 뜻으로 목적을 나타내는 to부정사를 사용해 문장을 완성한다.

본문 해석   Albert Marr(알버트 마르)는 남아프리카에 살았다. 그에게는 Jackie(재키)라는 애완용 개코원숭이가 있었다. Jackie는 매우 영리했다. 그는 Marr를 종종 도왔다. 어느 날, Marr는 전쟁에 나가야 했다. 그는 Jackie도 전쟁에 데리고 갔다. 원숭이들은 사람보다 더 잘 들을 수 있다. 그래서 Jackie는 항상 적들의 소리를 들으려고 높은 나무로 올라갔다. 그는 Marr에게 그들이 어디 있는지 보여 주었다. 이것은 모든 군인들에게 도움이 되었다. 그래서 그들은 Jackie를 사랑했다.

그러나 그들의 행복은 오래가지 않았다. 어느 날, 적군이 기습 공격을 했다. 슬프게도 Jackie는 한쪽 다리를 잃었다. 그는 전쟁터에서 일할 수 없었다. Marr는 슬펐다. 모든 군인들도 슬퍼했다. 나중에, 군대는 Jackie에게 감사하는 뜻으로 메달을 주었다. 전쟁 후, Jackie와 Marr는 집으로 돌아왔다. 그들은 함께 살았고, Jackie는 매일 메달을 (목에) 걸고 다녔다.

Albert Marr lived / in South Africa. / He had a pet ❶ baboon / named Jackie. / Jackie was very
Albert Marr는 살았다 / 남아프리카에 / 그에게는 애완용 개코원숭이가 있었다 / Jackie라고 이름 지어진 / Jackie는 매우

smart. / He often helped Marr. / One day, / Marr ❷ had to go to war. / He took Jackie to the war, /
영리했다 / 그는 Marr를 종종 도왔다 / 어느 날 / Marr는 전쟁에 가야 했다 / 그는 Jackie를 전쟁에 데리고 갔다 /

too. / Monkeys can hear better / than humans. / So Jackie always went up tall tress / to listen for
또한 / 원숭이는 더 잘 들을 수 있다 / 사람보다 / 그래서 Jackie는 항상 높은 나무에 올라갔다 / 적들의 소리를

the enemies. / He showed Marr ❸ where they were. / This helped all of the soldiers. / So they
듣기 위해 / 그는 Marr에게 보여 주었다 / 그들이 어디 있는지 / 이것은 모든 군인을 도왔다 / 그래서 그들은

loved Jackie. /
Jackie를 사랑했다 /

But their happiness did not last long. / One day, / the enemy made a surprise attack. / Sadly, / Jackie
그러나 그들의 행복은 오래가지 않았다 / 어느 날 / 적군이 기습 공격을 했다 / 슬프게도 / Jackie는

lost one leg. / He couldn't work / in the war. / Marr was sad. / All the soldiers were sad, /
한쪽 다리를 잃었다 / 그는 일할 수 없었다 / 전쟁터에서 / Marr는 슬펐다 / 모든 군인들은 슬펐다

too. / Later, / the army gave Jackie a medal / to thank him. / After the war, / Jackie and Marr went
또한 / 후에 / 군대는 Jackie에게 메달을 주었다 / 그에게 감사하기 위해 / 전쟁 후에 / Jackie와 Marr는 집으로 돌아갔다 /

back home. / They lived together, / and Jackie wore his medal / every day. /
그들은 함께 살았다 / 그리고 Jackie는 그의 메달을 맸다 / 매일 /

❶ 「명사 + named ~」: ~라고 이름 지어진 …
ex. I have a dog named Max. 나에게는 Max라는 이름을 가진 개 한 마리가 있다.

❷ 「had to + 동사원형」은 '~해야 했다'라는 뜻으로, have to(~해야 한다)의 과거형이다.

❸ 간접의문문: where they were
의문사 주어 동사

REVIEW TEST

p. 18

문제 정답 **1** ②   **2** ④   **3** ①   **4** ④   **5** ③   **6** Getting   **7** wash   **8** Kelly stopped driving to make a phone call.

문제 해설 **1** pay attention to: ~에 주의를 기울이다
학생들은 그들의 선생님들에게 주의를 <u>기울여야</u> 한다.
① 말하다   ③ 감사하다   ④ 건너다

2 performance: 공연

David는 무대 위에서 완벽한 피아노 공연을 했다.

① 단계   ② 대답   ③ 신청

3 talent: 재능

무엇인가를 잘하는 타고난 능력

② 공격   ③ 연구   ④ 악기; 도구

4 sign up: 등록하다

5 • 그들의 행복한 시절은 오래 계속되지 않았다.

　• 좋은 날씨는 오랫동안 계속될지도 모른다.

① 소유하다; 자신의   ② 지나가다   ④ 구하다; 저축하다, 아끼다

6 동명사 주어

일찍 일어나는 것은 나에게 쉽지 않다.

7 help + 목적어 + 동사원형: ～이 …하는 것을 돕다

어제 나는 아빠가 세차하시는 것을 도왔다.

8 '～하기 위해'의 뜻을 나타내는 to부정사의 부사적 용법으로 주어진 말을 배열해 문장을 완성한다.

stop -ing: ～하는 것을 멈추다 / make a phone call: 전화하다

04 하모니카는 최고의 선물 pp. 20~21

문제 정답 **1** ⑤ **2** (용)돈을 받을 수 있게 해 주므로 **3** ⑤ **4** (1) is going to buy (2) are going to travel

문제 해설 **1** 8~9행에서 Jimmy가 하모니카를 불지 않으면 일주일에 25센트를 준다고 한 것으로 보아, Jimmy의 엄마는 하모니카 연주 소리를 듣기 싫어한다는 것을 알 수 있다.
① Bobby는 Jimmy의 하모니카를 불고 싶어 한다.
② 트럼펫은 하모니카보다 더 나은 소리를 낸다.
③ Jimmy의 엄마는 하모니카가 아름다운 소리를 낸다고 생각한다.
④ Bobby는 크리스마스 선물로 Jimmy로부터 트럼펫을 받을 것이다.
⑤ Jimmy의 엄마는 Jimmy의 하모니카 소리를 좋아하지 않는다.

2 8~9행에서 하모니카를 불지 않으면 엄마가 25센트를 준다고 했으므로, 하모니카 선물로 인해 Jimmy는 돈을 받을 수 있음을 알 수 있다.

3 Jimmy가 하모니카를 불지 않으면 25센트를 받으니, 하모니카보다 더 큰 소리를 내는 트럼펫이 있으면 더 많은 돈을 받을 것이라고 생각했음을 알 수 있다.

4 「be going to + 동사원형」은 '~할 것이다'라는 의미로, 가까운 미래를 나타낼 때 사용한다.

본문 해석 지난 크리스마스에 Bobby는 선물로 최신 게임기를 받았다. 그는 그것을 그의 친구인 Jimmy에게 자랑하고 싶었다.
"너는 크리스마스에 무엇을 받았니?" Bobby가 Jimmy에게 물었다.
"나는 삼촌한테 하모니카를 받았어. 그것은 내가 여지껏 받은 것 중 최고의 선물이야."
"하모니카? 하모니카가 뭐가 그렇게 대단하다는 거니?" Bobby가 물었다.
Jimmy가 미소 지었다. "엄마는 내가 그것을 불지 않도록 일주일에 25센트를 주셔."
"정말? 음 그렇다면, 나는 트럼펫을 받아야겠다."

지문 풀이

Last Christmas, / Bobby got a new game / ❶ **as a present.** / He wanted to / ❷ **show it off** / to his
지난 크리스마스에 / Bobby는 최신 게임기를 받았다 / 선물로 / 그는 원했다 / 그것을 자랑하기를 / 그의 친구인

friend Jimmy. /
Jimmy에게 /

"What did you get / for Christmas?" / Bobby asked Jimmy. /
너는 무엇을 받았니 / 크리스마스에? / Bobby가 Jimmy에게 물었다 /

"I got a harmonica / from my uncle. / It's ❸ **the best present** / **I've ever gotten.**" /
나는 하모니카를 받았어 / 나의 삼촌으로부터 / 그것은 최고의 선물이야 / 내가 여지껏 받은 것 중 /

"A harmonica? / What's so great about a harmonica?" / asked Bobby. /
하모니카? / 그게 뭐가 그렇게 대단하다는 거니? / Bobby가 물었다 /

Jimmy smiled. / "My mom gives me a quarter / a week / ❹ **not to play** it."
Jimmy가 미소 지었다 / 엄마가 나에게 25센트를 주셔 / 일주일에 / 그것을 연주하지 않게 하기 위해 /

"Really? / Well then, / I'm going to get a trumpet."
그래? / 음 그렇다면 / 나는 트럼펫을 받아야겠다 /

❶ 전치사 as: ~로서
 ex. I respect him **as a doctor**. 나는 그를 의사로서 존경한다.

❷ 동사와 부사가 합쳐져 하나의 뜻을 나타내는 이어동사는 목적어로 쓰이는 대명사를 동사와 부사 사이에 쓴다.
 ex. show off it (×)

❸ present와 I 사이에 관계대명사 that이 생략된 형태이다. I've는 I have의 축약형으로, have ever gotten은 '~한 적이 있는'의 뜻을 가진 부사 ever와 결합되어 현재완료(have + 과거분사)의 경험적 용법으로 쓰였다.

❹ to부정사는 앞에 not을 붙여 부정을 만든다.

---

05 자기 얼굴도 못 알아보는 동물들 pp. 22~23

문제 정답 **1** 물고기도 거울 속의 자신을 몰라보고 거울에 비친 물고기를 공격하려고 한다. **2** ② **3** (1) T (2) F
4 I know (that) Sam likes Vicky.

문제 해설 **1** 밑줄 친 문장은 '물고기는 같은 방식으로 행동한다.'라는 뜻으로, 3~5행에 내용이 나와 있다.

2 코끼리도 인간처럼 거울에 비친 자신의 모습을 알아볼 수 있다는 내용이 알맞으므로, 빈칸에는 '② their own images(그들 자신의 모습들)'가 적절하다.
 ① 인간의 얼굴들 ③ 그들의 인간 주인 ④ 페인트의 색깔 ⑤ 그들의 가족 구성원들

3 (1) 1~3행 참조
 (2) 7~9행 참조

4 'Sam이 Vicky를 좋아한다는 것을'은 know의 목적절이므로 목적절을 이끄는 접속사 that을 사용해서 문장을 완성한다. 이 때, 접속사 that은 생략할 수 있다.

본문 해석 거울을 개 앞에 들고 있어라. 그는 요란하게 짖을 것이고 거울 안의 '다른 개'와 싸우려고 할 것이다. 그는 그 자신을 보고 있다는 것을 알지 못한다. 물고기도 같은 방식으로 행동한다. 만약 거울이 어항 옆에 있다면, 물고기는 거울에 비친 그의 상을 공격하려고 애쓸 것이다. 그러나 코끼리, 침팬지 그리고 돌고래는 분별력이 있다. 이전에 과학자들은 흥미로운 실험을 했다. 그들은 코끼리의 얼굴에 페인트를 칠했다. 그 코끼리는 거울 속의 그의 얼굴에 묻은 페인트를 보았다. 그때 그는 그의 코로 자신의 얼굴을 만졌다! 이것은 인간들처럼 코끼리가 <u>그들 자신의 모습을</u> 인식할 수 있다는 것을 보여 준다.

지문 풀이

Hold a mirror / in front of a dog. / He will bark loudly / and ❶ **try to fight** / with the "other dog"
거울을 들고 있어라 / 개 앞에 / 그는 요란하게 짖을 것이다 / 그리고 싸우려고 할 것이다 / 거울 안의 '다른 개'와 /

in the mirror. / He doesn't know / that he is seeing ❷ **himself.** / A fish behaves in the same way. /
 / 그는 알지 못한다 / 그가 그 자신을 보고 있다는 것을 / 물고기는 같은 방식으로 행동한다 /

If there is a mirror / beside a fish tank, / the fish will try to attack / his image in the mirror. /
만약 거울이 있다면 / 어항 옆에 / 물고기는 공격하려고 할 것이다 / 거울에 비친 그의 상을 /

However, / elephants, chimps and dolphins / know better. / Once scientists did / an interesting test. /
그러나 / 코끼리, 침팬지 그리고 돌고래는 / 분별력이 있다 / 이전에 과학자들은 했다 / 흥미로운 실험을 /

They put paint on an elephant's face. / The elephant saw the paint / on his face in the mirror. /
그들은 코끼리의 얼굴에 페인트를 칠했다 / 그 코끼리는 그 페인트를 보았다 / 거울 속 그의 얼굴 위의 /

Then he touched his own face / with his trunk! / This shows ❸ that, / like humans, / elephants can
그때 그는 그 자신의 얼굴을 만졌다 / 그의 코로! / 이것은 보여 준다 / 인간들처럼 / 코끼리들은

recognize / their own images. /
인식할 수 있다 / 그들 자신의 모습을 /

❶ try to + 동사원형: ∼하려고 하다 (노력하다, 애쓰다)

❷ 재귀대명사: '∼자신'이라는 뜻을 가진 대명사로, 인칭대명사의 목적격이나 소유격 뒤에 -self, -selves를 붙여 만든다.
주어 자신이 동작의 대상인 목적어가 될 때 사용한다.
ex. She looked at **herself** in the mirror. 그녀는 거울 속 그녀 자신을 바라보았다.

❸ that은 목적절을 이끄는 접속사로, elephants ~ images가 동사 shows의 목적절이다. like humans은 접속사
that과 목적절 사이에 들어간 삽입어구이다.

06 전쟁터에서 유래된 넥타이

pp. 24~25

문제 정답 1 ② 2 ④ 3 ⑤

문제 해설
1 17세기에 유럽에서 일어난 30년 전쟁에서 크로아티아 군인들이 적군과의 구별을 위해 넥타이를 맨 것이 오늘날 많은 남성들이 넥타이를 매게 된 유래가 되었다는 내용의 글이므로, 제목으로 가장 적절한 것은 '② 어떻게 사람들이 넥타이를 매기 시작했는가'이다.
① 남성의 패션 역사 ③ 30년 전쟁은 왜 일어났나 ④ 완벽한 넥타이를 고르는 법
⑤ 크로아티아의 흥미로운 패션 스타일

2 ⓓ의 앞 문장은 전쟁이 끝났다는 내용이고, 뒤에 오는 문장은 넥타이를 매는 이유에 대한 것이므로 주어진 문장 '그러나 사람들은 그들의 넥타이를 계속 맸다.'는 내용은 ⓓ에 알맞다.

3 5∼6행에서 '적군과 구별하기 위해 넥타이를 맸다'고 했다.
크로아티아 군인들은 적군과 똑같이 보이는 것을 원하지 않았기 때문에 넥타이를 맸다.
① 못생겨 보이다 ② 적군과 싸우다 ③ 전쟁에 지다 ④ 군복을 입다

본문 해석 남자들은 전 세계적으로 넥타이를 맨다. 그러나 당신은 그것들이 어디서 시작되었는지 알고 있는가? 넥타이는 동유럽에 있는 작은 나라인 크로아티아에서 생겼다. 17세기에, 크로아티아는 30년 전쟁을 했다. 이 전쟁에서, 남자들은 넥타이를 맸다. 그러나 그들은 패션을 위해 그것을 매지 않았다. 그들은 적군과 구별하기 위해서 넥타이를 맸다. 후에, 전쟁이 끝났다. 하지만 사람들은 넥타이를 계속 맸다. 왜일까? 그들의 넥타이가 매우 멋져 보였기 때문이다. 요즘에, 넥타이는 남성들의 패션에서 중요한 부분이다.

Men wear neckties / all over the world. / But do you know / ❶ **where they started**? / Neckties came
남자들은 넥타이를 맨다 / 전 세계적으로 / 그러나 당신은 알고 있는가 / 그것들이 어디서 시작되었는지? / 넥타이는 크로아티아에서

from Croatia, / a small country / in Eastern Europe. / In the 17th century, / Croatia had the Thirty
생겼다 / 작은 나라인 / 동유럽에 있는 / 17세기에 / 크로아티아는 30년 전쟁을 했다 /

Years' War. / In this war, / men wore neckties. / But they didn't wear them / for fashion. / They
이 전쟁에서 / 남자들은 넥타이를 맸다 / 그러나 그들은 그것들을 매지 않았다 / 패션을 위해 / 그들은

wore them / ❷ **to look different from** enemy soldiers. / Later, the war ended. / But people continued
그것들을 맸다 / 적군과 다르게 보이기 위해서 / 후에 전쟁이 끝났다 / 하지만 사람들은 계속 맸다 /

to wear / their neckties. / Why? / Their neckties looked so nice. / These days, / neckties are an important
그들의 넥타이를 / 왜? / 그들의 넥타이가 매우 멋져 보였다 / 요즘에 / 넥타이는 중요한 부분이다 /

part / of men's fashion. /
남성들의 패션에서 /

❶ But do you know **where they started**?
간접의문문: 의문사   주어   동사

❷ • to look은 부사적 용법으로 쓰인 to부정사로 '~하기 위해서'라는 뜻이다.
   ex. I went to the park **to meet** her. 나는 그녀를 만나기 위해서 공원에 갔다.

   • different from은 '~와 다른'이라는 뜻이다.

REVIEW TEST

p. 26

문제 정답 **1** ④ **2** ② **3** ④ **4** ③ **5** ③ **6** ① **7** Seho is going to spend his vacation in Jeju.

문제 해설

1 soldier: 군인
많은 <u>군인들</u>이 전쟁터에서 싸웠다.
① 과학자들 　② 트럼펫들 　③ 애완동물들

2 bark: (개가) 짖다
내가 문을 두드렸을 때, 개 한 마리가 안에서 <u>짖기</u> 시작했다.
① 입다, 착용하다 　③ 가라앉다 　④ 묻다

3 present: 선물
당신이 누군가에게 선물로 주는 어떤 것
① 쓰레기 　② 비밀 　③ 능력

4 recognize: 알아보다
당신이 그것을 전에 본 적이 있기 때문에 무엇을 알다
① 준비하다 　② 들다, 잡다 　④ 행동하다

5 these days: 요즘

6 ①은 지시대명사 that이고, ②, ③, ④는 목적절을 이끄는 접속사 that으로 쓰였다.
① 저것은 내 것이 아니다. 　② 그녀는 그가 천재라는 것을 안다.
③ 그는 그 영화가 무섭다고 말했다. 　④ 그들은 이상한 일들이 일어난 것을 알았다.

7 「be going to + 동사원형」을 사용해 미래를 나타내는 문장을 만든다.

| 07 | 눈으로 말해요 | pp. 30~31 |

문제 정답 **1** ③　　**2** (1) a friend　(2) a businessman　(3) a boyfriend　　**3** eyes, relationship　　**4** If it rains, I will stay at home.〔I will stay at home if it rains.〕

문제 해설 **1** 눈을 보면 대화하는 사람들이 어떤 관계인지 알 수 있다는 내용의 글이므로, '③ 눈은 모든 것을 말한다'가 제목으로 가장 적절하다.

　① 눈은 가끔 거짓말을 한다　　　　　　　② 시선 맞추기의 힘
　④ 사람들의 마음을 읽는 법　　　　　　　⑤ 눈은 당신의 건강에 대해 말해준다

2 (1) 코나 입을 바라보고 있으면 친구 관계이다. (5~6행 참조)

　(2) 상대방의 눈이나 이마 쪽을 바라보고 있으면 사업상의 관계이다. (3~5행 참조)

　(3) 얼굴 아래 부분의 넥타이나 목걸이를 바라보고 있으면 연인 관계이다. (6~7행 참조)

3 사람들이 서로 이야기할 때, 그들의 눈을 보아라. 그러면 너는 그들의 관계를 알 수 있다.

4 '비가 오면'은 '만약 ~(이)라면'이라는 뜻의 접속사 if를 사용해 If it rains로 쓰고, 콤마로 나머지 부분을 연결해 문장을 완성한다. if it rains를 뒤에 쓸 수도 있는데, 이럴 경우 콤마는 쓰지 않는다.

본문 해석 한 남자와 한 여자가 식당에서 이야기하고 있다. 그들은 사업상 만나는 것인가, 친구 관계인가, 아니면 연인 관계인가? 그 답은 간단하다. 그들의 눈을 보아라. 만약 그들이 서로의 눈과 이마만을 바라보고 있다면 그들은 아마도 사업상 만나고 있는 것이다. 만약 그들의 눈이 그들의 코와 입을 향해 아래쪽을 바라보고 있다면 그들은 많은 경우에 있어서 친구 관계이다. 만약 그들이 넥타이나 목걸이 쪽으로 아래쪽을 바라보고 있다면 그들은 사랑하는 사이이다.

지문 풀이

A man and a woman are talking / in a restaurant. / Are they meeting ❶ for business, /
한 남자와 한 여자가 이야기하고 있다 /　　　　　식당 안에서 /　　　　그들은 사업상 만나고 있는가 /

for friendship / or for love? / The answer is simple. / Watch their eyes. / If they are looking / only
친구 관계인가 /　　아니면 연인 관계인가? / 그 답은 간단하다 /　　　그들의 눈을 보아라 /　　만약 그들이 보고 있다면 /

at ❷ each other's eyes and forehead, / they are probably meeting / for business. / If their eyes are
서로의 눈과 이마만을 /　　　　　　　　　　그들은 아마도 만나는 중이다 /　　사업상 /　　　만약 그들의 눈이

looking down / towards their noses and mouths, / they are friends / in many cases. / If they are
아래쪽을 보고 있다면 / 그들의 코와 입 쪽으로 /　　　　　　　그들은 친구이다 /　　많은 경우에 /　　만약 그들이

looking down / to the necktie or necklace, / they are in love. /
아래쪽을 보고 있다면 / 넥타이나 목걸이 쪽으로 /　　　그들은 사랑에 빠진 것이다 /

❶ 접속사 or로 세 가지 요소를 연결할 때는 「A, B or C」와 같은 형태로 쓴다.
　ex. Answer A, B or C to the question. 그 질문에 A, B 또는 C로 답하시오.

❷ each other: 서로 (보통 두 사람일 때) *cf.* one another 서로 (여러 명일 때)

문제 정답 **1** ④ **2** ④ **3** hatch **4** (1) even if (2) if

문제 해설 **1** 알에서 부화한 새는 태어나자마자 처음 눈으로 본 살아있는 것을 부모로 인식한다는 내용의 글이다.

새로 태어난 새는 (A)그것이 본 첫 살아있는 것을 그것의 (B)엄마라고 생각한다.
① 그것이 간 장소 – 집
② 그것이 맛본 것 – 좋아하는 음식
③ 그것이 들은 소리 – 엄마의 목소리
⑤ 그것이 본 새 – (한쪽의) 부모

2 주어진 문장은 '그들은 옥수수, 곡물, 그리고 야채를 먹고 사는 것을 좋아한다.'는 의미로 글의 전체 흐름과 맞지 않는다.

3 '껍질을 깨고 알에서 바깥으로 나와 태어나다'를 뜻하는 단어는 'hatch (알에서) 부화하다'이다.

4 (1) 접속사 even if: (비록) ~일지라도 그것이 매우 비쌀지라도 나는 그 차를 살 것이다.
(2) 접속사 if: (만약) ~라면 네가 오른쪽으로 돌면 너는 그 건물을 볼 수 있다.

본문 해석 거위 몇 마리가 잔디 위에서 한 남자를 따라가고 있다. 그것은 재미있는 장면이다. 하지만 여기에는 이유가 있다. 그 남자는 거위들이 부화했을 때 그들이 처음으로 본 생명체였다. 그래서 지금 그들은 그가 그들의 부모 중 한 명이라고 생각한다. 이 행동은 오리, 거위나 닭 같은 새들 중에서는 흔한 일이다. 만약 갓 태어난 새가 출생 직후에 우연히 당신을 보게 된다면, 그것은 당신을 엄마라고 생각하고 당신을 어디든 따라다닐 것이다. 흥미롭게도, 그것이 그 후에 진짜 엄마를 보게 되어도, 그것은 그녀를 무시하고 계속 당신이 자신의 엄마라고 생각할 것이다.

지문 풀이

Some geese are following a man / on the grass. / It's a funny scene. / But there's a reason /
거위 몇 마리가 한 남자를 따라가고 있다 / 잔디 위에서 / 그것은 재미있는 장면이다 / 그러나 이유가 있다 /

for this. / The man was the first ❶ **living thing** / **the geese saw** / when they hatched. /
이것에 대한 / 그 남자는 첫 번째 생명체였다 / 거위들이 보았던 / 그들이 부화했을 때 /

So now / ❷ **they think** / **he is their parent.** / This behavior is common / among birds / like ducks,
그래서 지금 / 그들은 생각한다 / 그가 그들의 부모 중 한 명이라고 / 이 행동은 흔하다 / 새들 사이에서 / 오리, 거위, 혹은

geese or chickens. / If a newborn bird happens to see you / right after its birth, / it will think of
닭 같은 / 만약 갓 태어난 새가 우연히 당신을 보게 된다면 / 그것의 출생 직후에 / 그것은 당신을 생각할

you / as its mother / and ❸ **follow** you everywhere. / Interestingly, / even if it sees its real
것이다 / 그것의 엄마라고 / 그리고 당신을 어디든 따라다닐 것이다 / 흥미롭게도 / 비록 그것이 진짜 엄마를 본다 해도 /

mother / after that, / it will ignore her / and ❹ **continue** to ❺ **think** / **you are its mother.** /
그 후에 / 그것은 그녀를 무시할 것이다 / 그리고 계속 생각할 것이다 / 당신이 그것의 엄마라고 /

---

❶ ~ living thing (that) the geese saw ~: 거위들이 본 살아있는 것
　　　　　　　　목적격 관계대명사 that이 생략

❷, ❺ think 뒤에는 목적절 접속사 that이 생략되어 있다.

❸, ❹ follow와 continue는 등위접속사 and로 각각 앞에서 쓰인 동사 think, ignore와 병렬 구조로 연결되어 있다.

문제 정답 1 ⑤   2 (A) melting (B) sink (C) build   3 해수면의 3미터 위에 모래로 된 산을 많이 짓는 것
4 (1) fastest (2) happiest (3) most difficult

문제 해설 **1** 해수면 상승으로 인해 침몰하고 있는 몰디브에 관한 글이다.

2 지구는 점점 따뜻해지고 있다.
→ 극 지방의 얼음이 녹고 있고, 그래서 해수면이 상승하고 있다. (2~3행 참조)
→ 몰디브는 세계에서 가장 낮은 나라이기 때문에 그것은 바다 아래로 가라앉을 것이다. (6~9행 참조)
→ 몰디브 사람들은 상승하는 해수면을 막기 위해 모래로 된 산을 많이 지을 것이다. (9~11행 참조)

3 밑줄 친 this는 바로 앞 문장인 'The plan is to build many sandy mountains three meters above sea level.'을 가리킨다.

4 최상급은 형용사나 부사의 끝에 -est를 붙이고 앞에 정관사 the를 붙인다.
(1) fast뒤에 -est를 붙여 최상급을 만든다.
 Jason은 모든 다섯 명의 회원 중 가장 빠른 달리기 주자이다.
(2) happy는 「자음 + y」로 끝나니 y를 i로 고치고 -est를 붙여 최상급을 만든다.
 어제는 내 인생에서 가장 행복한 날이었다.
(3) difficult는 3음절 단어이니 앞에 most를 붙여 최상급을 만든다.
 너에게 가장 어려운 질문은 무엇이니?

본문 해석 오늘날 지구는 점점 더 따뜻해지고 있다. 그 결과, 남극과 북극에 있는 얼음이 녹고 있다. 이것은 해수면이 상승하게 만든다. 새로운 해수면은 2100년 즈음에는 현재 높이보다 1미터 더 높아질 것이다. 어떤 나라가 가장 많이 고통받을까? 그것은 인도양에 있는 섬나라인 몰디브이다. 몰디브는 세계에서 가장 낮은 나라이다. 가장 높은 부분은 고작 해발 2.4미터이다. 몰디브 사람들은 그들의 나라가 곧 바다 아래로 가라앉을 것이라고 걱정한다. 그들은 상승하는 해수면을 막기 위해 높은 벽을 짓는 계획을 세우고 있다. 그 계획은 해수면의 3미터 위에 모래로 된 산을 많이 쌓는 것이다. 이것은 몰디브가 가라앉고 있는 문제를 해결할까? 당신은 어떻게 생각하는가?

지문 풀이

Today, / the Earth is ❶ **getting warmer and warmer.** / As a result, / the ice / in the South and
오늘날 / 지구는 점점 더 따뜻해지고 있다 / 그 결과 / 얼음은 / 남극과 북극에 있는

North Poles / is melting. / This ❷ **makes the sea levels rise.** / The new sea level will be one meter
녹고 있다 / 이것은 해수면을 상승하게 만든다 / 새로운 해수면은 1미터 더 높을 것이다 /

higher / than the current level / by 2100. / Which country is going to suffer / the most? / It is the
현재 높이보다 / 2100년 즈음에는 / 어떤 나라가 고통받을까 / 가장 많이? / 그것은

Maldives, / an island country / in the Indian Ocean. / The Maldives is the lowest country / in the
몰디브다 / 섬나라인 / 인도양에 있는 / 몰디브는 가장 낮은 나라이다 / 세계에서 /

world. / The highest part is only 2.4 meters / above the sea. / People in the Maldives / are
가장 높은 지역은 고작 2.4미터이다 / 바다 위에 / 몰디브에 있는 사람들은 /

worried / ❸ **that** their country will sink / under water soon. / They are making ❹ **a plan** / **to build**
걱정한다 / 그들의 나라가 가라앉을 것이라고 / 곧 바다 아래로 / 그들은 계획을 세우는 중이다 / 높은 벽을

p. 36

high walls / ❺ **to avoid** rising sea levels. / The plan is ❻ **to build** many sandy mountains / three
높은 벽을 세우는 / 상승하는 해수면을 막기 위해 / 그 계획은 많은 모래로 된 산을 쌓는 것이다 /

meters above sea level. / Will this solve the sinking problem / in the Maldives? / What do you
해수면 3미터 위에 / 이것은 가라앉는 문제를 해결할 것인가 / 몰디브에서? / 당신은 어떻게

think? /
생각하는가? /

❶ get[grow, become] + 비교급 + and + 비교급: 점점 더 ~해지다

❷ make + 목적어 + 목적격 보어(동사원형): ~을 …하게 만들다
   ex. You **make me smile**. 너는 나를 웃게 만든다.

❸ that은 목적절을 이끄는 접속사로 쓰였다. that이하가 are worried의 목적절이다.

❹ to build는 to부정사의 형용사적 용법으로 쓰여 앞에 있는 a plan을 수식한다.

❺ to avoid는 목적(~하기 위해)을 나타내는 to부정사의 부사적 용법으로 쓰였다.

❻ to build는 '~하는 것'의 뜻인 to부정사의 명사적 용법으로 쓰여 문장의 보어 역할을 한다.

REVIEW TEST

문제 정답
1 continue **2** solve **3** melt **4** ③ **5** ④ **6** ① **7** if **8** Even if **9** the busiest
10 Even if he is not famous, he is great.〔He is great even if he is not famous.〕

문제 해설
1 continue: 계속되다, 지속하다
   좋은 날씨는 일주일 더 계속될 것이다.

2 solve: (문제를) 해결하다
   학생들은 협력하여 이 문제를 해결해야 한다.

3 melt: 녹다
   봄이 오면, 눈은 녹아 없어질 것이다.

4 behavior: 행동
   당신이 어떤 것들을 행하거나 하는 방식
   ① 장면   ② 이유   ④ 사업

5 current: 현재의
   현재 일어나거나 존재하는
   ① 진짜의   ② 단순한   ③ 흔한

6 above the sea: 바다 위에 (above: ~보다 위에)

7 접속사 if: 만약 ~라면   네가 더 빨리 걸으면 너는 버스를 잡을 수 있다.

8 접속사 even if: 비록 ~일지라도   비록 비가 많이 왔지만, 우리는 산책을 갔다.

9 busy의 최상급은 busiest이다.   Paul은 우리 회사에서 가장 바쁜 남자이다.

10 접속사 even if(비록 ~일지라도)를 사용해서 문장을 완성한다.

Unit 04

pp. 38~39

10 사랑에 빠지면 이렇게 행동한다

문제 정답 **1** signs, interested **2** ④ **3** (1) ⓒ (2) ⓐ (3) ⓑ **4** Our family usually has lunch at 12 o'clock.

문제 해설 **1** 2~3행 참조

누군가 당신에게 <u>관심이 있는지</u> 아닌지를 알려주는 몇몇의 <u>신호가</u> 있다.

2 '④ 시선이 마주치면 부끄러워서 피한다.'라는 내용은 언급되지 않았고, 6행에서 자주 쳐다보는 것이 사랑의 신호라고 했다.

① 11~12행 참조   ② 9~10행 참조   ③ 4행 참조   ⑤ 7행 참조

3 (1) comment(의견을 말하다)   어떤 것에 대해 당신의 의견을 주다
　 (2) bite(물다)   어떤 것을 자르거나 부수기 위해 이빨을 쓰다
　 (3) notice(알아차리다)   보거나 듣거나 느낌으로써 어떤 것을 알게 되다

4 빈도부사는 일반동사 앞에 오므로, usually를 has 앞에 쓴다.
우리 가족은 보통 12시 정각에 점심 식사를 한다.

본문 해석 당신은 어떤 여학생에게 특별한 감정을 갖기 시작한다. 그러나 그녀도 당신을 좋아하는가? 여기 그녀 역시 당신에게 관심이 있다는 여섯 가지의 신호가 있다! 당신에게 적용되는 것들에 체크표시를 해라:
• 그녀는 당신 근처에 머무른다. 그녀는 파티나 식당에서 항상 당신 옆에 앉는다.
• 그녀는 자주 당신을 본다.
• 당신이 그녀에게 말할 때, 그녀는 그녀의 머리카락을 만지작거리거나 손톱을 물어뜯는다.
• 그녀는 당신이 하는 모든 농담이 그렇게 재밌지는 않더라도 웃어준다.
• 그녀는 당신과 대화를 시작한다. 그녀는 종종 당신에게 조언을 요청한다.
• 그녀는 당신에 관한 작은 변화를 알아차린다. 그녀는 다른 사람보다 먼저 당신의 새로운 신발에 관해 의견을 말한다!
당신은 체크 표시를 몇 개 했는가?
5–6: 그녀는 당신을 좋아한다.
3–4: 그녀는 당신에게 관심이 있다.
0–2: 그녀는 당신에게 관심이 없을지도 모른다.

지문 풀이

You begin to have special feelings / for a girl. / But does she like you, too? / Here are ❶ six
당신은 특별한 감정을 가지기 시작한다 /　어떤 여학생에게 /　그러나 그녀도 당신을 좋아하는가? /　여기 여섯 가지의 신호들이

signs / that she is interested in you, too! / Check off ❷ the ones / that apply to you: /
있다 /　그녀 역시 당신에게 관심이 있다는! /　～인 것들에 체크 표시를 해라 /　당신에게 적용되는 /

• She stays / near you. / She always sits / next to you / at a party / or in a restaurant. /
　그녀는 머무른다 / 당신 가까이에 / 그녀는 항상 앉는다 /　당신 옆에 /　파티에서 /　또는 식당에서 /

- She often looks at you. /
  그녀는 자주 당신을 본다 /

- When you talk to her, / she plays with her hair / or bites her fingernails. /
  당신이 그녀에게 말할 때 / 그녀는 그녀의 머리카락을 만지작거린다 / 또는 그녀의 손톱을 물어뜯는다 /

- She laughs at all your jokes / even if they're not ❸ **that funny**. /
  그녀는 모든 당신의 농담들에 웃어준다 / 비록 그것들이 그렇게 재미있지 않을지라도 /

- She starts a conversation with you. / She often asks you for advice. /
  그녀는 당신과 대화를 시작한다 / 그녀는 종종 당신에게 조언을 요청한다 /

- She notices small changes / about you. / She comments on your new shoes / before anyone else! /
  그녀는 작은 변화를 알아차린다 / 당신에 대해 / 그녀는 당신의 새로운 신발에 대해 의견을 말한다 / 다른 사람보다 먼저! /

How many did you check off? /
당신은 체크 표시를 몇 개 했는가? /

5–6: She likes you. /
그녀는 당신을 좋아한다 /

3–4: She is interested in you. /
그녀는 당신에게 관심이 있다 /

0–2: She might not be interested in you. /
그녀는 당신에게 관심이 없을지도 모른다 /

---

❶ six signs **that** she is interested in you, too: 그녀도 당신에게 관심이 있다는 여섯 가지 신호들
└─ 동격 ─┘

that은 that 이하의 명사절과 앞에 쓰인 명사(signs)가 동격 관계임을 나타내는 접속사로 쓰인다.
ex. He realized the fact that he made a mistake. 그는 그가 실수를 했다는 사실을 깨달았다.
└───── 동격 ─────┘

❷ the ones that apply to you: ones는 앞 문장의 signs를 뜻하고, that은 주격 관계대명사로 쓰였다.

❸ that은 '매우, 그렇게'의 의미로 funny를 강조하는 부사로 쓰였다.

---

11 실내 식물은 공기 청정기

pp. 40~41

문제 정답 1 ③ 2 ② 3 ⑤ 4 (1) better (2) taller (3) worse

문제 해설

1 5행의 Houseplants are ~ machines.를 통해 실내 식물은 공기 정화의 역할을 하고 있음을 알 수 있다.

2 주어진 문장은 '그러나 실내 식물이 도와줄 수 있으므로 걱정하지 마라.'라는 뜻이므로, 페인트나 카펫 등에서 해로운 화학 물질이 나온다는 문장과 실내 식물이 공기 청정기 역할을 한다는 문장 사이인 ⓑ에 들어가는 것이 적절하다.

3 ⑤ 8~9행에서 peace lily는 실내에서 기르기 쉽다고 했으므로 내용과 일치하지 않는다.
   ① 1~2행 참조 ② 3행 참조 ③ 3~4행 참조 ④ 5~7행 참조

4 비교급이 사용된 문장이므로, 주어진 형용사나 부사를 알맞은 비교급 형태로 바꾸어 문장을 완성한다.
   (1) 나는 고양이보다 개를 더 많이 좋아한다.
   (2) 아빠는 선생님보다 키가 더 크다.
   (3) 오늘 날씨는 어제보다 더 나쁘다.

사람들은 그들 시간의 90퍼센트를 실내에서 보낸다. 그러나 한 가지 문제가 있다: 실내 공기는 오염되었다는 것이다. 과학자들에 따르면, 실내 공기는 바깥 공기보다 훨씬 더 나쁘다. 왜 그럴까? 많은 해로운 화학 물질들이 페인트와 카펫과 가구에서 나온다. 그러나 실내 식물들이 도와줄 수 있으므로 걱정하지 마라. 실내 식물들은 공기 청정기와 같다. 그들은 공기로부터 해로운 화학 물질들을 흡수한다. 그리고 그들은 신선하고 깨끗한 산소를 만들어낸다. 가장 인기 있는 실내 식물들 중 하나는 스파티 필름이다. 스파티 필름은 공기를 빠르게 정화시켜 준다. 그리고 그것은 실내에서 기르기가 쉽다. 당신도 당신의 집 안에서 하나 키워 보는 게 어떨까?

지문 풀이

People spend 90 percent of their time / ❶ **indoors**. / But there is a problem: / Indoor air is
사람들은 그들의 시간의 90퍼센트를 보낸다 / 실내에서 / 그러나 한 가지 문제가 있다 / 실내 공기는

polluted. / According to scientists, / ❷ **indoor** air is much worse / than outdoor air. / Why? / A lot of
오염되어 있다 / 과학자들에 따르면 / 실내 공기는 훨씬 더 나쁘다 / 바깥 공기보다 / 왜? / 많은 해로운

harmful chemicals / come from paint, carpets and furniture. / But don't worry / because
화학 물질들이 / 페인트, 카펫 그리고 가구에서 나온다 / 하지만 걱정하지 마라 / 왜냐하면

houseplants can help. / Houseplants are like air-cleaning machines. / They take in harmful
실내 식물들이 도와줄 수 있기 때문이다 / 실내 식물들은 공기 청정기와 같다 / 그들은 해로운 화학 물질들을 흡수한다 /

chemicals / from the air. / And they make fresh, clean oxygen. / ❸ **One of the most popular**
공기로부터 / 그리고 그들은 신선하고 깨끗한 산소를 만든다 / 가장 인기가 많은 실내 식물 중 하나는 /

houseplants is / a peace lily. / A peace lily cleans the air fast. / And ❹ **it is easy to grow** / indoors. /
스파티 필름이다 / 스파티 필름은 공기를 빠르게 정화시킨다 / 그리고 그것은 기르기가 쉽다 / 실내에서

Why don't you try ❺ **one** / inside your house? /
당신은 하나 시도해 보는 게 어떤가 / 당신의 집 안에서? /

---

❶ indoors 倒 실내에서 ❷ indoor 형 실내의
   ex. Don't run **indoors**. 실내에서 뛰지 마라.
     I like **indoor** swimming pools. 나는 실내 수영장이 좋다.

❸ one of + 복수 명사: '~한 것들 중 하나'라는 뜻으로, one of 뒤에는 복수 명사가 오지만 주어가 단수명사 One이므로 동사도 단수형인 is를 쓴다.

❹ it은 a peace lily를 가리키며, to grow는 '기르기에'라는 뜻으로 형용사 easy를 수식하는 to부정사의 부사적 용법으로 쓰였다. 가주어 It과 진주어 to부정사를 사용해서 It is easy to grow a peace lily indoors.로 바꿔 쓸 수도 있다.

❺ one은 대명사로 이미 앞에서 언급된 a peace lily를 가리킨다.

---

12   충치 없는 마을의 비결   pp. 42~43

문제 정답   **1** ①   **2** (1) F (2) F (3) T   **3** secret

문제 해설   **1** 6~7행에서 자연 그대로의, 건강에 좋은 음식물 때문에 충치가 거의 없다고 했다.
         그 마을 사람들은 그들의 (B)건강에 좋은 음식물 때문에 (A)튼튼한 치아를 갖고 있었다.
           ② 튼튼한 – 치과의사들   ③ 자연 그대로의 – 치과의사들
           ④ 하얀 – 치과의사들   ⑤ 하얀 – 건강에 좋은 음식물

2 (1) Weston 박사는 그 마을에 살고 있었다. (1~2행 참조)

    (2) 그 마을 사람들은 매일 그들의 이를 닦았다. (5행 참조)

    (3) 그 마을 사람들은 소와 염소에서 나온 신선한 우유를 마셨다. (8행 참조)

3 secret: 비결; 비밀

   • 당신의 성공 <u>비결</u>은 무엇인가요?

   • 이것에 대해 누구에게도 말하지 마. 그건 <u>비밀</u>이야.

본문 해석

Weston Price(웨스턴 프라이스) 박사는 세계적으로 유명한 치과의사였다. 1931년에, 그는 스위스 알프스로 여행을 했다. 그가 산 속 깊은 곳의 한 마을에서 머물고 있는 동안에, 그는 놀라운 것을 알게 되었다. 그 마을 거의 대부분의 사람들이 충치가 없었다. 그들은 치과의사가 없었다. 그들은 심지어 이를 닦지도 않았다! 어떻게 이것이 가능했을까? 나중에, Price 박사는 그 사람들의 비결을 알아냈다. 그것은 그들의 자연 그대로의, 건강에 좋은 음식이었다. 그들은 신선한 빵과 채소들을 먹었다. 그들은 염소와 소들로부터 나온 날것의 우유를 마셨다. 이 음식들은 비타민과 미네랄로 가득 차 있었다. 비타민과 미네랄은 그들의 치아를 강하게 만들었다.

지문 풀이

Dr. Weston Price was a world-famous dentist. / In 1931, / he travelled to the Swiss Alps. / **❶ While**
Weston Price 박사는 세계적으로 유명한 치과의사였다 /　　　　　　1931년에, / 그는 스위스 알프스로 여행을 했다 /

he was staying in a village / **❷ deep in the mountains**, / he learned **❸ something surprising**. / Almost
그가 한 마을에서 머물고 있는 동안에 /　　산 속 깊은 곳의 /　　　그는 놀라운 것을 알게 되었다 /　　　　그 마을의

no one in the village / had tooth decay. / They had no dentists. / They didn't even brush their
거의 어떤 누구도 /　　　충치를 갖고 있지 않았다 /　그들은 치과의사가 없었다 /　그들은 심지어 이빨도 닦지 않았다! /

teeth! / How was this possible? / Later, / Dr. Price discovered the people's secret. / It was their
　　　　어떻게 이것이 가능했을까? /　　나중에, /　Price 박사는 그 사람들의 비결을 알아냈다 /　　　그것은 그들의

natural, healthy diet. / They ate fresh bread and vegetables. / They drank raw milk / from goats and
천연의, 건강에 좋은 음식이었다 /　그들은 신선한 빵과 채소들을 먹었다 /　　　그들은 날것의 우유를 마셨다 /　염소와 소들로부터 나오는 /

cows. / These foods were full of vitamins and minerals. / Vitamins and minerals **❹ made their teeth**
　　이 음식들은 비타민과 미네랄로 가득 차 있었다 /　　　　　　비타민과 미네랄은 그들의 치아를 강하게 만들었다 /

strong. /

---

❶ while은 '~하는 동안'이라는 뜻의 접속사로 쓰였으며, was staying은 '~하고 있었다'라는 의미의 과거진행 (was/were + -ing)이다.

❷ deep in the mountains는 '산 속 깊은 곳에'라는 뜻이다.

❸ -thing으로 끝나는 명사는 형용사가 뒤에서 수식한다.

❹ make + 목적어 + 목적격 보어(형용사): ~을 …하게 만들다
   ex. The movie **made me sad**. 그 영화는 나를 슬프게 만들었다.

문제 정답 1 ④　　2 ①　　3 ②　　4 ①　　5 often go　　6 earlier　　7 more　　8 is always crowded with a lot of people

문제 해설 1 ①, ②, ③은 반의어 관계이고, ④는 유의어 관계이다.
　① 실내의 – 실외의　　② 더 좋은 – 더 나쁜　　③ 비어 있는 – 가득 찬　　④ 웃긴 – 재미있는

2 bite one's fingernail: ~의 손톱을 물어뜯다

3 sign: 신호
두통은 스트레스의 <u>신호</u>일지도 모른다.
① 농담　　③ (일상적으로 먹는) 음식물　　④ 거울

4 ①은 '좋아하다', ②, ③, ④, ⑤는 '~와 같은, ~처럼'이라는 뜻으로 쓰였다.
　① 나는 만화책 읽는 것을 <u>좋아한다</u>.
　② 그는 배우<u>처럼</u> 보인다.
　③ 과일과 야채 <u>같은</u> 건강에 좋은 음식을 먹어라.
　④ 많은 가정에서, 애완동물들은 가족 구성원과 <u>같다</u>.

5 빈도부사는 일반동사 앞에 온다.
나는 종종 Sam과 극장에 간다.

6 '~보다'의 than이 있으므로 비교급이 와야 한다.
나는 내 여동생보다 더 일찍 일어난다.

7 '~보다'의 than이 있으므로 비교급이 와야 하며, difficult의 비교급은 more difficult이다.
수학은 나에게 과학보다 더 어렵다.

8 빈도부사(always)는 be동사 뒤에 온다. (be crowed with: ~으로 붐비다, 가득하다)

Unit 05

| 13 | 곤충이 맛을 보는 법 | pp. 48~49 |

문제 정답   **1** tongues   **2** (1) T (2) F (3) T   **3** ④   **4** That's why he is tired.

문제 해설   **1** 대부분의 동물들은 혀(tongues)로 맛을 본다고 했으나, 파리들은 그들의 발(feet)로 맛을 보고 꿀벌들은 더듬이(antennae)로 맛을 본다고 했다.
파리의 발과 꿀벌의 더듬이는 다른 동물들의 혀와 같다.

   2 (1) 3~4행 참조   (2) 5~6행에서 나비 역시 발로 맛을 본다고 했으므로 내용과 일치하지 않는다.
(3) 7~8행 참조

   3 빈칸 앞에서 몇몇 곤충은 다른 방법으로 맛을 본다고 했고, 빈칸 뒤에서 파리는 발로 맛을 본다고 했으므로 빈칸에는 예시를 들 때 쓰이는 연결어인 '④ For example(예를 들면)'이 가장 적절하다.
① 그러나   ② 그러므로   ③ 게다가   ⑤ 반면에

   4 That is why ~: 그것이 ~한 이유이다

본문 해석   동물들은 어떻게 그들의 음식을 맛볼까? 대부분의 동물들은 그들의 혀를 사용한다. 그러나 몇몇의 곤충들은 다른 방법들로 맛을 본다. 예를 들어, 파리들은 그들의 발로 맛을 본다. 파리들은 그들의 다리 전면에 많은 특별한 털을 가지고 있다. 그들은 이 털로 맛을 본다. 그것이 파리가 당신의 음식 위를 걸어 다니는 것을 좋아하는 이유이다. 나비와 거미 역시 그들의 발로 맛을 본다. 그러나 꿀벌은 맛을 보기 위해 그들의 더듬이 끝 부분을 사용한다. 그들은 또한 냄새를 맡기 위해서 그들의 더듬이를 사용한다.

지문 풀이

How do animals taste their food? / Most animals / use their tongues. / But some insects / taste in
동물들은 그들의 음식을 어떻게 맛볼까? /   대부분의 동물들은 /   그들의 혀들을 사용한다 /   하지만 몇몇 곤충들은 /   다른 방법들로

different ways. / For example, / flies taste with their feet. / Flies have many special ❶ hairs / all over their
맛본다 /   예를 들어 /   파리들은 그들의 발들로 맛을 본다 /   파리들은 많은 특별한 털들을 가지고 있다 /   그들의 다리들 전면에 /

legs. / They taste with these hairs. / That is why flies ❷ like / to walk on your food. / Butterflies
   그들은 이 털로 맛을 본다 /   그것이 파리들이 좋아하는 이유이다 /   당신의 음식 위를 걷는 것을 /   나비들과

and spiders / taste with their feet, too. / But honey bees use the tips of their antennae /
거미들은 /   그들의 발들로 맛을 본다 /   또한 /   그러나 꿀벌들은 그들의 더듬이의 끝을 사용한다 /

❸ to taste. / They also use their antennae / ❹ to smell. /
맛보기 위해 /   그들은 또한 그들의 더듬이를 사용한다 /   냄새 맡기 위해 /

❶ hair는 머리카락 전체를 나타낼 때는 셀 수 없는 명사이지만, 하나 하나의 머리카락이나 털을 지칭할 때는 셀 수 있는 명사이다.

❷ like to ~: ~하는 것을 좋아하다
   ex. He likes to play soccer.   그는 축구하는 것을 좋아한다.

❸, ❹ to taste와 to smell은 '~하기 위해서'라는 의미인 to부정사의 부사적 용법(목적)으로 쓰였다.

문제 정답   **1** ⑤   **2** ③   **3** (1) ⓐ, ⓒ (2) ⓑ   **4** (1) turned (2) dark

---

문제 해설   **1** 시간이 지남에 따라 별의 온도와 색이 달라진다는 내용의 글이므로, '⑤ 별의 색깔이 그들의 나이를 알려준다'가
제목으로 가장 적절하다.
　　① 별을 관찰하는 법   ② 별의 다양한 크기
　　③ 블랙홀의 탄생   ④ 우주에 있는 형형색색의 별

 2 5행에서 '별은 가장 뜨거울 때 파란색이다.'라고 했으므로 ③은 내용과 맞지 않다.
　　① 1~2행 참조   ② 5~6행 참조   ④ 7~8행   ⑤ 9행 참조

 3 (1) 3~4행에서 '아기별은 차갑기 때문에 보통 빨갛다.'라고 했고, 5~6행에서 '별이 늙게 되면, 차가워지고 다시
빨갛게 된다.'고 했으므로, 주어진 별 그림은 ⓐa baby star (아기별)와 ⓒan old star (나이 든 별)가
연결되어야 맞다.
　　(2) 5행에서 '별은 온도가 가장 높을 때 파란색이다.'라고 했으므로 주어진 별 그림은 ⓑa grown-up star (어른
별)와 연결되어야 맞다.

 4 「grow/become/turn + 형용사」는 '~하게 되다[변하다]'의 뜻으로, 상태 변화를 나타낼 때 쓴다.
　　(1) 그녀는 그녀의 아들에게 매우 화가 났고, 그녀의 얼굴이 빨개졌다.
　　(2) 우리는 산 속에서 길을 잃었고, 어두워지고 있었다.

본문 해석   별은 우리와 비슷하다. 그것은 탄생, 성장 그리고 죽음에 이르는 사람과 똑같은 생애 주기를 갖고 있다.
우리는 나이가 들면 더 많은 주름들을 갖게 된다. 별들은 어떠한가? 그들의 색이 변한다! 아기별은 차갑기
때문에 보통 빨갛다. 그것이 더 뜨거워질수록, 그것은 노랗게 되고 그 후 하얗게 된다. 별이 가장 뜨거울 때
그것은 파랗다. 별이 늙게 되면, 그것은 열이 식어서 다시 빨갛게 된다. 별들은 수소라는 가스를 연료로 하여
움직인다. 그들은 더 이상 태울 가스가 없을 때 죽는다. 그들이 죽을 때 그들에게 무슨 일이 생기는가?
몇몇은 그저 사라지지만, 큰 별들은 무서운 블랙홀이 된다!

지문 풀이

A star is like us. / It has / ❶the same life cycle / as a human: / birth, growth and death. /
별은 우리와 비슷하다 /   그것은 갖고 있다 / 같은 생애 주기를 /   사람처럼 /   탄생, 성장 그리고 죽음 /

When we grow old, / we get / more wrinkles. / What about stars? / Their color changes! / A baby
우리가 나이가 들 때 /   우리는 갖는다 / 더 많은 주름들을 / 별들은 어떠한가? /   그들의 색이 변한다! /   아기별은

star is usually red / because it is cool. / ❷As it gets hotter, / it becomes yellow / and then white. /
보통 빨갛다 /   그것이 차갑기 때문에 /   그것이 더 뜨거워질수록 /   그것은 노랗게 된다 /   그런 다음 하얗게 /

When a star is hottest, / it is blue. / When a star becomes old, / it cools down / and turns red again. /
별이 가장 뜨거울 때 /   그것은 파랗다 / 별이 늙게 될 때 /   그것은 열이 식는다 / 그리고 다시 빨갛게 된다 /

Stars run on ❸the gas, hydrogen. / They die / when they have no more ❹gas / to burn. / What
별들은 수소라는 가스를 연료로 하여 움직인다 /   그들은 죽는다 / 그들이 더 이상 가스가 없을 때 /   태울 /   무슨 일이

happens / to them / when they die? / Some just disappear, / but the big ones become scary black
생기는가 /   그들에게 /   그들이 죽을 때? /   몇몇은 단지 사라진다 /   그러나 큰 것들은 무서운 블랙홀이 된다! /

holes! /

① the same ~ as ...: …와 똑같은 ~
　　ex. He has **the same** car **as** you.　그는 너와 똑같은 차를 가지고 있다.

② as + 주어 + 동사 ~: ~가 …함에 따라서, …할수록 (시간의 경과) / get + 비교급: 더 ~해지다
　　ex. **As** he **got older**, he became wiser. 그는 더 나이가 들어갈수록, 더 현명해졌다.

③ the gas, hydrogen은 '수소라는 가스'라는 뜻으로, 콤마(,)를 사용해 동격 관계임을 보여주고 있다.

④ to burn이 to부정사의 형용사적 용법으로 쓰여 gas를 꾸며주고 있다.

15　축구 기술, 저글링

문제 정답　**1** ③　**2** ③　**3** key　**4** (1) how to solve　(2) what to wear

---

문제 해설　**1** 저글링은 신체 부위를 사용해서 공중에서 공을 계속 가지고 있는 기술이라고 했으므로, 드리블하고 있는 ③은 저글링을 설명하는 그림이 아니다.

2 5행에서 '공기가 꽉 차 있지 않은 공을 선택하라.'고 했으므로 ③은 내용과 일치하지 않는다.
　① 1행 참조　　② 1~3행 참조　　④ 8~9행 참조　　⑤ 13~15행 참조

3 key: 중요한 / 열쇠
　• 이 책은 하나의 <u>중요한</u> 문제에 대해 묻는다.
　• 나는 내 자동차 <u>열쇠</u>를 찾을 수 없다.

4 (1) how + to부정사: 어떻게 ~해야 할지, ~하는 방법
　(2) what + to부정사: 무엇을 ~할지

본문 해석　저글링은 공중에서 공을 계속 가지고 있는 기술이다. 축구 선수들은 저글링이 공을 제어하는 능력을 향상시켜 주기 때문에 저글링을 많이 연습한다. 여기 어떻게 저글링하는지를 알 수 있는 몇 가지 조언이 있다.
공기가 많지 않은 공을 선택해라.
안에 너무 많은 공기가 들어 있지 않은 공을 선택해라. 만약 공이 공기로 가득 차 있지 않다면, 그것은 제어하기 더 쉽다.
당신의 손을 사용해라.
축구 규칙에는 우리가 손을 사용하지 못한다고 되어 있다. 하지만 손은 저글링 연습에서 중요한 부분이다. 두 손으로 공을 잡고 그것을 떨어뜨려라. 그러고 나서, 당신이 당신의 손으로 그것을 잡을 수 있도록 당신의 한쪽 발을 사용해서 그것을 위로 올려 차라.
당신의 상체를 사용해라.
일단 당신이 편안해지면, 당신은 당신의 허벅지도 사용할 수 있고, 그 후 당신의 머리, 가슴과 어깨와 같은 상체 부분을 사용할 수 있다.

지문 풀이

Juggling is ① the art / of keeping balls / in the air. / Soccer players practice juggling a lot / because
저글링은 기술이다 /　　　　공을 계속 가지고 있는 /　공중에서 /　　축구 선수들은 저글링을 많이 연습한다 /　　　　왜냐하면

it improves their ② ability / to control the ball. / Here are some ③ tips / to learn / how to juggle. /
그것은 그들의 능력을 향상시킨다 /　　공을 제어하는 /　여기 몇 가지 조언이 있다 /　배우는 /　어떻게 저글링하는지를 /

Choose a ball / without much air. /
공을 선택해라 /   공기가 많지 않은 /

Choose a ball / ❹ **that** doesn't have too much air / in it. / A ball is easier / to control / if it is not
공을 선택해라 /   너무 많은 공기를 가지고 있지 않은 /   그 안에 / 공은 더 쉽다 /   제어하기 /   만약 그것이 공기로

full of air. /
가득 차 있지 않으면 /

Use your hands.
당신의 손을 사용해라 /

The rules of soccer ❺ **say** / we cannot use our hands. / But hands are a key part / of juggling
축구 규칙에는 ~라고 되어 있다 /   우리가 우리의 손을 사용할 수 없다고 /   그러나 손은 중요한 부분이다 /   저글링 연습의 /

practice. / Hold a ball / with both hands / and drop it. / Then, / use your foot / to kick it up /
공을 잡아라 /   두 손으로 /   그리고 그것을 떨어뜨려라 / 그러고 나서 / 당신의 한쪽 발을 사용해라 / 그것을 위로 차도록 /

❻ **so that** you **can** catch it / with your hands. /
당신이 그것을 잡을 수 있도록 /   당신의 손으로 /

Use your upper body.
당신의 상체를 사용해라 /

Once you get comfortable, / you can also use your thighs, / and then your upper body parts /
일단 당신이 편안해지면 /   당신은 당신의 허벅지도 사용할 수 있다 /   그리고 그 후에 당신의 상체 부분을 /

like your head, chest and shoulders. /
당신의 머리, 가슴 그리고 어깨와 같은 /

❶ A of B는 'B라는 A'의 뜻으로, of는 동격을 나타낼 때 사용된다.
     ex. I like the idea **of** building a new school.   나는 새로운 학교를 세우겠다는 생각이 맘에 든다.

❷, ❸ to control과 to learn은 to부정사의 형용사적 용법으로 쓰여, 각각 앞에 있는 명사 ability와 tips를 수식한다.

❹ that은 주격 관계대명사로 쓰여서 that이하가 a ball을 수식한다.

❺ say는 '~라고 되어[쓰여] 있다'의 의미이며, say와 we 사이에는 명사절을 이끄는 접속사 that이 생략되었다.

❻ so that ~ can...은 '~이 …할 수 있도록'의 의미이다.
     ex. Please open the window **so that** I **can** see the outside.   내가 바깥을 볼 수 있도록 창문을 열어 주세요.

REVIEW TEST
p. 54

문제 정답   **1** ②   **2** ④   **3** ②   **4** ③   **5** ②   **6** sick   **7** where to go   **8** That's why I get so angry.

문제 해설   **1** 거미, 나비, 꿀벌은 모두 '곤충'의 한 종류이다.
       ① 거미   ② 곤충   ③ 나비   ④ 꿀벌

     2 출생 후 성장하여 죽음에 이르는 과정을 '생애 주기'라고 부른다.
       ① 출생   ② 성장   ③ 죽음   ④ 생애 주기

3 improve: 향상시키다

어떤 것을 더 낫게 만들다

① 제어하다　　③ 저글링하다　　④ 사라지다

4 tip: (뾰족한 것의) 끝

길고, 좁고, 뾰족한 어떤 것의 끝

① 털; 머리카락　　② 기술; 예술　　④ 혀

5 be full of: ～으로 가득 차다　　・그 도시 공원은 사람들로 가득 차 있었다.

　 run on: ～을 연료로 움직이다　　・이 기계는 가스를 연료로 움직인다.

　 in the air: 공중에서　　・모든 비행기들이 공중에 있다.

6 become + 형용사: ～한 상태가 되다

그 노인은 병이 들어 침대에 누워 있었다.

7 의문사 + to부정사: '～할지'

나는 어디로 가야할지 모르겠다.

8 That's why ~: 그것이 ～하는 이유이다 / get angry: 화가 나다

Unit 06

pp. 56~57

16 내용만 바꿨을 뿐인데

문제 정답 **1** ④ **2** ③ **3** 오늘은 아름다운 날입니다. 그러나 나는 그것을 볼 수 없습니다. **4** My aunt bought me some books.

문제 해설

1 한 신사가 팻말의 문구를 고쳐준 후에 행인들이 돈을 주었기 때문에, 바뀐 팻말의 내용이 행인들을 감동시켰음을 알 수 있다.

2 주어진 문장은 '그 이후에 놀라운 일이 일어났다!'는 뜻이므로, 많은 사람들이 소년에게 돈을 주었다는 내용 앞인 ⓒ에 들어가는 것이 가장 적절하다.

3 밑줄 친 a new one은 새로운 메시지를 나타내는데, 이 글의 마지막 문장인 "Today is a beautiful day. But I cannot see it."을 가리킨다.

4 수여동사 뒤에는 사람을 나타내는 간접 목적어가 오고 그 뒤에 사물이나 호의를 나타내는 직접 목적어가 온다.

본문 해석 한 소년이 길가에서 팻말을 가지고 앉아 있었다. 팻말에는 "저 좀 도와주세요! 저는 눈이 보이지 않아요."라고 적혀 있었다. 하지만 아무도 그를 도와주지 않았다. 나중에, 한 신사가 왔다. 그는 동전 몇 개를 그 소년의 모자에 떨어뜨렸다. 그러고 나서 그는 그 소년의 메시지를 지우고 새로운 말을 적었다. 그 이후에 놀라운 일이 일어났다! 많은 사람들이 그에게 돈을 주었다. 당신은 그 놀라운 메시지가 무엇이었는지 궁금한가? 그것에는 "오늘은 아름다운 날입니다. 하지만 저는 그것을 볼 수 없습니다."라고 적혀 있었다.

지문 풀이

A boy sat / by the side of the road / with a sign. / ❶It said, / "Please help me! / I'm blind." /
한 소년이 앉아 있었다 / 길가에 / 팻말을 가지고 / 그것에는 적혀 있었다 / 저를 도와주세요! / 저는 눈이 보이지 않아요 /

But ❷no one helped him. / Later, / a gentleman came. / He dropped some coins / in the boy's
하지만 아무도 그를 도와주지 않았다 / 나중에 / 한 신사가 왔다 / 그는 동전 몇 개를 떨어뜨렸다 / 그 소년의 모자에 /

hat. / Then he deleted / the boy's message / and wrote a new ❸one. / After that, / a surprising
그러고 나서 그는 지웠다 / 그 소년의 메시지를 / 그리고 새로운 말을 적었다 / 그 이후에 / 놀라운 일이 일어났다! /

thing happened! / Many people gave him money. / ❹Do you wonder / what the amazing message
많은 사람들이 그에게 돈을 주었다 / 당신은 궁금한가 / 그 놀라운 메시지가 무엇이었는지? /

was? / It said, / "Today is a beautiful day. / But I cannot see it." /
그것에는 적혀 있었다 / 오늘은 아름다운 날입니다 / 하지만 저는 그것을 볼 수 없습니다 /

❶ It said ~: 그것에는 ~라고 적혀 있었다
   ex. The label **says** to take two after meals. 라벨에는 식후에 두 개씩 먹으라고 쓰여 있다.

❷ no one은 '아무도 ~않다'의 뜻으로, 문장 전체를 부정한다.
   ex. **No one** answered the question. 아무도 그 질문에 대답하지 않았다.

❸ one은 앞에 나온 명사 message를 가리킨다.

❹ Do you wonder <u>what</u> <u>the amazing message</u> <u>was</u>?에는 「의문사 + 주어 + 동사」의 어순인 간접의문문이 쓰였다.
   의문사   주어   동사

17 지구의 마지막 날

문제 정답 **1** 인간[사람] **2** (1) F (2) T (3) F **3** ⑤ **4** died **5** learn, do

문제 해설

1 6～8행에서 공장을 짓고 자동차를 만들었고, 그것들의 쓰레기와 연기가 지구를 망쳤다는 내용으로 미루어 보아 'selfish monster'가 '인간'이라고 유추할 수 있다.

2 (1) 1～2행에서 지구는 20만 년 전에는 평화로웠고 모든 생물들이 행복하게 살았다고 했다.
  (2) 3～8행 참조
  (3) 11～12행에서 모든 식물과 동물들이 죽고, 12행에서 괴물 역시 죽었다고 했다.

3 ⓔ는 '이 상황은 점점 더 나아졌다.'라는 의미이므로, 인간 때문에 지구의 상황이 점점 나빠졌다는 글의 전체 흐름과 맞지 않는다.

4 did는 대동사로 앞 문장에 나온 died를 가리킨다.

5 첫 번째 빈칸에는 '배운다'에 대응하는 동사 learn을 쓰고, 두 번째 빈칸에는 앞에 쓰인 동사 learn을 받는 대동사 do가 들어가야 한다.

본문 해석 20만 년 전에 지구는 평화로웠다. 모든 식물들과 동물들은 지구에서 행복하게 살고 있었다. 그러나 그들의 행복은 오래가지 않았다. 어느 날, '이기적인 괴물'이 나타났다. 그는 다른 생물들에 대해 신경 쓰지 않았다. 지구 상의 모든 생물들은 그 때문에 불행해졌다. 그는 식물들과 동물들을 해쳤다. 그는 공장을 짓고 자동차를 만들기 시작했다. 그들의 쓰레기와 연기가 서서히 아름다운 지구를 파괴했다. 2100년 즈음, 지구는 더러운 쓰레기와 해로운 가스로 가득 찼다. 많은 식물들과 동물들이 죽고 사라지기 시작했다. 결국, 마지막 날이 왔다. 모든 식물과 동물들이 죽었다. 그 이기적인 괴물 역시 그랬다.

지문 풀이

The Earth was peaceful / 200,000 years ago. / All the plants and animals ❶ **were living** happily /
지구는 평화로웠다 / 20만 년 전에 / 모든 식물들과 동물은 행복하게 살고 있었다 /

on the Earth. / But their happiness didn't last long. / One day, / a "selfish monster" appeared. /
지구에서 / 하지만 그들의 행복은 오래가지 않았다 / 어느 날 / '이기적인 괴물'이 나타났다 /

He didn't care about other living things. / ❷ **Every living thing** / on the Earth / ❸ **became unhappy** /
그는 다른 생물들을 신경 쓰지 않았다 / 모든 살아있는 것은 / 지구에서 / 불행해졌다 /

because of him. / He hurt plants and animals. / He began / to build factories and make cars. / Their
그 때문에 / 그는 식물들과 동물들을 해쳤다 / 그는 시작했다 / 공장을 짓고 차를 만드는 것을 / 그들의

waste and smoke slowly destroyed the beautiful Earth. / By the year 2100, / the Earth was full of
쓰레기와 연기는 서서히 아름다운 지구를 파괴했다 / 2100년 즈음 / 지구는 더러운 쓰레기로 가득 찼다 /

dirty garbage / and harmful gases. / Many plants and animals started / to die and disappear. /
그리고 해로운 가스로 / 많은 식물과 동물들은 시작했다 / 죽고 사라지기

Finally, / the last day came. / All the plants and animals died. / The selfish monster did, too. /
결국 / 마지막 날이 왔다 / 모든 식물들과 동물들은 죽었다 / 그 이기적인 괴물도 그랬다 /

❶ were living은 「was/were + -ing」 형태로 쓰이는 과거진행형(~하고 있었다)이다.

❷ every는 단수 명사를 취하므로, 뒤에 living thing이 온다. *ex.* every book (○) every books (×)

❸ 「become + 형용사」는 '~하게 되다'의 뜻이다.

문제 정답   **1** ③   **2** ①   **3** ③

문제 해설   **1** ⓐ, ⓑ, ⓓ, ⓔ는 Egyptians를 가리키고, ⓒ는 Persians를 가리킨다.
밑줄 친 말 중 어떤 것이 다른 사람들을 가리키는가?

2 페르시아인들이 고양이를 전쟁터에 데리고 갔고, 방패에 고양이를 그렸다고 했으니 그들의 비밀 계획을 뜻하는
그림은 ①이다.
어떤 그림이 밑줄 친 비밀 계획을 가장 잘 묘사하는가?

3 ① 1행에서 고양이는 이집트인들에게 신과 같았다고 했으므로, 내용과 일치하지 않는다.
    고양이는 페르시아 사람들에게 신과 같았다.
② 4~5행에서 이집트가 페르시아보다 더 강한 군대를 가지고 있었다고 했으므로, 내용과 일치하지 않는다.
    페르시아는 이집트보다 강한 군대를 가지고 있었다.
③ 6~8행에서 이집트인들의 고양이 숭배를 알고 있던 페르시아인들이 고양이를 전쟁터에 데리고 갔고 방패에
    고양이 그림을 그렸다고 했으므로, 내용과 일치한다.
    페르시아인들은 전쟁에서 이기기 위해 고양이를 이용했다.
④ 6행에서 페르시아인들에게 비밀 계획이 있다고 했고, 이집트인들은 계획을 몰랐다는 것을 알 수 있다.
    이집트인들은 전쟁 전에 페르시아인들의 계획을 알고 있었다.
⑤ 8행에서 페르시아인들이 방패에 고양이를 그려서 전쟁터에 나갔다고 했으므로, 내용과 일치하지 않는다.
    이집트인들은 그들의 방패에 고양이를 그리는 것을 즐겼다.

본문 해석   오래 전에, 이집트인들은 고양이가 신이라고 믿었다. 그래서 그들은 고양이를 죽이는 것이 허용되지
않았다. 그러나, 이집트인들은 이 믿음으로 인해 그들에게 무슨 일이 생길지에 대해 전혀 생각하지 못했다.
한때 이집트와 페르시아 사이에 전쟁이 있었다. 이집트가 페르시아보다 훨씬 더 강했기 때문에,
이집트인들은 걱정하지 않았다. 그러나 페르시아인들에게는 비밀 계획이 있었다. 페르시아인들은
이집트에서 고양이가 신이라는 것을 알고 있었고 그래서 그들은 전쟁터에 고양이를 그들과 함께 데리고
갔다. 또한, 그들은 그들의 방패에 고양이를 그렸다. 이집트인들은 충격을 받았다. 그들은 페르시아인들을
공격할 수 없었고, 그래서 그들은 전쟁에서 패했다.

지문 풀이

A long time ago, / Egyptians believed / ❶ **that cats were gods.** / So they were not allowed to / kill cats. /
오래 전에 /   이집트인들은 믿었다 /   고양이가 신이라고 /   그래서 그들은 허용되지 않았다 /   고양이를 죽이는 것이 /

However, / Egyptians never thought about / ❷ **what would happen to them** / because of this
그러나 /   이집트인들은 ~에 대해 전혀 생각하지 않았다 /   그들에게 무슨 일이 일어날지 /   이 믿음 때문에 /

belief. / Once there was a war / between Egypt and Persia. / Since Egypt was ❸ **much** stronger than
믿음. /   한때 전쟁이 있었다 /   이집트와 페르시아 사이에 /   이집트가 페르시아보다 훨씬 더 강했기 때문에 /

Persia, / Egyptians were not worried. / But the Persians had a secret plan. / The Persians knew / cats
페르시아, /   이집트인들은 걱정하지 않았다 /   그러나 페르시아인들에게는 비밀 계획이 있었다 /   페르시아인들은 알았다 /

were gods in Egypt, / so they brought cats with them / to the war. / Also, / they painted the cats /
고양이가 이집트에서 신이라는 것을 /   그래서 그들은 그들과 함께 고양이를 데리고 갔다 /   전쟁터에 /   또한 /   그들은 고양이를 그렸다 /

on their shields. / The Egyptians were shocked. / They couldn't attack the Persians, / so they lost the
그들의 방패 위에 /　　이집트인들은 충격을 받았다 /　　그들은 페르시아인들을 공격할 수 없었다 /　　그래서 그들은 전쟁에서

war. /
졌다 /

❶ that은 목적절을 이끄는 접속사로, that 이하가 believed의 목적절이다.

❷ what would happen to them은 thought about의 목적어로 쓰인 간접의문문(의문사 + 주어 + 동사)으로,
여기서는 의문사 what이 주어로 쓰였다.

❸ much는 '훨씬'이라는 뜻으로, 비교급 stronger를 강조하는 부사로 쓰였다.

REVIEW TEST

p. 62

문제 정답　**1** delete　**2** wonder　**3** lose　**4** ②　**5** ①　**6** Jeremy a nice watch　**7** do　**8** My
uncle gave me his cap.　**9** Helen plays tennis better than Jenny does.

문제 해설　**1** delete: 지우다, 삭제하다
네가 그 문구를 지우려면 이 버튼을 눌러야 한다.

2 wonder: 궁금하다
Amy는 그 회의에 오지 않았다. 나는 그녀가 어디에 있었는지 궁금하다.

3 lose: (게임에) 지다
너는 실수로부터 배울 수 있기 때문에 게임에 지는 것은 괜찮다.

4 destroy(파괴하다)는 'damage something so badly that it no longer exists(어떤 것에 심하게 해를
입혀서 그것이 더 이상 존재하지 않다)'의 의미이다.
① 눈이 먼: 볼 수 없는
③ 비밀의: 다른 사람들에게 말해지지 않은
④ 쓰레기: 당신이 더 이상 필요하지 않아 버리는 것들

5 care about: ~에 대해 신경 쓰다, 염려하다

6 수여동사(buy) + 사람 + 물건: ~에게 …을 사 주다
나는 Jeremy에게 멋진 시계를 사 주었다.

7 '내가 가길 원한다'는 의미를 나타내기 위해 대동사를 쓴다. 앞에 나온 동사 wants가 일반동사이고 주어가 I
이므로 대동사는 do가 적절하다.
그는 나보다 더욱 더 그곳에 가길 원한다.

8 수여동사(give) + 사람 + 물건: ~에게 …을 주다

9 Helen plays tennis를 쓰고 비교급 better than을 쓴 후, 앞에 나온 일반동사 plays와 주어인 Jenny에 맞춰
대동사 does로 문장을 완성한다.

19 피자의 탄생

문제 정답 **1** ③ **2** ② **3** (1) F (2) T (3) T **4** named the baby Roy

문제 해설 **1** 이탈리아의 가난한 지역인 나폴리에서 피자가 처음 생겨났다는 내용의 글이므로, '③ 피자는 어떻게 생겨났나?'가 제목으로 가장 적절하다.
　① 피자 속에는 무엇이 들어있나?　　　　　　　② 누가 피자를 좋아하나?
　④ 사람들은 왜 피자를 좋아하나?　　　　　　　⑤ 사람들은 피자를 어떻게 요리하나?

2 1~3행에서 이탈리아의 남부 지역 사람들은 가난해서 비싼 음식을 먹지 못했고 일하느라 바빴다고 했으므로, '② 저렴하고 간단한' 음식을 원했음을 알 수 있다.
　① 비싸지만 맛있는　　③ 맛있고 건강에 좋은　　④ 저렴하고 건강에 좋은　　⑤ 비싸지만 간단한

3 (1) 6~7행에서 피자는 만들기 쉬웠다고 했다.　　(2) 8~9행 참조　　(3) 10~11행 참조

4 name A B: A를 B라고 이름 짓다

본문 해석 옛날에 이탈리아 남부 지역의 사람들은 가난했다. 그래서 그들은 비싼 음식을 먹을 수 없었다. 그리고 그들은 그들의 일로 바쁘기도 했다. 그래서 그들은 저렴하고 간단한 음식을 원했다. 그때 나폴리에 있는 몇몇 사람들은 아이디어를 하나 생각해 냈다. 그들은 토마토, 올리브, 치즈와 다른 것들을 밀가루 반죽 위에 올렸다. 그리고 나서 그들은 그것을 구웠다. 이 음식은 저렴하고 만들기 쉬웠다. 그것은 또한 매우 맛있었고 영양가가 높았다. 그들은 이 새로운 요리를 무엇이라고 이름 지었는가? 피자이다! '피자'라는 단어는 이탈리아어로 파이를 뜻한다.
홋날 많은 이탈리아 사람들이 미국으로 건너갔다. 피자는 그들과 함께 미국으로 갔다. 오늘날 이 '가난한 사람들의 음식'은 전 세계에서 인기가 있다.

지문 풀이

Long ago, / people in southern Italy / were poor. / So they couldn't eat expensive food. / And they
옛날에 / 남부 이탈리아 사람들은 / 가난했다 / 그래서 그들은 비싼 음식을 먹을 수 없었다 / 그리고

were busy / with their work, / too. / So they wanted cheap and simple food. / Then some people /
그들은 바빴다 / 그들의 일에 / 또한 / 그래서 그들은 저렴하고 간단한 음식을 원했다 / 그 때 몇몇 사람들이 /

in Naples / came up with an idea. / They ❶ **put** / tomatoes, olives, cheese and other things / **on** top
나폴리에 있는 / 아이디어를 하나 생각해 냈다 / 그들은 올렸다 / 토마토, 올리브, 치즈 그리고 다른 것들을 /

of the dough. / Then they baked it. / This food was cheap / and ❷ **easy to make.** / It was also very
밀가루 반죽 위에 / 그러고 나서 그들은 그것을 구웠다 / 이 음식은 저렴했다 / 그리고 만들기 쉬웠다 / 그것은 또한 매우

tasty and nutritious. / What did they name this new dish? / Pizza! / The word "pizza" means pie /
맛있었고 영양가가 높았다 / 그들은 이 새로운 요리를 무엇이라고 이름 지었는가? / 피자이다! / '피자'라는 단어는 파이를 의미한다 /

in Italian. /
이탈리아어로 /

Later, / many Italians moved / to ❸ **America.** / Pizza went to **the United States** / with them. / Today,
나중에 / 많은 이탈리아 사람들은 이동했다 / 미국으로 / 피자는 미국으로 갔다 / 그들과 함께 / 오늘날

this "poor people's food" / is popular / all over the world. /
이 '가난한 사람들의 음식'은 / 인기가 있다 / 전 세계에서 /

❶ put A on B: A를 B 위에 놓다 *ex.* He **put** many books **on** the table. 그는 탁자 위에 많은 책을 놓았다.

❷ easy to make는 '만들기 쉬운'이라는 의미로, to부정사가 형용사 easy를 수식하는 부사적 용법으로 쓰였다.

❸ America와 the United States는 둘 다 '미국'을 나타내는 말이다.

---

20 그 아이 앞에만 서면 떨려!   pp. 68~69

문제 정답 **1** ⑤   **2** ①   **3** ④   **4** (1) feel (2) feel like

문제 해설 **1** 6행 The person may be your classmate, or even a teacher.로 보아 ⑤는 내용과 일치하지 않는다.
① 3행 참조   ② 4행 참조   ③ 5행 참조   ④ 7~8행 참조

2 8~9행에서 crush는 '감기와 비슷해서 오래 지속되지 않는다'고 했으므로, 빈칸에는 ①이 가장 적절하다.
그것은 금방 지나가므로 너는 crush에 대해 걱정할 필요가 없다.
② 오랜 시간 머물다   ③ 진짜 사랑이다   ④ 너의 심장이 강해지게 만든다   ⑤ 강한 감정이 아니다

3 ⓓ는 '너는 그들과 시간을 보내서는 안 된다.'라는 뜻으로, crush를 설명하고 있는 글의 전체 흐름과 맞지 않는다.

4 (1) feel+형용사: ~한 느낌이 들다   가끔 나는 축구를 하고 나면 피곤한 느낌이 든다.
(2) feel like+명사: ~처럼 느껴지다 나는 새로운 일을 시작했다. 나는 지금 새로운 사람인 것처럼 느껴진다.

본문 해석 한 소년이 당신에게 미소 짓는다. 지금 당신의 얼굴은 화끈거리는 느낌이 든다. 당신의 심장은 더 빠르게 뛴다. 무슨 일이 일어나고 있는가? 당신은 그에게 반한 것이다!
crush는 누군가에 대한 특별한 감정이다. 그것은 진짜 사랑처럼 느껴질 수 있다. 모든 사람들은 어린 시절에 적어도 한 번 첫눈에 반한다. 그것은 성장의 일부이다. 당신은 누구에게 반하는가? 그 사람은 아마 당신의 학급 친구이거나 심지어 선생님일 수도 있다. 당신은 이러한 강렬한 새로운 감정에 당황할 수도 있다. 그러나 걱정하지 마라. crush는 단지 감기와 같다. 그것은 긴 시간 동안 지속되지 않는다.

지문 풀이

A boy smiles at you. / Now your face feels hot. / Your heart beats faster. / What's going on? /
한 소년이 당신에게 미소 짓는다 / 지금 당신의 얼굴은 화끈거리는 느낌이 든다 / 당신의 심장은 더 빠르게 뛴다 / 무슨 일이 일어나고 있는가? /

You have a crush on him! /
당신은 그에게 반한 것이다! /

A crush is a special feeling / for someone. / It can feel like true love. / ❶ **Everybody has** a crush /
crush는 특별한 감정이다 / 누군가에 대한 / 그것은 진짜 사랑처럼 느껴질 수 있다 / 모든 사람들이 crush에 빠진다 /

at least once / in their childhood. / It's a part of growing up. / ❷ **Who do you have a crush on?** /
적어도 한 번 / 그들의 어린 시절에 / 그것은 성장의 일부이다 / 당신은 누구에게 반하는가? /

The person may be your classmate, / or even a teacher. / You may be embarrassed / ❸ **by** this
그 사람은 아마도 당신의 학급 친구일 것이다 / 또는 심지어 선생님일 수도 있다 / 당신은 당황할 수도 있다 / 이러한

strong new feeling. / But don't worry. / A crush is just like a cold. / It does not last / a long time. /
강렬한 새로운 감정에 / 그러나 걱정하지 마라 / crush는 단지 감기와 같다 / 그것은 지속되지 않는다 / 오랜 시간 동안 /

❶ every가 포함된 단어는 단수 취급하므로 단수 동사 has가 쓰였다.

❷ 의문사 Who는 전치사 on의 목적어로 Whom으로도 쓸 수 있다.

❸ by: ~에 의해
   ex. I was shocked **by** the news. 나는 그 소식에 의해 충격을 받았다.

---

21 **우리 몸의 세포 재생 주기**   pp. 70~71

문제 정답   **1** ④   **2** ①   **3** ④   **4** (1) what her name is (2) where they are

- -

문제 해설   **1** 주어진 단락에 이어지는 내용으로 세포의 위치와 하는 일에 따라 세포의 수명이 다른 구체적인 내용이 나와야 하므로 첫 번째로 위 세포를 예로 든 (C)가 먼저 나오고, 그 뒤에 피부 세포도 마찬가지라고 시작하는 (A)가 이어지며, 마지막에 However(그러나)로 시작되는 상반된 내용의 (B)가 나오는 흐름이 자연스럽다.

2 인체 세포는 오래되면 죽고 새로운 세포로 교체되는데, 세포의 위치와 하는 일에 따라 교체되는 시기가 다르다는 내용의 글이므로, 주어진 문장은 '각각의 인체 세포는 다른 시기에 죽는다.'는 내용이 되어야 한다.
우리 몸의 모든 세포는 <u>다른 시기에 죽는다</u>.
② 동시에 죽는다   ③ 살아남기 위해 열심히 일한다   ④ 오랫동안 지속된다   ⑤ 매주 교체된다

3 ④ 8~10행에서 뼈 세포는 열심히 일할 필요가 없기 때문에 다른 세포들보다 수명이 길다고 했다.
① 2행 참조   ② 3~4행 참조   ③ 5~7행 참조   ⑤ 11~13행 참조

4 간접의문문은 「의문사 + 주어 + 동사」의 어순이다.
(1) 내게 그녀의 이름이 무엇인지 말해줄 수 있니?
(2) 나는 그들이 어디에 있는지 모른다.

본문 해석   우리 몸에 있는 세포들은 오래 지속되지 않는다. 당신 삶의 어느 시점에서든, 오래된 세포들은 죽고 새로운 세포들이 그들의 자리를 채운다. 하지만 이것은 얼마나 빨리 일어나는가? 그것은 그들이 당신의 몸 어디에 있는지와 무슨 일을 하는지에 달려있다.
(C) 당신의 위 세포들을 예로 들어보자. 그들은 모든 종류의 음식을 소화시키기 위해 하루 종일 열심히 일해야 한다. 그래서 그들은 겨우 이삼일 정도 생존한다.
(A) 당신의 피부 세포들도 마찬가지이다. 그들은 당신의 몸을 외부 세상으로부터 보호해야 한다. 그것이 그들이 몇 주마다 완전히 교체되는 이유이다.
(B) 그러나 당신의 뼈 속에 있는 몇몇의 세포들은 너무 열심히 일할 필요가 없어서, 그들은 조금 더 오래 산다. 그들은 보통 3개월 동안 지속된다.

지문 풀이

Cells in our body / don't last long. / At any point of your life, / old cells die / and new cells fill
우리 몸에 있는 세포들은 /   오래 지속되지 않는다 /   당신 삶의 어느 시점에서든 /   오래된 세포들은 죽는다 / 그리고 새로운 세포들은

their places. / But how quickly does this happen? / It depends on / where they are / in your body /
그들의 자리를 채운다 / 그러나 얼마나 빨리 이 일이 일어나는가? /   그것은 ~에 달려있다 /   그들이 어디 있는지 /   당신의 몸 안에 /

and what they do. /
그리고 그들이 무엇을 하는지 /

(C) Take the cells / in your stomach / for example. / They ❶ **have to** work hard / all day /
세포들을 들어보자 / 당신의 위 속에 있는 / 예로 / 그들은 열심히 일해야 한다 / 하루 종일 /

to digest all kinds of food. / So they only survive / a couple of days. /
모든 종류의 음식을 소화시키기 위해서 / 그래서 그들은 겨우 생존한다 / 이삼일 정도 /

(A) ❷ **The same is true** / about your skin cells. / They have to protect your body / from the outside
마찬가지다 / 당신의 피부 세포들에 대해서도 / 그들은 당신의 몸을 보호해야 한다 / 바깥 세상으로부터 /

world. / That's why / they're fully replaced / every few weeks. /
그것이 ~한 이유이다 / 그들이 완전히 교체된다 / 몇 주 마다 /

(B) However, / some cells in your bones / ❸ **don't have to** work too hard, / so they live a little
그러나 / 당신의 뼈 속에 있는 몇몇의 세포들은 / 너무 열심히 일할 필요가 없다 / 그래서 그들은 조금 더 오래 산다 /

longer. / They usually last / for three months. /
그들은 보통 지속된다 / 3개월 동안 /

❶, ❸ have to ~는 '~해야 한다'는 뜻이고, don't have to ~는 '~할 필요가 없다'라는 뜻이다.

❷ The same is true는 '마찬가지다, 같다'라는 뜻이다.

REVIEW TEST

p. 72

문제 정답 1 ③   2 ①   3 ②   4 have a crush on   5 depend on   6 come up with   7 felt
8 call him   9 how I can get to school

문제 해설 1 ①, ②, ④는 반의어 관계이고, ③은 음식과 관련된 형용사이다.
① 비싼 – 저렴한   ② 가난한 – 부자인   ③ 맛있는 – 영양가 있는   ④ 생존하다 – 죽다

2 digest: 소화시키다
당신의 위에 있는 음식을 분해하다
② (심장이) 뛰다   ③ 생산하다   ④ 발견하다

3 replace: 교체하다, 바꾸다
이전에 거기에 있었던 어떤 것의 자리를 차지하다
① 제어하다   ③ 보호하다   ④ 이동하다

4 have a crush on: ~에게 반하다
내 생각에 나는 Lucy에게 반한 것 같다. 나는 항상 그녀를 생각한다.

5 depend on: ~에 달려있다
우리의 미래는 우리가 지금 얼마나 열심히 일하느냐에 달려있을지도 모른다.

6 come up with: ~을 생각해 내다
나는 이 문제를 해결하기 위해 몇몇의 아이디어들을 생각해 내기 위해 노력할 것이다.

7 feel + 형용사: ~한 느낌이 들다
그 영화가 지루했기 때문에 나는 졸음이 왔다.

8 call A B: A를 B라고 부르다
우리는 그가 매우 똑똑하기 때문에 그를 '천재 Dave'라고 부르기로 결정했다.

9 간접의문문은 「의문사 + 주어 + 동사」의 어순으로 쓴다.

22 새로운 바비 인형을 만나봐!

pp. 74~75

문제 정답   **1** skinny, body types   **2** (1) T (2) T   **3** ③   **4** (1) ⓐ (2) ⓑ

문제 해설   **1** 2~3행에서 과거에 바비 인형은 모두 깡말랐으나 지금은 체형(body types)이 다양해졌다고 했으므로, 빈칸에
알맞은 말은 각각 skinny와 body types이다.
   과거 바비 인형들은 모두 깡말랐었다.
   현재 바비 인형들은 많은 다른 체형을 갖고 있다.

   2 (1) 3행 참조
   (2) 7~8행 참조

   3 6~7행 참조

   4 (1) 그 영화는 언제 시작하나요?
   (2) 그녀가 그녀의 첫 번째 소설을 썼을 때, 그녀는 80살이었다.

본문 해석   Barbie(바비)는 1959년에 처음 등장했다. 오늘날, 인형들은 새로운 시대로 진입하고 있다. 과거에, 그들은
모두 깡말랐다. 지금은 체형에 더 많은 다양성이 있다. 당신은 통통한 인형이나 키가 작은 인형을 살 수
있다. 당신은 심지어 장애가 있는 인형을 살 수도 있다: 휠체어에 앉아 있는 인형이나 한쪽 다리가 없는
인형 말이다. Mattel(마텔)은 Barbie를 만드는 회사이다. 그것은 좀 더 다양한 집단의 아이들의 마음을
얻기 위해 여러 가지 종류의 인형을 만들기로 결정했다. 아이들은 그들과 닮은 인형들을 볼 때 좀 더
편안하다고 느낄 수 있다.

지문 풀이

Barbie first appeared / in 1959. / Now, / the dolls ❶ **are entering** a new age. / In the past, / they were
Barbie는 처음으로 등장했다 /   1959년에 /   오늘날 /   인형들은 새로운 시대로 진입하고 있다 /   과거에 /   그들은 모두

all skinny. / Now ❷ **there is** more variety / in body types. / You can buy curvy dolls. / or short dolls. /
깡말랐었다 /   지금 더 많은 다양성이 있다 /   체형에 있어서 /   당신은 통통한 인형들을 살 수 있다 /   혹은 키가 작은 인형들을 /

You can even buy a disabled doll: / a doll in a wheelchair / or ❸ **with one leg missing.** / Mattel is
당신은 심지어 장애가 있는 인형을 살 수도 있다 /   휠체어에 앉아 있는 인형 /   혹은 한쪽 다리가 없어진 /   마텔은

the company / ❹ **that** makes Barbie. / It decided to make different kinds of dolls / ❺ **to win** the
회사이다 /   Barbie를 만드는 /   그것은 여러 가지 종류의 인형들을 만들기로 결정했다 /   ~의 마음을

hearts of / a more diverse group of children. / When children see dolls / ❻ **that look like** them, /
사로잡기 위해   좀 더 다양한 집단의 아이들 /   아이들이 인형들을 볼 때 /   그들처럼 보이는 /

they can feel more comfortable. /
그들은 더 편안하다고 느낄 수 있다 /

❶ are entering은 '~하고 있는 중이다, 하고 있다'라는 의미의 현재진행 시제이다.
❷ there is[are] ~ 는 '~가 있다'라는 뜻으로, 뒤에 주어 역할을 하는 명사가 온다.

❸ 「with + 목적어 + 형용사[분사]」는 '～인 채로, ～한 상태로'라는 뜻으로, a doll을 수식하는 형용사구로 쓰였다.

❹ that은 주격 관계대명사로 that 이하가 앞에 있는 명사 the company를 수식한다.

❺ to win은 '～하기 위하여'의 뜻으로, 목적을 나타내는 to부정사의 부사적 용법으로 쓰였다.

❻ that은 주격 관계대명사로 that 이하가 앞에 있는 명사 dolls를 수식하며, look like는 '～처럼 보이다'의 뜻으로 '～와 닮다'라는 의미로 쓰였다.

---

23 식당에서 진주를 발견했다고?

문제 정답 **1** ④   **2** 식당에서 굴을 먹다가 (4,000달러 가치의) 진주를 발견했기 때문에   **3** (B) – (C) – (D) – (A)
4 (1) while (2) during

문제 해설 **1** ① 1행에서 그는 뉴욕 시에 산다고 했다.
　　Rick Antosh는 어디에 사는가?
② 2～4행에서 그는 입 속에서 딱딱한 무엇인가를 느꼈다고 했고, 그것은 진주였다.
　　Rick의 입 속에 무엇이 있었는가?
③ 6～9행에 진주의 생성 과정이 설명되어 있다.
　　진주는 어떻게 만들어지는가?
④ 그 진주에 검정색 점이 있는 이유는 언급되어 있지 않다.
　　그 진주에는 왜 검정색 점이 있는가?
⑤ 11～12행에서 그 진주는 4천 달러의 가치가 있다고 했다.
　　Rick의 진주는 얼마의 가치를 지녔었는가?

2 he got really lucky는 '그는 정말 운이 좋았다'의 의미이며, 그 이유는 글 전반에 자세히 설명되어 있다.

3 (B) 모래가 굴의 몸 안으로 들어간다. (6행 참조)
(C) 굴은 모래로 인해 통증을 느낀다. (6~7행 참조)
(D) 굴은 빛나는 물질들로 모래를 계속 덮는다. (7~8행 참조)
(A) 빛나는 물질들은 아름다운 진주가 된다. (8~9행 참조)

4 (1) while + 주어 + 동사: ～하는 동안에　　내가 자고 있는 동안에 John이 내 애완견과 놀았다.
(2) during + 명사(구): ～동안에　　나는 여름 방학 동안에 프랑스로 여행을 갈 것이다.

본문 해석 Rick Antosh(릭 안토쉬)는 뉴욕 시에 산다. 어느 날, 그는 정말 운이 좋았다. 그가 식당에서 굴을 먹고 있는 동안, 그는 그의 입 속에서 딱딱한 무엇인가를 느꼈다. 처음에, 그는 그것이 그의 이빨이라고 생각했다. 놀랍게도, 그것은 진주였다!
진주는 굴의 껍질 안쪽에서 자라는 하얀색의 아름다운 보석이다. 모래가 굴의 몸 속으로 들어가면, 그것은 아프다. 굴은 통증을 덜 느끼기 위해 놀라운 일을 한다. 그것은 어떤 빛나는 물질들로 모래를 씌운다. 그것은 여러 해가 걸린다. 결국 이 물질들은 아름다운 진주로 변한다.
Rick은 그 진주를 발견해서 매우 운이 좋았다. 그것은 까만 점이 있는 하얀 아름다운 진주였다. 그것은 대략 4천 달러의 가치가 있었다!

Rick Antosh lives / in New York City. / One day, / he got really lucky. / While he was eating oysters /
Rick Antosh는 산다 / 뉴욕 시에 / 어느 날 / 그는 정말 운이 좋았다 / 그가 굴을 먹고 있는 동안에 /

at a restaurant, / he felt ❶ something hard / in his mouth. / At first, / he thought / ❷ that it was his
식당에서 / 그는 딱딱한 무엇인가를 느꼈다 / 그의 입 속에서 / 처음에 / 그는 생각했다 / 그것이 그의 이빨이라고 /

tooth. / ❸ To his surprise, / it was a pearl! /
     / 그가 놀랍게도 / 그것은 진주였다! /

A pearl is a white, lovely jewel / ❹ that grows inside the shell of oysters. / If sand gets into an
진주는 하얀색의 아름다운 보석이다 / 굴의 껍질 안쪽에서 자라는 / 모래가 굴의 몸 속으로 들어가면 /

oyster's body, / it hurts. / The oyster does ❺ something amazing / ❻ to feel less pain. / It covers the
굴의 몸 속으로 / 그것은 아프다 / 굴은 놀라운 무언가를 한다 / 통증을 덜 느끼기 위해 / 그것은 모래를 덮는다 /

sand / with some shiny substances. / It takes many years. / Finally / these substances turn into a
모래를 / 어떤 빛나는 물질들로 / 그것은 여러 해가 걸린다 / 결국 / 이 물질들은 아름다운 진주로 변한다 /

beautiful pearl. /

Rick was very ❼ fortunate / to find the pearl. / It was a white, beautiful pearl / with a black dot. /
Rick은 매우 운이 좋았다 / 그 진주를 발견해서 / 그것은 하얗고 아름다운 진주였다 / 검정색 점이 있는 /

It was worth / about four thousand dollars! /
그것은 ~의 가치가 있었다 / 대략 4천 달러 어치! /

❶, ❺ -thing으로 끝나는 something, anything, everything 등의 대명사는 형용사가 뒤에서 수식하며 '~한 것'으로 해석한다.
   ex. I want to eat **something hot**. 나는 뜨거운 뭔가를 먹고 싶다.

❷ that은 목적절을 이끄는 접속사이며 that 이하는 thought의 목적어이다.

❸ 「to one's 감정명사」는 '…이 ~하게도'라는 뜻으로, 소유격으로 쓰인 사람의 감정 상태를 강조할 때 쓴다.
   ex. **To my surprise**, I passed the exam. 놀랍게도 나는 시험에 통과했다.
      = I was surprised to pass the exam.

❹ that은 주격 관계대명사로 that 이하가 앞에 있는 명사 jewel을 수식한다.

❻ to feel은 목적을 나타내는 to부정사의 부사적 용법으로 쓰였으며, less는 '더 적은[덜한]'이라는 뜻이다.

❼ to find는 '~하다니, ~해서'의 뜻으로 감정이나 상태의 원인을 나타내는 to부정사의 부사적 용법으로 쓰였다. 여기서는 형용사 fortunate의 원인으로 '그 진주를 발견해서'라는 의미를 나타낸다.
   ex. I was **happy to meet** you. 나는 너를 만나서 행복했다.

---

24 영원히 죽지 않는 해파리
pp. 78~79

문제 정답 1 ⑤ 2 (1) T (2) T (3) F 3 ④

문제 해설 1 이 글은 늙거나 병이 들었을 때 다시 새끼로 돌아가는 것을 반복하는 영생의 해파리에 관한 내용이므로, '⑤ 진홍 해파리: 절대 죽지 않는 동물'이 제목으로 가장 적절하다.
① 인간이 해파리를 사용하는 방법   ② 해파리가 재주를 부리는 방법
③ 진홍 해파리의 탄생   ④ 진홍 해파리가 나이 드는 방법

2 (1) 진홍 해파리는 그것이 늙거나 병이 들면 새끼로 되돌아간다. (1~3행 참조)

(2) 진홍 해파리는 생애 주기를 영원히 반복한다. (3~5행 참조)

(3) 당신이 진홍 해파리를 많이 먹으면, 당신이 더 오래 사는 것을 도와줄 수 있다.

3 빈칸 앞 문장에서 과학자들이 인체를 죽지 않고 살 수 있는 해파리처럼 만들기를 원한다고 했으므로, '그들이 성공하면 인간은 영원히 살 수 있을지도 모른다'는 말로 이어지는 것이 알맞다.

① 그들의 체형을 바꾸다   ② 나이 들거나 병들지 않다

③ 바다에서 살 수 있다   ⑤ 더 많은 아기를 갖는다

본문 해석

어떤 해파리는 천 년 동안 살 수 있다! 그것이 늙거나 아프게 될 때, 그것은 놀라운 재주를 부린다. 죽는 대신, 그것은 새끼로 되돌아가서 다시 자란다. 그 해파리는 이 생애 주기를 계속해서 반복한다. 그것은 마치 같은 노래를 되풀이해서 반복하는 음악 재생기와 같다. 모든 해파리가 이렇게 할 수 있을까? 아니다. 오직 진홍 해파리만이 이렇게 할 수 있다. 이제 과학자들은 인체를 이 해파리처럼 만들기를 원한다. 그들이 성공한다면, 인간들은 <u>영원히 살 수 있을지도</u> 모른다!

지문 풀이

❶ **A jellyfish** can live / for a thousand years! / When it ❷ **grows old or sick**, / it does an amazing
어떤 해파리는 살 수 있다 / 천 년 동안! / 그것이 늙거나 아프게 될 때 / 그것은 놀라운 재주를 부린다 /

trick. / Instead of ❸ **dying**, / it changes back into a baby / and grows up again. / The jellyfish repeats
죽는 대신 / 그것은 새끼로 되돌아간다 / 그리고 다시 자란다 / 그 해파리는 이 생애 주기를

this life cycle / over and over again. / It is just like a music player / ❹ **that** repeats the same
반복한다 / 계속해서 / 그것은 마치 음악 재생기와 같다 / 같은 노래를 반복하는

song / again and again. / Can all jellyfish do this? / No. / Only the scarlet jellyfish can. / Now
되풀이해서 / 모든 해파리가 이것을 할 수 있는가? / 아니다 / 오직 진홍 해파리만이 할 수 있다 / 이제

scientists want / to make the human body / like a jellyfish. / If they succeed, / humans ❺ **may be**
과학자들은 원한다 / 인간의 몸을 만들기를 / 해파리처럼 / 그들이 성공하면 / 인간들은 살 수 있을지도 모른다

able to live / forever! /
영원히! /

❶ jellyfish 앞의 관사 'A'는 특별히 정해지지 않은 막연한 하나를 가리키며, '어떤'의 의미를 나타낸다.
   ex. **A lady** came to see me. 어떤 부인이 나를 만나러 왔다.

❷ grow + 형용사: ~하게 되다, ~한 상태가 되다
   ex. **grow old** 나이가 들다 / **grow sick** 아프게 되다 / **grow dark** 어두워지다

❸ dying은 동사 die의 -ing 형태이다. -ie로 끝나는 동사는 -ie를 y로 고친 후, -ing를 붙인다.
   ex. lie(거짓말하다 / 눕다) – lying, tie(묶다) – tying

❹ that은 주격 관계대명사로 쓰여 that 이하가 앞에 있는 a music player를 수식한다.

❺ '~일지도 모른다'는 뜻의 may와 '~할 수 있다'는 뜻의 be able to가 합쳐져서 may be able to는 '~할 수 있을지도 모른다'는 의미가 된다.

문제 정답   **1** ②   **2** ③   **3** ④   **4** ①   **5** ③   **6** when   **7** While   **8** While I was preparing dinner, James did his homework. 〔James did his homework while I was preparing dinner.〕

문제 해설   **1** diverse: 다양한

뉴욕은 매우 문화적으로 <u>다양한</u> 도시이다.

① 장애가 있는   ② 다양한   ③ 없어진, 사라진   ④ 깡마른

2 amazing: 놀라운

하늘에 있는 무지개를 봐! 그것의 색깔이 놀라운걸!

① 건강한   ② 이상한   ③ 놀라운   ④ 편안한

3 jewel: 보석

깎아져서 빛나게 만들어진 단단하고 색깔이 있는 값비싼 돌

① 재주   ② 껍질, 껍데기   ③ 시대; 나이

4 pain: 통증, 고통

당신이 다치거나 아플 때 당신 몸에서 당신이 가지는 느낌

② 과거   ③ 진주   ④ 진홍색, 다홍색

5 turn into: ~으로 변하다

• 그 개구리는 왕자로 변했다.

• 오전에 내린 비는 오후 동안에 눈으로 변할 것이다.

6 접속사 when: ~할 때

7 접속사 while: ~하는 동안

8 「While + 주어 + 동사 ~」로 '내가 저녁 식사를 준비하는 동안'에 해당하는 부분을 쓰고, 콤마로 연결한 뒤 나머지 부분을 완성한다. while을 사용한 절을 뒤에 쓸 경우 콤마는 쓰지 않는다.

25 동서양의 용 이야기 　　　　　　　　　　　　　　　　　　　　　　　pp. 84~85

문제 정답　**1** ④　　**2** ②　　**3** the Bible　　**4** (A) bad (B) enemy (C) good (D) children　　**5** (1) class → classes　(2) countrys → countries

문제 해설　**1** 지역에 따라 용에 대한 시각이 다르다는 내용의 글이므로, 제목으로는 '④ 용: 행운인가, 불운인가?'가 가장 적절하다.
　　　① 성경 속의 용들　　　　　　　　　　　　② 중국에서의 용신
　　　③ 용들은 행운을 가져온다　　　　　　　　⑤ 이야기와 영화 속의 사악한 용들

　2 유럽에서는 용이 불운을 초래하는 것이며 반대로 중국에서는 용이 행운을 가져다 주는 것이라고 했으므로, 빈칸에는 '② 당신이 어디에 사는지'가 들어가는 것이 적절하다.
　　　① 당신이 어떻게 사는지　　　　　　　　　③ 용신이 어디에 사는지
　　　④ 당신이 얼마나 많은 운을 가지고 있는지　⑤ 당신이 용에 대해 어떻게 생각하는지

　3 2~4행에 유럽에서 용은 불운을 나타내며 아마도 성경 때문일 것이라고 언급하고 있다.

　4

유럽	중국
• 용은 불운을 나타낸다. (2~3행 참조)	• 용은 행운을 나타낸다. (6~7행 참조)
• 사악한 용은 하느님의 적이다. (5~6행 참조)	• 중국 사람들은 용신의 자손이다. (8~9행 참조)

　5 (1) -s로 끝나는 명사는 끝에 -es를 붙여 복수형을 만든다.
　　　　나는 오늘 수업이 다섯 개 있다.
　　　(2) 「자음 + y」로 끝나는 명사는 y를 i로 바꾸고 -es를 붙여 복수형을 만든다.
　　　　나는 많은 외국 나라들을 방문하길 원한다.

본문 해석　용들은 많은 이야기와 영화들에 나온다. 그들은 행운을 가져다 주는가, 아니면 불운을 가져다 주는가? 그것은 당신이 사는 곳에 달려 있다. 유럽에서 용은 불운을 나타낸다. 아마도 그것은 성경 때문일 것이다. 성경에서 용은 항상 나쁜 괴물이다. 성경의 한 부분에서, 사탄은 사악한 용이다. 그는 하느님의 적이며 천사들과 싸운다. 중국에서는 그 반대가 사실이다. 용은 행운을 나타낸다. 사실, 중국에는 용신이 있다. 옛날 중국 이야기 속에서 중국 사람들은 용신의 자손들이다!

지문 풀이

Dragons are in many stories and movies. / Are they good luck / or bad luck? / It depends on /
용들은 많은 이야기들과 영화에 나온다 /　　　　　　　　그들은 행운인가 /　　　아니면 불운인가? /　　그것은 달려 있다 /

❶ **where you live**. / In Europe, / dragons are bad luck. / Maybe / it's because of the Bible. / In the
당신이 사는 곳에 /　　유럽에서 /　　용들은 불운이다 /　　　아마도 /　그것은 성경 때문이다 /　　　　성경에서 /

Bible, / dragons are ❷ **always** bad monsters. / In one part of the Bible, / the Devil is an evil
용들은 항상 나쁜 괴물들이다 /　　　　　　　성경의 한 부분에서 /　　　　　　사탄은 사악한 용이다

dragon. / He is the enemy of God / and fights with the angels. / In China, / the opposite is true. /
그는 하느님의 적이다 / 그리고 천사들과 싸운다 / 중국에서 / 그 반대가 사실이다 /

Dragons are good luck. / In fact, / there is a dragon god / in China. / In old Chinese stories, /
용들은 행운이다 / 사실 / 용신이 있다 / 중국에는 / 옛날 중국 이야기들 속에서 /

Chinese people are the dragon god's children! /
중국 사람들은 용신의 자손들이다! /

❶ 간접의문문으로 「의문사 + 주어 + 동사」의 형태이다.

❷ always는 빈도부사로, be동사 (are) 뒤에 위치한다.
   ex. She **is sometimes** late. 그녀는 가끔 늦는다.

26 위치를 추적하는 교복

문제 정답 **1** ⑤   **2** ⑤   **3** (1) M (2) S (3) M   **4** Carl helped paint our house.

문제 해설 **1** 학생의 위치를 추적하는 스마트 교복의 기능을 소개하고, 교복의 도입에 관한 논란을 다루고 있는 글이다.

2 주어진 문장은 '그러나, 몇몇 사람들은 스마트 교복을 좋아하지 않는다.'라는 의미로, 스마트 교복 착용에 관해 비판하는 내용의 문장 앞인 ⓔ에 들어가는 것이 가장 적절하다.

3 (1) 나는 그것을 사용함으로써 네가 있는 곳을 확인할 수 있다. (3~4행 참조)
   (2) 나는 누군가 항상 나를 보고 있는 듯한 느낌이 든다. (7~9행 참조)
   (3) 네가 사라지면, 그것이 내가 너를 찾을 수 있게 도와줄 수 있다. (6~7행 참조)

4 「help + 동사원형」으로 문장을 완성한다.

본문 해석 중국에서, 몇몇 학교의 학생들은 '스마트 교복'을 입는다. 이 교복은 그 안에 컴퓨터 칩을 가지고 있다. 이 칩은 학생들의 활동을 추적한다. 스마트폰을 사용해서 부모들은 그들의 아이들이 어디에 있고 언제 학교에 도착하는지 확인할 수 있다. 그래서 만약 한 학생이 수업을 빼먹으면, 교복 안의 칩이 그들의 부모에게 알려줄 수 있다. 만약 한 학생이 행방불명되면, 그 칩이 그 아이를 찾는 것을 도와줄 것이다. <u>그러나, 몇몇 사람들은 스마트 교복을 좋아하지 않는다.</u> 한 중국인 인터넷 사용자는 "아이들에게는 인권과 사생활이 없나요?"라고 의견을 밝혔다.

지문 풀이

In China, / students in some schools / wear "smart uniforms." / These uniforms have computer
중국에서 / 몇몇 학교의 학생들은 / '스마트 교복'을 입는다 / 이 교복은 컴퓨터 칩을 가지고 있다 /

chips / in them. / These chips keep track of the students' activities. / Using smartphones, / the parents
그들 안에 / 이 칩들은 학생들의 활동을 추적한다 / 스마트폰을 사용해서 / 부모들은

can check / ❶ **where their children are** / and **when they get to school.** / So if a student skips a
확인할 수 있다 / 그들의 아이들이 어디 있는지 / 그리고 그들이 언제 학교에 도착하는지 / 그래서 만약 한 학생이 수업을 빼먹으면 /

class, / the chips / in the uniforms / can tell their parents. / If a student goes missing, / the chips
칩들이 / 교복 안에 있는 / 그들의 부모에게 알려줄 수 있다 / 만약 한 학생이 사라지면 / 그 칩들은 그들을

will help find ❷ **them**. / However, / some people don't like the smart uniforms. / One Chinese
찾게 도와줄 것이다 /　　　　그러나 /　　몇몇 사람들은 스마트 교복을 좋아하지 않는다 /　　　　　　　　한 중국인 인터넷

Internet user commented, / "Don't children have human rights and privacy?" /
사용자는 의견을 밝혔다 /　　　　　아이들에게는 인권과 사생활이 없나요? /

❶ <u>where their children are and when they get to school</u>: 간접의문문(의문사 + 주어 + 동사)의 형태인
　　의문사　　　주어　　　동사　　의문사　주어　　동사

　　where절과 when절은 동사 check의 목적어 역할을 한다.

❷ them은 앞에서 나온 a student를 가리키는 말로, 성별을 알 수 없는 일반명사는 3인칭 복수 대명사로 쓰기도 한다.
　　ex. Everyone has **their** own opinion.　모든 사람들은 그들만의 의견을 가지고 있다.

---

27 후식으로 과일은 그만!　　　　　　　　　　　　　　　　　　　　　　　pp. 88~89

문제 정답 **1** ③　　**2** ②　　**3** 느리게 소화되는 음식 때문에 빨리 소화되는 음식이 배출되지 못하고 위 속에 머무른다.
4 (1) until　(2) by

문제 해설 **1** 수박과 고기를 동시에 먹으면 발생하는 일을 예로 들며 과일은 다른 종류의 음식과 함께 먹지 말 것을 충고하는
글이므로, 빈칸에는 '③다른 것 없이 과일을 먹어라'가 알맞다.
　① 매 식사에 과일을 먹도록 노력해라　　　　　② 최대한 천천히 과일을 먹어라
　④ 수박을 다른 과일과 먹지 마라　　　　　　⑤ 과일은 건강에 좋다는 것을 기억해라

2 8~9행에서 고기가 소화되는 동안 수박이 썩는다고 했으므로 ②가 정답이다.

3 9~10행에서 음식의 소화 과정을 느리게 움직이는 차 때문에 뒤에 있는 빠른 차들이 움직이지 못한다는
고속도로의 상황에 비유해서 설명하고 있다.

4 (1) until: 행동이나 상태가 그 시점까지 지속됨　　　그는 월요일까지 그곳에 머무를 것이다.
　(2) by: 그 시점까지 끝내야 하는 마감 기한　　　　　그는 월요일까지 그 프로젝트를 끝내야 한다.

본문 해석 당신이 과일을 먹을 때, 당신은 그것들을 다른 것과 함께 먹어서는 안 된다. 과일은 너무 빠르게 소화되어서
다른 음식들과 잘 어울리지 않는다. 예를 들어, 만약 당신이 고기와 함께 수박을 먹는다면, 그것은 문제를
일으킬 수 있다. 수박은 딱 20분 안에 소화되지만, 고기는 4시간 후에 소화된다. 과학자들에 따르면, 당신이
두 가지 음식을 동시에 먹으면 그것들은 위를 함께 떠나기도 한다. 그래서 수박은 고기가 (작은창자로
내려)갈 준비가 될 때까지 오래 기다려야 한다. 그 시간 동안 수박은 상한다. 고속도로를 생각해 봐라. 만약
가장 느린 차가 앞에 있다면, 그 뒤에 있는 더 빠른 차들은 움직일 수가 없다. 그것은 음식도 마찬가지이다.
그러므로 <u>다른 것 없이 과일을 먹어라</u>. 혹은 식사하기 약 한 시간 전에 먹어라.

지문 풀이

When you eat fruits, / you should not eat anything else / with them. / Fruits digest / ❶ **too quickly**, /
당신이 과일을 먹을 때 /　　당신은 다른 무언가를 먹지 말아야 한다 /　　그것들과 함께 /　과일은 소화된다 /　너무 빨리 /

so they do not go well with other foods. / For example, / if you eat watermelon / together with
그래서 그들은 다른 음식과 잘 어울리지 않는다 /　　　　　예를 들어 /　　당신이 수박을 먹는다면 /　　고기와 함께 /

meat, / it can cause problems. / Watermelon digests / in just 20 minutes, / but meat digests / in four
고기, /　그것은 문제를 일으킬 수 있다 /　　수박은 소화된다 /　　딱 20분 후에 /　　그러나 고기는 소화된다 /　4시간 후에

hours. / According to scientists, / when you eat two foods / at the same time, / they leave the
과학자들에 따르면 / 당신이 두 가지 음식을 먹으면 / 동시에 / 그들은 위를 함께

stomach together, too. / So the watermelon ❷ has to wait a long time / until the meat is ready to
떠나기도 한다 / 그러므로 수박은 오래 기다려야 한다 / 고기가 갈 준비가 될 때까지 /

go. / During that time, / the watermelon goes bad. / Think of a highway. / If the slowest car is in
그 시간 동안 / 수박은 상한다 / 고속도로를 생각해 봐라 / 만약 가장 느린 차가 앞에 있다면 /

front, / the faster cars / behind it / cannot move. / It is the same with food. / So eat fruits /
더 빠른 차들은 / 그 뒤에 있는 / 움직일 수 없다 / 그것은 음식도 마찬가지이다 / 그러므로 과일을 먹어라

without anything else. / Or eat them / about one hour / before a meal. /
다른 무엇 없이 / 혹은 그것들을 먹어라 / 약 한 시간 / 식사 전 /

❶ too가 형용사나 부사 앞에 쓰이면 이를 꾸며서 '너무'의 뜻으로 쓰인다.
   ex. He came too late. 그는 너무 늦게 왔다. (부사 수식)

❷ have(has) to + 동사원형: ~해야 한다

REVIEW TEST

문제 정답
1 ②　**2** go bad　**3** go well with　**4** go missing　**5** ④　**6** until　**7** make　**8** dishes
9 help take care of my babies until he comes back

문제 해설
1 skip(빼먹다, 거르다)은 'not do or not have something that you usually do(당신이 보통 하는 어떤 것을
하지 않거나 가지지 않는다)'의 의미이다.
　① cause(문제 등을 일으키다):어떤 것을 발생하게 만들다
　③ highway(고속도로): 마을들과 도시들 사이의 빠른 이동을 위한 넓은 도로
　④ privacy(사생활): 다른 사람들이 당신을 보지 않은 채로 일을 하는 자유

2 go bad: 상하다, 썩다
　뜨거운 온도는 음식을 쉽게 상하게 만들 수 있다.

3 go well with: ~와 잘 어울리다
　이 신발과 잘 어울릴만한 핸드백이 있나요?

4 go missing: 사라지다, 행방불명되다
　아이들이 사라질 때, 우리는 그 지역에 있는 사람들에게 문자를 보낸다.

5 「자음 + y」로 끝나는 명사는 y를 i로 고치고 -es를 붙여서 복수형을 만드므로, candy의 복수형은 candies가
　되어야 한다.

6 비가 멈추는 시점까지 계속 기다려야 한다는 의미이므로, until을 써야 한다.
　비가 멈출 때까지 기다리자.

7 help + 동사원형: ~하는 것을 돕다
　그녀의 의견은 올바른 결정을 하는 데 도움이 될 것이다.

8 dish는 -sh로 끝나므로 복수형은 끝에 -es를 붙인다.
　너는 내가 설거지하는 것을 도와줄 수 있니?

9 help + 동사원형: ~하는 것을 돕다 / take care of: ~을 돌보다 / until: ~까지

정답과 해설 | 41

28 시험에 떨어진 소년의 위트   pp. 92~93

문제 정답 **1** 영어 시험에 통과하면 아들에게 5달러를 주기로 한 것   **2** ⑤   **3** ④   **4** (1) don't have to
(2) have to

문제 해설 **1** 6~7행에 아버지가 아들에게 약속한 내용이 나와 있다.

2 영어 시험에 통과하면 아버지가 아들에게 5달러를 주기로 하였으나, 아들이 아버지에게 5달러를 줄 필요가 없다고 했으므로 영어 시험에 통과하지 못했음을 알 수 있다.

3 4행에서 'great news(좋은 소식)가 있다'고 했으므로 처음에는 아버지가 기대에 찼을(hopeful)테지만, 결국 아들이 영어 시험에 통과하지 못했으므로 아버지는 실망했을(disappointed) 것이다.
① 화가 난 → 긴장한   ② 슬픈 → 지루한
③ 기대에 찬 → 흥분된   ⑤ 화가 난 → 실망한

4 have to: ~해야 한다 / don't have to: ~할 필요가 없다
(1) 난 배고프지 않다. 그래서 너는 요리를 할 필요가 없다.
(2) 이 건물은 엘리베이터가 없다. 그래서 우리는 계단으로 걸어 올라가야 한다.

본문 해석 Jimmy는 초등학교 학생이었다. 그는 다정한 아이였고 친구가 많았지만, 학교에서 공부를 잘하진 않았다. 어느 날, 그가 학교에서 집에 오자마자 그의 아빠의 방으로 걸어 들어갔다. "아빠, 저는 아빠를 위한 좋은 소식이 있어요."라고 그가 말했다. 그의 아빠가 미소 지었다. "무슨 일인데, Jimmy?"하고 그가 물었다. "아빠는 기억하세요?"라고 Jimmy가 물었다. "제가 영어 시험에 통과하면 제게 5달러를 주신다고 약속하셨잖아요." "오, 그래,"라고 그의 아빠가 말했다. "음, 이제 아빠는 5달러를 쓰실 필요가 없어요!"라고 Jimmy가 말했다.

지문 풀이

Jimmy was an elementary school student. / He was a nice kid / and had many friends, / but he did
Jimmy는 초등학교 학생이었다 /   그는 다정한 아이였다 /   그리고 친구가 많았다 /   하지만 그는

not do well / in school. /
잘하지 않았다 /   학교에서 /

One day, / ❶ as soon as he got home / from school, / he walked into his father's room. / "Dad," / he
어느 날 /   그가 집에 오자마자 /   학교에서 /   그는 그의 아빠의 방으로 걸어 들어갔다 /   아빠 /   그가

said, / "I have great news for you." / His father smiled. / "What is it, Jimmy?" / he asked. / "Do you
말했다 / 저는 당신을 위한 좋은 소식이 있어요 /   그의 아빠가 미소 지었다 /   그것이 무엇인데, Jimmy? /   그가 물었다 /   당신은

remember?" / asked Jimmy. / "You promised / to give me five dollars / ❷ if I passed my English test." /
기억하세요? /   Jimmy가 물었다 /   당신은 약속했어요 /   저에게 5달러를 주기로 /   만약 제가 저의 영어 시험에 통과한다면 /

"Oh, yes," / said his father. / "Well," / said Jimmy, / "now you don't have to spend five dollars!" /
오, 그래 /   그의 아빠가 말했다 /   음 /   Jimmy가 말했다 /   이제 당신은 5달러를 쓰실 필요가 없어요! /

① as soon as: ~하자마자
ex. The show will begin **as soon as** everyone arrives. 모든 사람이 도착하자마자 그 쇼는 시작할 것이다.

② 조건을 나타낼 때 쓰이는 if: 만약 ~한다면
ex. **If** it rains, we won't go outside. 만약 비가 온다면, 우리는 밖에 나가지 않을 것이다.

---

29 수컷 물고기들이 사라지고 있어!

pp. 94~95

문제 정답 **1** ③ **2** 많은 수컷 물고기들이 암컷 물고기로 바뀌는 것 **3** ①, ⑤ **4 such a big house**

- -

문제 해설 **1** 이 글은 플라스틱에서 나오는 화학 물질(chemicals)로 인해서 수컷 물고기들이 암컷 물고기로 성별(sex)이 바뀐다는 내용의 글이다.
강에 있는 (A)화학 물질들이 물고기들의 (B)성별을 바꾸었다.
① 해로운 식물들 – 성별 ② 해로운 식물들 – 크기
④ 화학 물질들 – 크기 ⑤ 화학 물질들 – 색상

2 The same thing은 앞 문장의 many male fish ~ turned females 부분을 가리킨다.

3 ② 2~5행에서 많은 수컷 물고기들이 암컷 물고기로 바뀌고 있으며, 세계 다른 지역에서도 일어나고 있다고 했다.
③ 6~8행에서 플라스틱에서 나온 화학 물질들이 물고기의 성별을 바꾸었으며, 화학 물질들이 계속 강으로 흘러 들어가는 상황에 대한 우려를 나타내고 있다.
④ 7~8행에서 화학 물질들이 계속 강으로 흘러 들어가면 암컷 물고기만 있을 것이라고 했다.

4 such + a/an + 형용사 + 명사: 매우, 그렇게 ~한 …

본문 해석 이상한 일이 몇몇 강에서 일어나고 있다! 수컷 물고기들이 암컷이 되고 있다. 한 연구에 따르면, 미국의 Potomac(포토맥) 강에서 많은 수컷 물고기들이 암컷으로 변했다. 똑같은 일이 전 세계 많은 다른 지역에서 일어나고 있다. 왜 그런 이상한 일이 일어나고 있을까? 그것은 오염 때문이다. 과학자들은 플라스틱에서 나온 화학 물질이 물고기의 성별을 바꿀 수 있다고 발표한다. 만약 화학 물질이 계속 강으로 흘러 들어간다면, 암컷 물고기만이 있게 될 것이다. 과학자들은 이러한 물고기가 무언가가 정말 잘못되었다는 징후라고 말한다. 만약 우리가 지금 조치를 취하지 않으면, 미래에 더 심각한 문제가 발생할지도 모른다.

지문 풀이

A strange thing is taking place / in some rivers! / Male **①fish are** becoming female. / According to
이상한 일이 일어나고 있다 / 몇몇의 강에서! / 수컷 물고기들이 암컷이 되고 있다 / 한 연구에 따르면 /

a study, / many male fish / in the Potomac River of the United States / **②have turned** female. /
많은 수컷 물고기들이 / 미국의 포토맥 강에 있는 / 암컷으로 변했다 /

The same thing is happening / in many other parts of the world. / Why is such a strange thing
똑같은 일이 일어나고 있다 / 세계의 많은 다른 지역에서 / 왜 그런 이상한 일이 일어나고 있을까? /

happening? / It's **③because of pollution**. / Scientists report / that chemicals from plastics /
그것은 오염 때문이다 / 과학자들은 발표한다 / 플라스틱에서 나온 화학 물질들이 /

can change the sex of fish. / If chemicals keep flowing into the river, / there will be / only female
물고기의 성별을 바꿀 수 있다고 / 만약 화학 물질들이 계속 강으로 흘러 들어가면 / 있을 것이다 / 오직 암컷 물고기들만이 /

정답과 해설 | 43

fish. / Scientists say / that these fish are a sign / ❹ **that** something is really wrong. / If we don't take
　　　　　과학자들은 말한다 /　　이 물고기들이 징후라고 /　　　　　무엇인가 정말 잘못되었다는 /　　　　　만약 우리가 지금 조치를

action now, / a more serious problem might happen / in the future. /
취하지 않으면 /　　더 심각한 문제가 발생할지도 모른다 /　　　　미래에 /

❶　fish는 단수와 복수의 형태가 같은 명사로, 여기서는 복수형으로 사용되어서 be동사 are가 쓰였다.

❷　have turned는 과거에 발생한 일이 현재까지 영향을 미칠 때 쓰이는 현재완료 형태인 「have + 과거분사(p.p.)」로 수컷
　　물고기들이 암컷 물고기로 바뀌는 일이 현재까지 지속적으로 일어나고 있음을 나타낸다.

❸　because of + 명사(구) / because + 주어 + 동사
　　ex. I was late **because of** the heavy rain.　나는 폭우 때문에 늦었다.
　　　　I was late **because it rained heavily.**　나는 비가 많이 와서 늦었다.

❹　a sign **that** something is really wrong: 추상적 개념의 명사 뒤에 that절이 오면 '～라는 …'로 해석하는 동격의
　　　　　└── 동격 ──┘
　　that이 쓰인다.
　　ex. They were shocked to hear the news **that** the airplane crashed.
　　　　그들은 그 비행기가 추락했다는 소식을 듣고 충격을 받았다.

30　한글을 문자로 사용하는 나라가 있다고?　pp. 96~97

문제 정답　**1** ③　　**2** ③　　**3** 찌아찌아 사람들은 한글이 발음하기 간단하고 쉽기 때문에 한글을 사용하기로 결정했다.

문제 해설　**1** 이 글은 인도네시아의 한 부족이 한글을 공식 문자 체계로 채택해 사용한다는 내용이므로, '③ 한글: 외국에서
　　　　채택되다'가 제목으로 가장 적절하다.
　　　　① 한글을 빨리 배우는 방법　　　　　　　　② 한글의 놀라운 문자 체계
　　　　④ 찌아찌아의 흥미로운 언어 체계　　　　　⑤ 한글과 영어의 차이점들

2 4～5행에 Now they can record their own history and literature using Hangul.이라고 나와 있다.
　　이 글에 따르면, 찌아찌아 사람들에 관한 사실은 무엇인가?
　　① 그들은 한글을 음성 언어로 채택했다.
　　② 그들은 한글과 영어를 둘 다 사용하기로 결정했다.
　　③ 그들은 그들의 역사나 문학을 기록하기 위해 한글을 사용한다.
　　④ 그들 중 몇몇은 한글을 사용하고 싶어하지 않았다.
　　⑤ 그들은 한국 사람들이 그들의 가족과 같다고 생각한다.

3 5～6행에 They chose Hangul because it's simple and easy to pronounce.라고 나와 있다.
　　왜 찌아찌아 사람들은 한글을 사용하기로 결정했나? 한국어로 답하시오.

본문 해석　인도네시아의 한 무리 사람들이 2009년에 그들의 문자 언어로 한글을 사용하기로 결정했다. 찌아찌아라고
　　　　불리는 이 부족의 인구 수는 8만 명이다. 그들은 음성 언어는 있으나, 그들만의 문자 체계는 없다. 이제
　　　　그들은 한글을 사용하여 그들만의 역사나 문학을 기록할 수 있다. 그들은 한글이 발음하기 간단하고 쉽기
　　　　때문에 한글을 선택했다. 예를 들어, 영어에서 'cat'에서의 'a'소리는 'table'에서의 'a'소리와 다르다. 그러나
　　　　한글에서, 각각의 글자는 오직 하나의 소리를 가진다.

외국에서 한글을 문자 언어로 채택한 것은 이번이 처음이다. 한국 사람들은 그 놀라운 소식을 듣고 행복했다. 또한, 그들은 찌아찌아 사람들에게 관심을 보이기 시작하고 있다.

지문 풀이

A group of people / in Indonesia / decided to use Hangul / as their written language / in 2009. /
한 무리의 사람들이 / 인도네시아에 있는 / 한글을 사용하기로 결정했다 / 그들의 문자 언어로 / 2009년에 /

This tribe, / ❶ called the Cia-Cia, / has a population of 80,000. / They have a spoken language, /
이 부족은 / 찌아찌아라고 불리는 / 인구 수가 8만이다 / 그들은 음성 언어를 가지고 있다 /

but they don't have their own writing system. / Now they can record their own history or
하지만 그들은 그들만의 문자 체계가 없다 / 이제 그들은 그들만의 역사나 문학을 기록할 수 있다 /

literature / using Hangul. / They chose Hangul / because it's simple and easy / to pronounce. /
한글을 사용해서 / 그들은 한글을 선택했다 / 왜냐하면 그것이 간단하고 쉽기 때문이다 / 발음하기 /

For example, / in English, / the sound of "a" / in "cat" / is different from / the sound of "a"
예를 들어 / 영어에서 / 'a' 소리는 / 'cat'에서 / ~와 다르다 / 'a' 소리 /

in "table." / In Hangul, / however, / ❷ each letter has just one sound. /
'table'에서 / 한글에서 / 하지만 / 각각의 글자는 오직 하나의 소리만 가진다 /

This is the first time / that a foreign country ❸ has adopted Hangul / as its written language. / Koreans
이번이 처음이다 / 외국에서 한글을 채택한 것은 / 그것의 문자 언어로서 / 한국 사람들은 /

were ❹ happy / to hear the amazing news. / Also, / they are starting / to show interest / in the
행복했다 / 그 놀라운 소식을 듣고 / 또한 / 그들은 시작하고 있다 / 관심을 보이기 /

Cia-Cia people. /
찌아찌아 사람들에게 /

---

❶ called the Cia-Cia는 This tribe has a population of 80,000.이라는 문장에서 tribe를 설명하는 삽입어구로 사용되었다.

❷ each는 '각각의'라는 뜻으로 단수 명사 앞에 쓰이고 그 뒤에는 단수 동사가 따라 나온다.
ex. **Each student has** a chocolate bar.

❸ 과거부터 지금까지 한글을 채택했던 나라가 있었는지에 대한 '경험'을 나타내므로 현재완료 시제가 쓰였다.

❹ to hear는 감정의 원인을 나타내는 to부정사의 부사적 용법으로 쓰였다.
ex. I was **sad to hear** the news. 나는 그 소식을 듣고 슬펐다.
She is **glad to meet** Jason. 그녀는 Jason을 만나 기쁘다.

REVIEW TEST

문제 정답 **1** ③   **2** ④   **3** ②   **4** ②   **5** have to   **6** don't have to   **7** such a   **8** They didn't have to build such a tall building.

문제 해설 **1** ①, ②, ④는 반의어 관계이고, ③은 유의어 관계이다.
① 합격하다, 통과하다 – 불합격하다, 실패하다
② 수컷(의) – 암컷(의)   ③ 시작하다   ④ 기억하다 – 잊다

2 keep -ing: 계속 ~하다

3 pollution: 오염

공기나 물 또는 땅을 매우 더럽게 만드는 것

① 결정　　③ 주의　　④ 부족

4 take action: 조치를 취하다 / take place: 발생하다, 일어나다

• 그 회사는 이 문제를 고치기 위해 <u>조치를 취할</u> 필요가 있다.

• 그 사고는 몇 시에 <u>발생했나요</u>?

5 have to: ～해야 한다

너는 나에게 수영하는 법을 가르쳐 <u>줘야 한다</u>. 나는 수영을 전혀 못한다.

6 don't have to: ～할 필요가 없다

너는 걱정을 할 <u>필요가 없다</u>. 시험은 쉬울 것이다.

7 such + a/an + 형용사 + 명사: 매우 ～한 …

나는 그렇게 아름다운 성을 본 적이 없다.

8 don't have to: ～할 필요가 없다 / such + a/an + 형용사 + 명사: 매우 ～한 …

31 개가 빗소리를 싫어하는 이유

pp. 102~103

문제 정답 **1** ② **2** ③ **3** ④ **4** (1) ⓑ (2) ⓐ

문제 해설 **1** 4~6행에서 사람은 100미터 떨어진 곳의 소리를 들을 수 있지만, 개는 400미터 떨어진 곳의 소리를 들을 수 있다고 했으므로 ②가 정답이다.

2 빈칸 앞에서 사람은 100미터 떨어진 곳의 소리를 듣는다고 했고, 빈칸 뒤에서 개는 그보다 훨씬 뛰어난 청각을 가져 400미터 떨어진 곳의 소리를 들을 수 있다고 언급되어 빈칸 앞뒤 내용이 상반되므로, 빈칸에는 대조를 나타내는 연결어인 '③However(하지만)'가 들어가는 것이 적절하다.

① 간단히 말해서 ② 그러므로 ④ 예를 들어 ⑤ 같은 방법으로

3 밑줄 친 말은 '부엌에서 개 사료 한 캔을 열어라'라는 뜻으로, 개의 청각을 확인하기 위한 것이다.

① 개가 얼마나 빨리 달리는지 ② 개가 얼마나 멀리 보는지

③ 개가 얼마나 냄새를 잘 맡는지 ④ 개가 얼마나 잘 듣는지

⑤ 개가 얼마나 많이 먹는지

4 much가 비교급 앞에 쓰이면 비교급의 의미를 강조하여 '훨씬, 더욱 더'의 의미를 갖는다.

(1) 그의 아빠는 그의 엄마보다 훨씬 더 키가 크다.

(2) 우리는 거기에서 머무를 시간이 많지 않았다.

본문 해석 개들은 눈을 좋아하지만, 그들은 비를 싫어한다. 눈은 조용하지만, 개의 귀에 비는 너무 시끄럽다. 비는 개에게 총소리처럼 들린다. 그것은 개가 사람보다 훨씬 더 잘 들을 수 있기 때문이다. 사람은 100미터 떨어진 곳의 소리를 들을 수 있다. 하지만 개들은 400미터 떨어진 곳의 소리를 들을 수 있다. 당신은 스스로 확인하고 싶은가? 그렇다면 부엌에서 개 사료 한 캔을 열어라. 곧 당신의 개가 밖에서 달려올 것이다!

지문 풀이

Dogs like snow, / but they hate rain. / Snow is quiet, / but rain is ❶ **too** noisy / **for** a dog' ears. /
개들은 눈을 좋아한다 / 그러나 그들은 비를 싫어한다 / 눈은 조용하다 / 그러나 비는 너무 시끄럽다 / 개의 귀에는 /

Rain ❷ **sounds like** gunshots / to a dog. / ❸ **That's because** / they can hear / much better than
비는 총소리처럼 들린다 / 개에게 / 그것은 ~이기 때문이다 / 개들은 들을 수 있다 / 사람보다 훨씬 더 잘 /

humans. / A human can hear sounds / from a hundred meters away. / However, dogs can hear
사람은 소리를 들을 수 있다 / 100미터 멀리 떨어진 곳에서부터 / 하지만 개는 소리를 들을 수 있다 /

sounds / from four hundred meters away. / Do you want to see for yourself? / Then open a can of
400미터 떨어진 곳에서부터 / 당신은 스스로 확인하고 싶은가? / 그렇다면 개 사료 한 캔을 열어라 /

dog food / in the kitchen. / Soon / your dog will come running / from outside!
부엌에서 / 곧 / 당신의 개가 달려올 것이다 / 밖에서! /

❶ too ~ for ... : …에게 너무 ~한
ex. That is **too** hard **for** me. 그것은 나에게 너무 어렵다.

❷ sound like + 명사: ~처럼 들리다

❸ That's because ~: 그것은 ~이기 때문이다   *cf.* That's why ~: 그것이 ~한 이유이다
   ex. I was late for school. **That's because** I got up late.
   나는 학교에 지각했다. 그것은 내가 늦게 일어났기 때문이다.
   You are kind. **That's why** I like you.
   너는 친절하다. 그것이 내가 너를 좋아하는 이유이다.

32　세계 곳곳의 흥미로운 법　　　　　pp. 104~105

문제 정답　**1** ④　**2** (1) F (2) T (3) F　**3** illegal　**4** (1) because (2) why

문제 해설　**1** (A) 길에서 껌을 뱉으면 벌금을 문다고 한 것으로 보아, 싱가포르는 '깨끗한' 것으로 유명하다는 것을 알 수 있다.
　　(B) 뒤 문장에서 사모아 사람들은 행복한 여성이 행복한 가정을 만든다는 것을 믿고 있다고 했으므로, 아내의 생일을 '잊어버리는 것'이 죄임을 알 수 있다.
　　(C) 뒤 문장에서 일본 성인 남성과 여성이 지켜야 할 최대 허리둘레 치수가 있다고 했으므로, '과체중인' 것이 불법임을 알 수 있다.

2 (1) 5~7행 참조
　　(2) 9~10행 참조
　　(3) 11~14행에서 일본 성인 남성과 여성에게 허용되는 최대 허리둘레 치수는 다르게 설명되고 있다.

3 against the law(법을 위반하는)는 illegal(불법인)의 의미이다.
　　여기서 담배 피는 것은 법에 위반된다.
　　= 여기서 담배 피는 것은 불법이다.

4 That's because ~: 그것은 ~이기 때문이다 / That's why ~: 그것이 ~한 이유이다
　　(1) Tom은 건강하다. 그것은 그가 매일 운동을 하기 때문이다.
　　(2) 나는 동물을 좋아한다. 그것이 내가 수의사가 되고 싶은 이유이다.

본문 해석　세계에는 재미있는 법이 많다. 그것들을 알게 되었을 때 당신은 큰 소리로 웃을지도 모른다. 하지만 당신이 그것들을 따르지 않으면, 당신은 곤경에 처하게 될 것이다.
　　싱가포르에서, 껌을 씹는 것은 법에 위반된다. 싱가포르는 깨끗한 것으로 잘 알려져 있다. 만약 당신이 추잉 껌을 길 위에 뱉는다면, 당신은 대략 천 달러에 해당하는 벌금을 물어야 한다.
　　태평양에 있는 섬나라인 사모아에서는 아내의 생일을 잊어버리는 것이 범죄이다. 그것은 사모아 사람들은 행복한 여성이 행복한 가정을 만든다고 믿기 때문이다.
　　일본에서, 과체중인 것은 불법이다. 40세에서 74세의 성인들에게, 최대 허리둘레 치수는 남성에 대해서는 85센티미터(33.5인치)를 넘을 수 없고 여성에 대해서는 90센티미터(35.4인치)를 넘을 수 없다.

There are a lot of funny laws / around the world. / You might laugh out loud / when you learn
많은 재미있는 법들이 있다 / 전 세계에 / 당신은 크게 웃을지도 모른다 / 당신이 그것들을

about them. / But you will get into trouble / if you don't follow them. /
알게 되었을 때 / 하지만 당신은 곤경에 처하게 될 것이다 / 만약 당신이 그것들을 따르지 않는다면 /

In Singapore, / ❶ it is against the law / to chew gum. / Singapore is well known / for its being
싱가포르에서 / 그것은 법에 위반된다 / 껌을 씹는 것 / 싱가포르는 잘 알려져 있다 / 그것의 깨끗함으로 /

clean. / If you spit out chewing gum / on the streets, / you have to pay a fine / of about $1,000. /
깨끗한 / 만약 당신이 추잉 껌을 뱉는다면 / 길에서 / 당신은 벌금을 내야 한다 / 약 천 달러에 해당하는 /

In Samoa, / an island in the Pacific, / ❷ forgetting your wife's birthday / is a crime. / That's
사모아에서 / 태평양에 있는 섬 / 당신 아내의 생일을 잊어버리는 것은 / 범죄이다 / 그것은

because / ❸ people in Samoa believe / happy women make happy families. /
~이기 때문이다 / 사모아 사람들은 믿는다 / 행복한 여성이 행복한 가족을 만든다고 /

In Japan, / ❹ being overweight / is illegal. / For adults / aged 40 to 74, / the maximum waistline
일본에서 / 과체중인 것은 / 불법이다 / 성인들에게 / 40세에서 74세인 / 최대 허리둘레 치수는

cannot be more than 85 centimeters (33.5 inches) / for men / or 90 centimeters (35.4 inches) /
85센티미터(33.5인치)를 넘을 수 없다 / 남성에 대해서는 / 또는 90센티미터(35.4인치) /

for women. /
여성에 대해서는 /

❶ it이 가주어이고, to chew gum이 진주어이다.

❷, ❹ forgetting ~ birthday와 being overweight은 주어로 쓰인 동명사구로, 각각 단수 동사인 is가 받고 있다.

❸ people in Samoa believe (that) happy women ~: believe와 happy 사이에 목적절을 이끄는 접속사인 that이 생략되었다.

---

33 **자연 최고의 건축가, 흰개미**　　　　pp. 106~107

1 ④　　**2** ②　　**3** (1) F (2) T (3) T　　**4** was caught by the police

1 내부가 항상 시원하게 유지되는 흰개미 집을 본떠서 만든 이스트게이트 쇼핑 센터에 관한 글이다.

　2 (A) 밖은 덥지만 건물 내부(inside)가 시원하다는 내용이 적절하다.

　　(B) 아프리카의 열기에도 불구하고 내부가 시원(cool)하게 유지된다는 내용이 적절하다.

　　(C) 다른 건물에 비해 에너지를 덜(less) 사용한다는 내용이 적절하다.

　3 (1) 흰개미 집은 뜨거운 날씨를 잘 견딜 수 있도록 냉방이 잘 된다고 했으며, 난방에 대한 내용은 나와있지 않다.

　　(2) 7~10행 참조

　　(3) 13~14행 참조

　4 「be동사 + 과거분사 + (by + 목적격)」의 수동태로 문장을 완성한다.

아프리카에 굉장한 건물이 있다. 바깥의 날씨가 매우 더울 때도, 그 건물 안은 상쾌하고 시원하다. 그 비결이 무엇일까? 그 건물은 흰개미라 불리는 곤충의 집처럼 설계되었다.

몇 년 전에, 과학자들은 아프리카 흰개미에 대한 흥미로운 사실을 알아냈다. 그들의 집은 아프리카의 열기 속에서조차 내부가 항상 <u>시원한</u> 상태를 유지한다. 그 비결은 냉각 굴뚝과 많은 공기 터널들이다. 시원한 공기가 지하 터널을 통해 안으로 들어오면, 따뜻한 공기로 바뀌고 굴뚝을 통해 바깥으로 빠져나간다. 사람들은 아프리카에서 건물을 설계하는 데 그 아이디어를 이용했다. 그것은 짐바브웨에 있는 이스트게이트 쇼핑 센터이다. 낮 동안에, 이 건물은 에어컨 없이 시원한 상태를 유지한다. 그래서 그것은 다른 건물들보다 90% 더 적은 에너지를 사용한다!

지문 풀이

❶ **There is** a wonderful building / in Africa. / Even when / the weather outside is too hot, /
광장한 건물이 있다 / 아프리카에 / ∼할 때 조차 / 바깥의 날씨가 매우 더울 /

it is nice and cool / inside the building. / What's the secret? / The building was designed / like the
상쾌하고 시원하다 / 그 건물 안은 / 그 비결이 무엇일까? / 그 건물은 설계되었다 / 곤충의

houses of ❷ **insects** / **called termites.** /
집처럼 / 흰개미라고 불리는 /

A few years ago, / scientists found out / an interesting fact / about African termites. / Their houses
몇 년 전에 / 과학자들은 알아냈다 / 흥미로운 사실을 / 아프리카 흰개미에 대해서 / 그들의 집은

always ❸ **stay cool** / inside, / even in the African heat. / The secret is cooling chimneys and many
항상 시원함을 유지한다 / 안에 / 심지어 아프리카의 열기 속에서도 / 그 비결은 냉각 굴뚝과 많은 공기 터널들이다

air tunnels. / Cool air comes in / through the underground tunnels, / then turns into hot air /
시원한 공기는 안으로 들어온다 / 지하 터널들을 통해 / 그리고 나서 따뜻한 공기로 바뀐다 /

and goes out / through the chimneys. / People used the idea / ❹ **to design** a building / in Africa.
그리고 바깥으로 나간다 / 굴뚝들을 통해 / 사람들은 그 아이디어를 이용했다 / 건물을 설계하기 위해서 / 아프리카에서 /

It is the Eastgate Shopping Center / in Zimbabwe. / During the day, / this building stays cool /
그것은 이스트게이트 쇼핑 센터이다 / 짐바브웨에 있는 / 낮 동안에 / 이 건물은 시원함을 유지한다 /

without air conditioning. / So it uses / 90 percent ❺ **less** energy / than other buildings! /
에어컨 없이 / 그래서 그것은 사용한다 / 90% 더 적은 에너지를 / 다른 건물들보다! /

---

❶ There + be동사: ∼이 있다
   ex. **There are** many girls in the park. 공원에 많은 소녀들이 있다.

❷ ... called ∼는 '∼라고 불리는 …'의 뜻으로, called termites가 insects를 수식한다.

❸ stay cool은 '시원함을 유지하다'라는 뜻으로, stay가 형용사와 함께 쓰이면 '∼한 상태를 유지하다, 계속 ∼하다'의 의미를 나타낸다.
   ex. He **stayed angry** for long. 그는 오랫동안 화가 나 있었다.

❹ to design은 '∼하기 위해서'라는 의미로, 목적을 나타내는 to부정사의 부사적 용법으로 쓰였다.

❺ less는 little의 비교급으로 '더 적은'을 뜻한다.

1 ④ **2** ③ **3** ① **4** ① **5** ③ **6** much **7** was designed **8 That was because it was made by a famous director.**

---

1 crime: 범죄, 범행

돈을 훔치는 것은 <u>범죄</u>이다.

① 법 ② 비결; 비밀 ③ 사람, 인간

2 overweight: 과체중의

Timmy는 <u>과체중</u>이어서 곧 다이어트를 할 것이다.

① 조용한 ② 자연의 ④ 지하의, 땅 속의

3 chew: (음식을) 씹다

나는 치통 때문에 음식을 잘 <u>씹</u>을 수가 없다.

② 떨어뜨리다 ③ 보호하다 ④ 공격하다

4 spit(뱉다)는 'push food out of one's mouth(음식을 입 밖으로 밀어내다)'의 의미이다.

② chimney(굴뚝): 연기가 공중으로 나가게 하는 파이프

③ law(법): 사람들이 지켜야 하는 규칙 체계

④ tunnel(터널): 땅 아래나 땅을 통과하는 긴 좁은 공간

5 fine: 좋은, 멋진 / 벌금

• 그 팀은 <u>멋진</u> 공연을 보여주었다.

• 그 운전수는 속도 위반으로 60달러의 <u>벌금</u>을 부과 받았다.

① 좋은, 멋진 ② 돈 ④ 시끄러운

6 비교급의 의미를 강조할 때는 much를 사용한다.

몸무게가 느는 것은 몸무게가 줄어드는 것보다 훨씬 더 쉽다.

7 '~해지다, ~당하다'의 의미를 나타낼 때는 「be동사 + 과거분사 + (by + 목적격)」의 수동태를 사용한다.

이 건물은 한 예술가에 의해 설계되었다.

8 That was because ~(그것은 ~이기 때문이었다)와 수동태를 이용하여 문장을 완성한다.

---

34 하나를 보면 열을 알 수 있어!   pp. 110~111

문제 정답 **1** ④   **2** ⑤   **3** (B) − (A) − (D) − (C)   **4** (1) 갚다 (2) 내 책을 돌려보내다

문제 해설 **1** 빈칸 뒤에 풀칠해 두었던 페이지들이 그대로 붙어있었다는 내용이 나오므로, 빈칸에는 '④ 당신은 모든 페이지를 읽지 않았다'라는 내용이 적절하다.
① 당신은 페이지 일부를 잃어버렸다
② 당신은 내 이야기를 좋아하지 않았다
③ 내 글이 아직 도착하지 않았다
⑤ 당신은 그 이야기를 주의 깊게 확인했다

2 마지막 문장은 '계란이 상했는지를 알아보기 위해 계란을 모두 먹어야 하나요?'의 의미로, 일부만 봐도 전체를 파악할 수 있다는 내용을 함축하고 있다.

3 (B) 여자는 편집자에게 이야기를 보냈다. (1~2행 참조)
(A) 그 편집자는 그 이야기를 그 여자에게 돌려 보냈다. (2행 참조)
(D) 그 여자는 화가 났고 편집자에게 편지를 썼다. (2~3행 참조)
(C) 그 편집자는 그가 그녀의 이야기를 거절했던 이유를 설명하는 답장을 보냈다. (9~10행 참조)

4 (1) 나는 그 돈을 갚을 것이다.
(2) 그에게 내 책을 돌려보내라고 요청해라.

본문 해석 한 여자가 한 번은 긴 이야기를 써서 그것을 유명한 편집자에게 보냈다. 몇 주 후에, 그녀의 글은 되돌아 왔다. 그 여자는 화가 났다. 그녀는 편집자에게 썼다:
"담당자 분께. 어제 당신은 내 글을 돌려보냈어요. 당신은 어떻게 그것이 좋은 글이 아니라는 것을 아나요? 저는 당신이 모든 페이지를 읽지 않았다는 것을 확신해요. 제가 당신에게 그 글을 보내기 전에, 저는 18, 19, 20페이지를 같이 풀로 붙였어요. 글이 다시 돌아왔을 때, 그 페이지들이 여전히 같이 달라붙어 있었어요."
편집자는 답장을 썼다: "부인께. 당신은 계란이 상한 것인지 알기 위해서 계란을 모두 다 드시나요?"

지문 풀이

A woman once wrote / a long story / and ❶ **sent it** / **to a famous editor.** / After a few weeks, / her
한 여자가 한 번은 썼다 /   긴 이야기를 /   그리고 그것을 보냈다 / 한 유명한 편집자에게 /   몇 주 후에 /   그녀의

story came back. / The woman was angry. / She wrote to the editor: /
이야기는 되돌아 왔다 /   그 여자는 화가 났다 /   그녀는 편집자에게 썼다 /

"Dear Sir. / Yesterday you sent back / my story. / How do you know / it's not a good story? / I'm
담당자 분께 /   어제 당신은 돌려보냈어요 /   내 이야기를 /   당신은 어떻게 아나요 /   그것이 좋은 글이 아니라는 것을? /   나는

sure / you didn't read every page. / Before ❷ **I sent you** / **the story.** / I glued together / pages 18, 19
확신해요 / 당신이 모든 페이지를 읽지 않았다는 것을 / 내가 당신에게 보내기 전에 /   그 이야기를 /   나는 함께 풀로 붙였어요 / 18, 19, 20페이지를 /

and 20. / When the story came back, / the pages were still stuck together." /
이야기가 다시 돌아왔을 때 / 그 페이지들이 여전히 같이 달라붙어 있었어요 /

The editor wrote back: / "Dear Madam. / Do you eat all of an egg / ❸ to know it is ❹ bad?" /
편집자는 답장을 썼다 / 부인께 / 당신은 계란을 모두 드시나요 / 그것이 상한 것인지 알기 위해서? /

❶, ❷ send + 사람(A) + 사물(B) : A에게 B를 보내다(= send + 사물(B) + to + 사람(A))
ex. I sent you the story. = I sent the story to you.

❸ ・목적을 나타내는 to 부정사: ~하기 위해서
ex. I made this to please her. 나는 그녀를 즐겁게 해주기 위해서 이것을 만들었다.

・know 뒤에는 명사절을 이끄는 접속사 that이 생략되어 있다.

❹ '(음식이) 상한'의 뜻으로 쓰인 bad
ex. James had bad meat yesterday. 제임스는 어제 상한 고기를 먹었다.

---

35 매일 새로 나는 상어의 이빨

문제 정답 **1** ④   **2** (1) T (2) F (3) T   **3** 상어의 이빨이 항상 젊고 건강한 상태를 유지하는 것   **4** (1) it (2) one

문제 해설 **1** 상어들은 그들의 평생 내내 새로운 이빨이 (B)자라기 때문에 그들의 이빨이 (A)빠지는 것에 대해 걱정하지 않는다.
① 청소하는 것 – 자라다
② 청소하는 것 – 머물다
③ 빠지는 것 – 바뀌다
⑤ 깨지는 것 – 머물다

2 (1) 2행 참조
(2) 3~4행에서 '상어의 이빨이 빠지면 새로운 이빨이 자라나 그 자리를 채운다'고 언급되어 있다.
(3) 9행 참조

3 밑줄 친 That을 포함한 문장은 '그것이 상어가 무는 힘이 강한 이유이다.'라는 뜻으로, That은 앞 문장인 They always stay young and healthy.를 가리킨다.

4 (1) 앞에서 언급된 this shirt를 가리키고 있으므로 이미 언급된 명사를 지칭할 때 사용하는 대명사 it이 적절하다.
이 셔츠는 너무 작다. 나는 그것이 맘에 들지 않는다.
(2) 이미 언급된 명사와 같은 종류이지만 특정하지 않은 하나를 지칭할 때 one을 사용한다. 여기서 one은 a pen을 가리킨다.
나는 펜이 없어. 나에게 (펜) 하나 빌려줄 수 있니?

본문 해석 상어는 무서운 살육자이지만, 흥미로운 동물이다. 그들은 매일 이빨이 빠진다. 하나의 이빨이 겨우 열흘 동안 지속된다. 상어가 먹이를 덥석 물 때마다 이빨 몇 개가 빠진다. 상어의 이빨 하나가 빠지면, 새로운 이빨이 자라서 그 자리를 채운다. 그러므로 상어의 이빨은 너무 나이가 많아질 기회가 전혀 없다. 그것들은 항상 젊고 건강한 상태를 유지한다. 그것이 상어가 무는 힘이 강한 이유이다.
인간은 전 생애 동안 단지 두 벌의 치아만을 가지고 있다. 하지만 상어는 그들의 일생에 수천 개의 새 이빨이 자라난다. 그들은 이빨이 빠지는 것에 대해 전혀 걱정할 필요가 없다. 그들은 얼마나 운이 좋은가!

Sharks are scary killers, / but they are interesting animals. / They lose teeth / every day. / One tooth
상어들은 무서운 살육자이다 / 그러나 그들은 흥미로운 동물이다 / 그들은 이빨이 빠진다 / 매일 / 하나의 이빨은

only lasts / for ten days. / Sharks lose several teeth / every time they bite into prey. / When a shark
겨우 지속된다 / 10일 동안 / 상어는 이빨이 몇 개 빠진다 / 그들이 먹이를 덥석 물 때마다 / 상어가 이빨 하나가

loses a tooth, / ❶ a new one grows to fill its place. / So sharks' teeth never have a chance /
빠지면 / 새로운 이빨이 자라나서 그 자리를 채운다 / 그래서 상어의 이빨은 결코 기회가 없다 /

to ❷ grow too old. / They always stay young and healthy. / That is why / sharks have a strong bite. /
너무 나이가 많아질 / 그들은 항상 젊고 건강한 상태를 유지한다 / 그것이~한 이유이다 / 상어가 강하게 무는 힘을 가지고 있는 /

Humans have just two sets of teeth / for their whole lives. / But sharks grow thousands of new
인간들은 단지 두 벌의 치아를 가지고 있다 / 그들의 전 생애 동안 / 하지만 상어들은 수천 개의 새로운 이빨이 자라난다 /

teeth / in their lifetime. / They ❸ never have to worry / ❹ about losing teeth. / ❺ How lucky they
이빨 / 그들의 일생에 / 그들은 전혀 걱정할 필요가 없다 / 이빨이 빠지는 것에 대해 / 그들은 얼마나 운이 좋은가!

are! /

❶ • one은 앞에서 언급된 tooth를 가리키는 대명사이다.
   • grow to fill은 '자라서 채우다'라는 뜻으로 to fill은 '결과'를 나타내는 to부정사로 쓰였다.
     ex. She **grew to be** a singer. 그녀는 자라서 가수가 되었다.

❷ 「grow + 형용사」는 '~하게 되다'라는 뜻으로 '상태의 변화'를 나타낸다. 여기서는 '나이 들다, 늙게 되다'의 의미이다.

❸ have to는 '~해야 한다'라는 뜻이지만, 앞에 never가 쓰이면 '결코 ~할 필요가 없다'의 뜻으로 don't have to로도 쓸
   수 있다.

❹ losing은 전치사 about의 목적어이므로 동명사 형태로 쓰였다.

❺ 감탄문 어순: How + 형용사/부사(+ 주어 + 동사)!
   ex. **How beautiful** this garden is! 이 정원은 얼마나 아름다운가!

---

36 **친구에게 이렇게 사과하세요** pp. 114~115

문제 정답 **1** ③   **2** ④   **3** ⑤

문제 해설 **1** 친구와 싸운 후 친구에게 사과하는 법에 관해 조언해 주는 글이므로, '③ 싸운 후 사과하는 법'이 제목으로 가장
   적절하다.
   ① 사과를 받아들이는 법   ② 좋은 친구를 사귀는 법
   ④ 다른 사람들의 감정을 이해하는 법   ⑤ 친구와의 싸움을 피하는 법

2 빈칸 뒤에 앞 문장(네가 왜 미안한지를 친구에게 정확히 말해라)에 대한 구체적인 예시가 나오므로, 빈칸에는 '④
   For example(예를 들어)'이 적절하다.
   ① 사실은   ② 그러므로   ③ 그러나   ⑤ 같은 방식으로, 마찬가지로

3 '⑤ 네가 다른 사람들과 있을 때 너의 친구에게 사과해라.'는 내용은 본문에 언급되어 있지 않다.

이 글에 따르면, 다음 조언들 중 어떤 것이 사실이 아닌가?
① 변명을 하지 않는 것이 더 낫다. (4행 참조)
② 너는 네가 무엇이 미안한지에 대해 너의 친구에게 말해야 한다. (5~7행 참조)
③ 미래에 같은 실수를 하는 것을 방지하기 위해 너의 친구에게 네가 무엇을 할지 말해라. (8행 참조)
④ 너의 친구가 너를 용서하지 않으면, 그나 그녀가 준비가 될 때까지 기다려라. (11~12행 참조)

본문 해석　어느 날, 너는 너의 친구와 언쟁을 벌인다. 후에 너는 그것에 대해 기분이 좋지 않고 사과하고 싶다. 여기 사과하는 방법에 관한 몇 가지 좋은 조언이 있다.
– 그냥 네가 미안하다고 말해라. 어떤 변명도 하지 마라.
– 너의 친구에게 네가 왜 미안한지를 정확히 말해라. 예를 들어, 그냥 "미안해"라고 말하는 대신, "너의 친구들 앞에서 너에 대해 안 좋게 말해서 미안해."라고 말해라.
– 너의 친구에게 이 문제를 방지하기 위해 다음에 네가 무엇을 할지 말해라. 예를 들어, 너는 "다음에 내가 너에게 말하고 싶은 어떤 것이 있으면, 다른 사람이 없는 곳에서 너에게 말할게."라고 말할 수 있다.
네가 위에서 언급된 것들을 모두 한 이후에도 너의 친구가 너를 여전히 용서하지 않는다면 넌 무엇을 할 수 있을까? 그런 경우에는, 기다리는 것이 가장 좋다. 너의 친구가 준비가 되었을 때, 그나 그녀는 너에게 연락할 것이다.

지문 풀이

One day, / you argue with your friend. / Later you feel bad about it / and want to apologize. /
어느 날 /　　너는 너의 친구와 언쟁을 벌인다 /　　후에 너는 그것에 대해 기분이 좋지 않다 /　　그리고 사과하고 싶다 /

Here are some good tips / on ❶ **how to apologize:** /
여기 몇 가지 조언이 있다 /　　　사과하는 방법에 관한 /

– Just ❷ **say** / **you're sorry.** / Don't make any excuses. /
그냥 말해라 /　　네가 미안하다고 /　　어떤 변명도 하지 마라 /

– Tell your friend exactly / ❸ **why you're sorry.** / For example, / instead of just saying "I'm sorry," /
너의 친구에게 정확히 말해라 /　　네가 왜 미안한지를 /　　예를 들어 /　　단지 "미안해"라고 말하는 대신에 /

say / "I'm sorry for speaking ill of you / in front of your friends." /
말해라 / 너를 나쁘게 말한 것에 대해 미안해 /　　너의 친구들 앞에서 /

– Tell your friend / ❹ **what you'll do** / next time / to avoid this problem. / For example, / you can
너의 친구에게 말해라 /　　네가 무엇을 할지 /　　다음에 /　　이 문제를 방지하기 위해서 /　　예를 들어 /　　너는 말할 수

say, / "Next time / if there's anything / I want to tell you, / I will speak to you / in private." /
있다 / 다음에 /　　어떤 것이 있으면 /　　내가 너에게 말하고 싶은 /　　나는 너에게 말할 것이다 /　　다른 사람이 없는 곳에서 /

What can you do / if your friend still doesn't forgive you / even after you do all of the above? /
너는 무엇을 할 수 있을까 /　　만약 너의 친구가 여전히 너를 용서하지 않는다면 /　　위에서 언급된 모든 것을 한 이후에도? /

In that case, / ❺ **it is best to wait.** / When your friend is ready, / he or she will contact you. /
그런 경우에는 /　　기다리는 것이 가장 좋다 /　　네 친구가 준비가 되면 /　　그나 그녀는 너에게 연락할 것이다 /

❶ 「how + to부정사」는 '~하는 방법'이라는 뜻이다.
　　ex. Teach me **how to swim.** 나에게 수영하는 법을 가르쳐 줘.

❷ say와 you're sorry 사이는 목적절 접속사 that이 생략되었다.

❸, ❹ why you're sorry와 what you'll do는 「의문사 + 주어 + 동사」의 어순으로 쓰이는 간접의문문이며, 앞에서 쓰인 동사 Tell의 직접목적어이다.

❺ it은 가주어이고, to wait가 진주어이다.

문제 정답 1 ① 2 ③ 3 ① 4 ④ 5 come back 6 pay back 7 write back 8 ones
9 one

문제 해설 1 glue: 풀; 풀로 붙이다
너는 이 종이 두 장을 함께 붙이기 위해 풀을 사용할 수 있다.
② 사냥감, 먹이 ③ 세포 ④ 신호

2 excuse: 변명
너 또 지각이니! 이번에 너의 변명은 무엇이니?
① 조언 ② 능력 ④ 물다; 무는 행위

3 editor: 편집자
책이나 영화를 그것들이 인쇄되거나 보여지기 전에 수정하거나 바꾸는 사람
② 기술자 ③ 기자 ④ 감독

4 in private: 다른 사람들이 없는 곳에서

5 come back: 돌아오다
그녀는 그녀의 아들이 언젠가 돌아올 것이라고 믿는다.

6 pay back: (돈을) 갚다
Ken은 돈을 갚을 것을 약속했지만, 갚지 않았다.

7 write back: 답장을 쓰다
나는 Jack에게 편지를 보냈지만, 그는 나에게 답장을 쓰지 않았다.

8 대명사 one은 앞에서 언급된 명사와 같은 종류의 특정하지 않은 하나를 지칭할 때 쓰며, 장갑(gloves)은 복수
명사이므로 ones가 적절하다.
나는 어제 내 장갑을 잃어버렸다. 나는 새로운 장갑을 사야 한다.

9 대명사 one은 앞에서 언급된 명사와 같은 종류의 특정하지 않은 하나를 지칭할 때 쓴다.
Kate는 나에게 분홍색 풍선을 주었지만, 나는 초록색 풍선을 갖고 싶었다.

WORKBOOK

UNIT 01

Word Practice
p. 02

A | 1 재능　　　2 군인　　　3 인기 있는
4 감사하다, 고마워하다　　　5 (서류를) 작성하다
6 똑똑한　　　7 십 대　　　8 능력
9 ~을 잘하다　　　10 앞쪽의
11 ~에 주의를 기울이다　　　12 답장; 답장[대답]하다
13 시간 제한　　　14 불안해하는　　　15 다시 말하면
16 신청서　　　17 놀란
18 (부정문에서) ~도, ~또한　　　19 (마음이) 불편한
20 신체 언어

B | 1 audition　　　2 background　　　3 performance
4 sign up　　　5 prepare　　　6 study
7 instrument　　　8 clothes　　　9 wear
10 attack　　　11 be open to　　　12 receive
13 contact　　　14 own　　　15 enemy
16 take A to B　　　17 according to
18 read one's mind　　　19 cross one's arms
20 information

01 인기 있는 사람의 비결
p. 03

1 Ted는 잘생기지 않았다. 그는 또한 멋진 옷을 입지도 않는다.
2 하지만 그는 여학생들에게 매우 인기가 많다. 이것은 어떻게 그럴 수 있을까?
3 연구에 따르면, 인기 있는 사람들은 다른 사람들의 마음을 읽는 것을 잘한다.
4 다시 말해서, 그들은 다른 사람들이 원하고, 생각하고, 느끼는 것이 무엇인지를 쉽게 알 수 있다.
5 마음을 잘 읽는 사람은 다른 사람들의 신체 언어에 특별한 주의를 기울인다.
6 예를 들어, 그녀가 팔짱을 끼는 것은 그녀가 당신의 생각을 받아들이지 않는다는 것을 의미한다.
7 만약 그녀가 그녀의 앞 목을 만진다면, 그녀는 불안하거나 마음이 불편한 것이다.
8 만약 그녀가 그녀의 눈썹을 치켜 올리면, 그녀는 놀란 것이다.

02 오디션에 참가하세요!
p. 04

1 TeenStar는 여러분이 여러분의 꿈을 향해 한 발 앞으로 나아가는 것을 도와줄 것입니다.
2 TeenStar는 훌륭한 노래 실력을 가진 십 대들을 찾고 있습니다.
3 당신은 노래하는 재능을 발전시키고 싶은가요?
4 노래를 잘 할 수 있는 10세에서 14세의 십 대들!
5 짧은 공연을 준비하세요. 시간 제한은 2분입니다.
6 만약 당신이 당신만의 노래를 부르길 원한다면, 배경음악으로 MP3 파일을 가져오세요.
7 당신이 원하면 당신은 당신만의 악기를 사용할 수 있습니다.
8 등록한 후에 당신은 답장을 받게 될 것입니다.

03 전쟁에서 활약한 원숭이
p. 05

1 Marr에게는 Jackie라고 이름 지어진 애완용 개코원숭이가 있었다.
2 Marr는 전쟁에 나가야 했고 그는 Jackie를 전쟁에 데리고 갔다.
3 원숭이들은 사람보다 덜 잘 들을 수 있다.
4 Jackie는 적군의 소리를 듣기 위해 항상 높은 나무에 올라갔다.
5 Jackie는 적군이 어디 있는지를 Marr에게 보여 주었다.
6 어느 날, 적군이 기습 공격을 했다. 슬프게도, Jackie는 한쪽 다리를 잃었다.
7 후에, 군대는 그에게 감사하기 위해 Jackie에게 메달을 주었다.
8 그들은 집으로 돌아왔고 Jackie는 매일 그의 메달을 (목에) 걸고 다녔다.

UNIT 02

Word Practice
p. 06

A | 1 (개가) 짖다　　　2 자랑하다　　　3 세기 (100년)
4 ~ 옆에, ~ 곁에　　　5 동쪽에 위치한　　　6 요란하게, 시끄럽게
7 ~하려고 하다　　　8 돌고래　　　9 ~을 매다, 입다
10 패션; 유행　　　11 ~에서 오다, 유래하다
12 행동하다　　　13 그 자신　　　14 그러나
15 다른; 다른 사람　　　16 같은 방식으로　　　17 적; 적군

B | 1 mirror　　　2 continue　　　3 harmonica
4 play　　　5 hold　　　6 fish tank
7 owner　　　8 important　　　9 present
10 trumpet　　　11 these days　　　12 necktie
13 recognize　　　14 attack　　　15 soldier
16 trunk　　　17 image

04 하모니카는 최고의 선물
p. 07

1 지난 크리스마스에 Bobby는 선물로 최신 게임기를 받았다.
2 그는 그것을 그의 친구인 Jimmy에게 자랑하고 싶었다.
3 "너는 크리스마스에 무엇을 받았니?" Bobby가 Jimmy에게 물었다.
4 나는 삼촌한테 하모니카를 받았어. 그것은 내가 여지껏 받은 것 중 최고의 선물이야.
5 "하모니카가 뭐가 그렇게 대단하다는 거니?" Bobby가 물었다.
6 우리 엄마는 내가 그것을 연주하지 않도록 일주일에 25센트를 주셔.
7 정말? 음 그렇다면, 나는 트럼펫을 받아야겠다.

05 자기 얼굴도 못 알아보는 동물들
p. 08

1 거울을 개 앞에 들고 있어라.
2 그는 요란하게 짖을 것이고 거울 안의 '다른 개'와 싸우려고 할 것이다.
3 그는 그가 그 자신을 보고 있다는 것을 알지 못한다.
4 물고기는 같은 방식으로 행동한다.

5 만약 거울이 어항 옆에 있다면, 그 물고기는 거울에 비친 그의 상을 공격하려고 할 것이다.
6 과학자들은 코끼리의 얼굴에 페인트를 칠했고 그 코끼리는 거울 속 그의 얼굴에 묻은 페인트를 보았다.
7 그 코끼리는 그의 코로 자신의 얼굴을 만졌다!
8 이것은 인간들처럼 코끼리들이 그들 자신의 모습을 인식할 수 있다는 것을 보여준다.

06 전쟁터에서 유래된 넥타이 p. 09

1 남자들은 전 세계적으로 넥타이를 맨다.
2 그러나 당신은 그것들이 어디서 시작되었는지 알고 있는가?
3 넥타이는 동유럽에 있는 작은 나라인 크로아티아에서 생겼다.
4 17세기에, 크로아티아는 30년 전쟁을 했다.
5 이 전쟁에서 남자들은 넥타이를 맸지만, 그들은 패션을 위해 그것을 매진 않았다.
6 그들은 적군과 다르게 보이기 위해 그것들을 맸다.
7 후에, 전쟁이 끝났지만, 사람들은 그들의 넥타이를 계속 맸다.
8 요즘에, 넥타이는 남성들의 패션에서 중요한 부분이다.

UNIT 03

Word Practice p. 10

A | 1 흔한 2 장면
3 그 결과 4 극지방의
5 우연히 ~하다 6 현재의
7 ~쪽으로, ~을 향하여 8 시선 맞추기
9 단순한 10 이유
11 무시하다 12 (한쪽의) 부모; 어버이
13 방지하다, 막다; 피하다 14 상승하다
15 ~ 직후에 16 ~을 먹고 살다
17 아마도 18 많은 경우에
19 고통 받다; 악화되다 20 흥미롭게도

B | 1 behavior 2 newborn 3 South Pole
4 solve 5 birth 6 among
7 business 8 friendship 9 forehead
10 grain 11 shell 12 hatch
13 melt 14 island 15 goose
16 continue 17 relationship 18 necklace
19 sink 20 above

07 눈으로 말해요 p. 11

1 한 남자와 한 여자가 식당에서 이야기하고 있다.
2 그들은 사업상 만나는 것인가, 친구 관계인가, 아니면 연인 관계인가?
3 만약 그들이 서로의 눈과 이마만을 바라보고 있다면, 그들은 아마도 사업상 만나고 있는 것이다.
4 만약 그들의 눈이 그들의 코와 입을 향해 아래쪽을 바라보고 있다면, 그들은 많은 경우에 있어서 친구 관계이다.
5 만약 그들이 넥타이나 목걸이 쪽으로 아래쪽을 바라보고 있다면, 그들은 사랑하는 사이이다.

08 처음 본 것을 엄마로 아는 동물 p. 12

1 거위 몇 마리가 잔디 위에서 한 남자를 따라가고 있다.
2 그 남자는 거위들이 부화했을 때 그들이 처음으로 본 생명체였다.
3 그래서 지금 그들은 그가 그들의 부모 중 한 명이라고 생각한다.
4 이 행동은 오리, 거위나 닭 같은 새들 중에서는 흔한 일이다.
5 만약 갓 태어난 새가 출생 직후에 우연히 당신을 보게 된다면, 그것은 당신을 엄마라고 생각하고 당신을 어디든 따라다닐 것이다.
6 흥미롭게도, 그것이 그 후에 진짜 엄마를 보게 되어도, 그것은 그녀를 무시하고 계속 당신이 자신의 엄마라고 생각할 것이다.

09 몰디브에 무슨 일이? p. 13

1 오늘날, 지구는 점점 더 따뜻해지고 있다.
2 그 결과, 남극과 북극에 있는 얼음이 녹고 있다.
3 새로운 해수면은 2100년 즈음에는 현재 높이보다 1미터 더 높아질 것이다.
4 몰디브는 세계에서 가장 낮은 나라이다.
5 가장 높은 부분은 고작 해발 2.4 미터이다.
6 몰디브에 있는 사람들은 그들의 나라가 곧 바다 아래로 가라앉을 것이라고 걱정한다.
7 그들은 상승하는 해수면을 막기 위해 높은 벽을 짓는 계획을 세우고 있다.
8 그 계획은 해수면의 3미터 위에 모래로 된 산을 많이 쌓는 것이다.

UNIT 04

Word Practice p. 14

A | 1 대화 2 ~ 옆에 3 알아차리다
4 ~에 적용되다 5 신선한 6 비결; 비밀
7 가구 8 실내 식물 9 ~으로 가득 차다
10 특별한 11 마을
12 세계적으로 유명한 13 ~에 관해 (의견을) 말하다
14 알아내다 15 익히지 않은, 날것의
16 (일상적으로 먹는) 음식물 17 거의
18 변화; 바뀌다 19 ~에 관심이 있다
20 기계

B | 1 oxygen 2 outdoor 3 fingernail
4 bite 5 polluted 6 take in
7 travel 8 ask A for B 9 possible
10 near 11 chemical 12 natural
13 mineral 14 laugh at 15 check off
16 healthy 17 indoors 18 joke
19 advice 20 spend

10 사랑에 빠지면 이렇게 행동한다 p. 15

1 당신은 어떤 여학생에게 특별한 감정을 갖기 시작한다.
2 여기 그녀 역시 당신에게 관심이 있다는 여섯 가지 신호가 있다!
3 그녀는 파티나 식당에서 항상 당신 옆에 앉는다.

4 당신이 그녀에게 말할 때, 그녀는 그녀의 머리카락을 만지작거리거나 손톱을 물어뜯는다.
5 그녀는 모든 당신의 농담이 그렇게 재미있지 않을지라도 그것을 듣고 웃어준다.
6 그녀는 당신과 대화를 시작한다. 그녀는 종종 당신에게 조언을 요청한다.
7 그녀는 당신에 관한 작은 변화를 알아차린다.
8 그녀는 다른 사람보다 먼저 당신의 새로운 신발에 관해 의견을 말한다!

11 실내 식물은 공기 청정기
p. 16

1 사람들은 그들 시간의 90퍼센트를 실내에서 보낸다.
2 과학자들에 따르면, 실내 공기는 바깥 공기보다 훨씬 더 나쁘다.
3 많은 해로운 화학 물질들이 페인트, 카펫과 가구에서 나온다.
4 실내 식물들은 공기 청정기와 같다.
5 그들은 공기로부터 해로운 화학 물질들을 흡수한다. 그리고 그들은 신선하고 깨끗한 산소를 만든다.
6 가장 인기 있는 실내 식물들 중 하나는 스파티 필름이다.
7 스파티 필름은 공기를 빠르게 정화시킨다. 그리고 그것은 실내에서 기르기 쉽다.
8 당신은 당신의 집 안에서 하나 키워 보면 어떨까?

12 충치 없는 마을의 비결
p. 17

1 Price 박사가 산 속 깊은 곳의 한 마을에 머무르고 있는 동안, 그는 놀라운 것을 알게 되었다.
2 그 마을 거의 대부분의 사람들이 충치가 없었다. 그들은 치과의사들도 없었다.
3 그들은 심지어 이를 닦지도 않았다! 어떻게 이것이 가능했을까?
4 후에, Price 박사는 그 사람들의 비결을 알아냈다.
5 그것은 그들의 자연 그대로의, 건강에 좋은 음식이었다. 그들은 신선한 빵과 채소을 먹었다.
6 그들은 염소와 소에서 나온 신선한 우유를 마셨다.
7 이 음식들은 비타민과 미네랄로 가득 차 있었다.
8 비타민과 미네랄은 그들의 치아를 강하게 만들어 주었다.

UNIT 05

Word Practice
p. 18

A | 1 혀
2 탄생, 출생
3 거미
4 떨어뜨리다; 떨어지다
5 곤충
6 상체
7 관찰하다
8 맛보다; 맛
9 대부분의
10 무서운
11 중요한; 열쇠
12 ~을 연료로 움직이다
13 …와 똑같은 ~
14 (열이) 식다
15 공중에서 공으로 묘기를 부리다, 저글링하다
16 공중에서
17 편안한
18 또한
19 냄새 맡다; 냄새
20 ~은 어떤가?

B | 1 death
2 honey bee
3 thigh
4 chest
5 disappear
6 improve

7 fly
8 control
9 life cycle
10 use
11 different
12 growth
13 kick up
14 butterfly
15 shoulder
16 practice
17 art
18 hold
19 once
20 hair

13 곤충이 맛을 보는 법
p. 19

1 동물들은 어떻게 그들의 음식을 맛볼까?
2 대부분의 동물들은 그들의 혀를 사용한다. 하지만 몇몇 곤충들은 다른 방법으로 맛을 본다.
3 예를 들어, 파리들은 그들의 발로 맛을 본다.
4 파리들은 그들의 다리 전면에 특별한 털이 많이 있다.
5 그들은 이 털로 맛을 본다. 그것이 파리들이 당신의 음식 위를 걸어다니는 것을 좋아하는 이유이다.
6 나비와 거미들도 그들의 발로 맛을 본다.
7 하지만 꿀벌은 맛을 보기 위해 그들의 더듬이의 끝을 사용한다.
8 그들은 또한 냄새를 맡기 위해서 그들의 더듬이를 사용한다.

14 별의 일생
p. 20

1 별은 우리와 비슷하다. 그것은 탄생, 성장 그리고 죽음에 이르는 사람과 똑같은 생애 주기를 가지고 있다.
2 우리가 나이가 들면 우리는 더 많은 주름이 생긴다.
3 별들은 어떠한가? 그들의 색깔이 변한다!
4 아기별은 차갑기 때문에 보통 빨갛다.
5 그것이 더 뜨거워질수록, 그것은 노랗게 되고 그런 다음 하얗게 된다.
6 별들은 수소라는 가스를 연료로 움직인다. 그들은 더 이상 태울 가스가 없을 때 죽는다.
7 그들이 죽을 때 그들에게 무슨 일이 일어나는가?
8 몇몇의 별들은 그저 사라지지만, 큰 별들은 무서운 블랙홀이 된다!

15 축구 기술, 저글링
p. 21

1 저글링은 공중에서 공을 계속 가지고 있는 기술이다.
2 축구 선수들은 저글링이 공을 제어하는 그들의 능력을 향상시켜주기 때문에 저글링을 많이 연습한다.
3 여기 어떻게 저글링하는지를 배우는 몇 가지 팁이 있다.
4 그 안에 너무 많은 공기가 들어 있지 않은 공을 선택해라.
5 손은 저글링 연습에서 중요한 부분이다.
6 두 손으로 공을 잡고 그것을 떨어뜨려라.
7 그런 다음, 당신이 그것을 당신의 손으로 잡을 수 있도록 당신의 한쪽 발을 사용해서 그것을 위로 올려 차라.
8 일단 당신이 편안해지면, 당신은 당신의 허벅지 또한 사용할 수 있고, 그 후 당신의 머리, 가슴 그리고 어깨 같은 상체 부분을 사용할 수 있다.

UNIT 06

Word Practice
p. 22

A | 1 쓰레기
2 이기적인
3 방패

4 해치다, 상처 내다   5 발생하다   6 괴물
7 가장자리, 측(면)   8 궁금해하다   9 평화로운
10 놀랄만한   11 ~하는 것이 허용되다
12 연기   13 가져오다, 데리고 오다
14 메시지, 문구   15 놀라운
16 ~에 대해 신경 쓰다   17 ~전에

B | 1 delete   2 shocked   3 factory
4 destroy   5 belief   6 coin
7 road   8 blind   9 situation
10 living thing   11 lose   12 because of
13 appear   14 last   15 die
16 finally   17 start to

16   내용만 바꿨을 뿐인데
p. 23

1 한 소년이 길가에서 팻말을 가지고 앉아 있었다.
2 그것에는 "저 좀 도와주세요! 저는 눈이 보이지 않아요." 라고 적혀 있었다.
3 하지만 아무도 그를 도와주지 않았다. 나중에, 한 신사가 왔다.
4 그는 동전 몇 개를 그 소년의 모자에 떨어뜨렸다.
5 그러고 나서 그는 그 소년의 메시지를 지우고 새로운 말을 적었다.
6 이후에 놀라운 일이 일어났다! 많은 사람들이 그에게 돈을 주었다.
7 당신은 그 놀라운 메시지가 무엇이었는지 궁금한가?
8 그것에는 "오늘은 아름다운 날입니다. 하지만 저는 그것을 볼 수 없습니다."라고 적혀 있었다.

17   지구의 마지막 날
p. 24

1 모든 식물들과 동물들은 지구에서 행복하게 살고 있었다.
2 그러나 그들의 행복은 오래가지 않았다. 어느 날, '이기적인 괴물'이 나타났다.
3 그는 다른 생물들에 대해 신경 쓰지 않았다.
4 지구 상의 모든 생물들은 그 때문에 불행해졌다.
5 그는 식물들과 동물들을 해쳤다. 그는 공장을 짓고 자동차를 만들기 시작했다.
6 그들의 쓰레기와 연기가 서서히 아름다운 지구를 파괴했다.
7 2100년 즈음, 지구는 더러운 쓰레기와 해로운 가스로 가득 찼다.
8 모든 식물과 동물들이 죽었다. 그 이기적인 괴물 역시 그랬다.

18   고양이로 이긴 전쟁
p. 25

1 오래 전에, 이집트인들은 고양이가 신이라고 믿었다.
2 그래서 그들은 고양이를 죽이는 것이 허용되지 않았다.
3 그러나, 이집트인들은 이 믿음으로 인해 그들에게 무슨 일이 생길지에 대해 전혀 생각하지 못했다.
4 한때 이집트와 페르시아 사이에 전쟁이 있었다.
5 이집트가 페르시아보다 훨씬 더 강했기 때문에, 이집트인들은 걱정하지 않았다.
6 페르시아인들은 이집트에서 고양이가 신이라는 것을 알고 있었고 그래서 그들은 전쟁터에 고양이를 그들과 함께 데리고 갔다.
7 또한, 그들은 그들의 방패에 고양이를 그렸다.

8 이집트인들은 페르시아인들을 공격할 수 없었고, 그래서 그들은 전쟁에서 패했다.

UNIT 07

Word Practice
p. 26

A | 1 살아남다, 생존하다   2 반 친구
3 (가격이) 싼   4 교체하다, 바꾸다
5 보호하다   6 ~에게 반하다
7 ~을 생각해 내다   8 ~에 달려 있다
9 간단한; 단순한   10 맛있는
11 ~의 어느 시점에서   12 둘의, 두 서너 개의
13 다소, 조금   14 요리; 접시
15 ~ 위에   16 영양가 있는
17 (심장이) 뛰다, 고동치다   18 꼭 ~와 같은
19 완전히   20 (~으로) 이동하다

B | 1 embarrassed   2 childhood   3 poor
4 bake   5 digest   6 pass
7 southern   8 at least   9 all day
10 cell   11 expensive   12 dough
13 heart   14 olive   15 go on
16 cold   17 smile at
18 take ~ for example   19 Italian
20 stomach

19   피자의 탄생
p. 27

1 옛날에 이탈리아 남부 지역의 사람들은 가난했다.
2 그래서 그들은 비싼 음식을 먹을 수 없었다. 그리고 그들은 그들의 일로 바쁘기도 했다.
3 그래서 그들은 저렴하고 간단한 음식을 원했다.
4 그때 나폴리에 있는 몇몇 사람들은 아이디어를 하나 생각해 냈다.
5 그들은 토마토, 올리브, 치즈와 다른 것들을 밀가루 반죽 위에 올렸다.
6 이 음식은 저렴하고 만들기 쉬웠다. 그것은 또한 매우 맛있었고 영양가가 높았다.
7 그들은 이 새로운 요리를 무엇이라고 이름 지었는가? 피자이다!
8 '피자'라는 단어는 이탈리아어로 파이를 뜻한다.

20   그 아이 앞에만 서면 떨려!
p. 28

1 한 소년이 당신에게 미소 짓는다. 지금 당신의 얼굴은 화끈거리는 느낌이 든다. 당신의 심장은 더 빠르게 뛴다.
2 무슨 일이 일어나고 있는가? 당신은 그에게 반한 것이다!
3 crush는 누군가에 대한 특별한 감정이다. 그것은 진짜 사랑처럼 느껴질 수 있다.
4 모든 사람들은 어린 시절에 적어도 한 번 첫눈에 반한다.
5 그것은 성장의 일부이다. 당신은 누구에게 반하는가?
6 그 사람은 아마 당신의 학급 친구이거나 심지어 선생님일 수도 있다.
7 당신은 이러한 강렬한 새로운 감정에 당황할 수도 있다. 그러나 걱정하지 마라.
8 crush는 단지 감기와 같다. 그것은 긴 시간 동안 지속되지 않는다.

21 우리 몸의 세포 재생 주기
p. 29

1 당신 삶의 어느 시점에, 오래된 세포들은 죽고 새로운 세포들이 그들의 자리를 채운다.
2 하지만 이것은 얼마나 빨리 일어나는가?
3 그것은 그들이 당신의 몸 어디에 있는지와 무슨 일을 하는지에 달려있다.
4 당신의 위에 있는 세포들은 모든 종류의 음식을 소화시키기 위해 하루 종일 열심히 일해야 한다.
5 당신의 피부 세포들도 마찬가지이다.
6 그들은 당신의 몸을 외부 세상으로부터 보호해야 한다.
7 그것이 그들이 몇 주마다 완전히 교체되는 이유이다.
8 그러나 당신의 뼈 속에 있는 몇몇의 세포들은 너무 열심히 일할 필요가 없어서, 그들은 조금 더 오래 산다.

UNIT 08

Word Practice
p. 30

A | 1 진주　　　2 물질　　　3 과거에
4 성공하다　　5 ~의 가치가 있는　6 ~ 대신에
7 보석　　　8 재주　　　9 없어진, 사라진
10 시대; 나이　11 다양한　　12 빛나는
13 안에서, 내부에서　14 반복하여　15 영원히
16 점　　　17 아름다운, 사랑스러운
18 ~의 시간이 걸리다　　　19 ~할 수 있다
20 ~으로 바뀌다

B | 1 skinny　　2 variety　　3 curvy
4 pain　　　5 disabled　6 body type
7 repeat　　8 look like　9 decide to
10 novel　　11 fortunate[lucky]
12 cover　　13 hard　　14 oyster
15 shell　　16 wheelchair　17 scarlet
18 at first　19 win the heart of ~
20 appear

22 새로운 바비 인형을 만나봐!
p. 31

1 오늘날, 바비 인형들은 새로운 시대로 진입하고 있다.
2 과거에, 그들은 모두 깡말랐었다.
3 지금은 체형에 더 많은 다양성이 있다.
4 당신은 통통한 인형이나 키가 작은 인형을 살 수 있다.
5 당신은 심지어 장애가 있는 인형을 살 수도 있다: 휠체어에 앉아 있는 인형이나 한쪽 다리가 없는 인형 말이다.
6 Mattel(마텔)은 바비를 만드는 회사이다.
7 그것은 좀 더 다양한 집단의 아이들의 마음을 얻기 위해 여러 가지 종류의 인형을 만들기로 결정했다.
8 아이들은 그들과 닮은 인형들을 볼 때 좀 더 편안하다고 느낄 수 있다.

23 식당에서 진주를 발견했다고?
p. 32

1 그가 식당에서 굴을 먹고 있는 동안, 그는 그의 입 속에서 딱딱한 무엇인가를 느꼈다.

2 그가 놀랍게도, 그것은 진주였다!
3 진주는 굴의 껍질 안쪽에서 자라는 하얀색의 아름다운 보석이다.
4 모래가 굴의 몸 속으로 들어가면, 그것은 아프다.
5 굴은 통증을 덜 느끼기 위해 놀라운 일을 한다.
6 그것은 어떤 빛나는 물질들로 모래를 씌운다. 그것은 여러 해가 걸린다.
7 결국 이 물질들은 아름다운 진주로 변한다.
8 Rick은 그 진주를 발견해서 매우 운이 좋았다.

24 영원히 죽지 않는 해파리
p. 33

1 어떤 해파리는 천 년 동안 살 수 있다!
2 그것이 늙거나 아프게 될 때, 그것은 놀라운 재주를 부린다.
3 죽는 대신, 그것은 새끼로 되돌아가서 다시 자란다.
4 그 해파리는 이 생애 주기를 계속해서 반복한다.
5 그것은 마치 같은 노래를 되풀이해서 반복하는 음악 재생기와 같다.
6 모든 해파리가 이렇게 할 수 있을까? 아니다. 오직 진홍 해파리만이 이렇게 할 수 있다.
7 이제 과학자들은 인체를 이 해파리처럼 만들기를 원한다.
8 그들이 성공한다면, 인간들은 영원히 살 수 있을지도 모른다!

UNIT 09

Word Practice
p. 34

A | 1 용　　　2 성경, 성서　3 사생활
4 행운　　　5 수업을 빼먹다　6 수박
7 ~을 추적하다　8 의견을 밝히다, 논평하다
9 활동　　　10 교복, 제복
11 ~와 잘 어울리다　12 고속도로
13 소화　　14 떠나다　15 ~에 도착하다
16 앞에　　17 다른 것, 그 밖에 또 무언가

B | 1 fruit　　2 opposite　3 evil
4 human right　5 angel　　6 chip
7 god　　　8 parents　　9 cause
10 meal　　11 at the same time
12 go bad　13 fight with　14 go missing
15 be ready to　16 during　17 monster

25 동서양의 용 이야기
p. 35

1 용들은 많은 이야기와 영화들에 나온다.
2 그들은 행운을 가져다 주는가, 아니면 불운을 가져다 주는가? 그것은 당신이 사는 곳에 달려 있다.
3 유럽에서 용은 불운을 나타낸다. 아마도 그것은 성경 때문일 것이다.
4 성경에서 용은 항상 나쁜 괴물이다.
5 성경의 한 부분에서, 사탄은 사악한 용이다.
6 그는 하느님의 적이며 천사들과 싸운다.
7 중국에서는 그 반대가 사실이다. 용은 행운을 나타낸다.
8 옛날 중국 이야기 속에서 중국 사람들은 용신의 자손들이다!

26 위치를 추적하는 교복
p. 36

1 중국에서, 몇몇 학교의 학생들은 '스마트 교복'을 입는다.
2 이 교복은 그 안에 컴퓨터 칩을 가지고 있다.
3 이 칩은 학생들의 활동을 추적한다.
4 스마트폰을 사용해서 부모들은 그들의 아이들이 어디에 있고 언제 학교에 도착하는지 확인할 수 있다.
5 만약 한 학생이 수업을 빼먹으면, 교복 안의 칩이 그들의 부모에게 알려줄 수 있다.
6 만약 한 학생이 행방불명되면, 그 칩이 그 아이를 찾는 것을 도와줄 것이다.
7 그러나, 몇몇 사람들은 스마트 교복을 좋아하지 않는다.
8 한 중국인 인터넷 사용자는 "아이들에게는 인권과 사생활이 없나요?"라고 의견을 밝혔다.

27 후식으로 과일은 그만!
p. 37

1 당신이 과일을 먹을 때, 당신은 그것들을 다른 것과 함께 먹어서는 안 된다.
2 과일은 너무 빠르게 소화되어서 다른 음식들과 잘 어울리지 않는다.
3 만약 당신이 고기와 함께 수박을 먹는다면, 그것은 문제를 일으킬 수 있다.
4 수박은 딱 20분 안에 소화되지만, 고기는 4시간 후에 소화된다.
5 당신이 두 가지 음식을 동시에 먹으면, 그것들은 위를 함께 떠나기도 한다.
6 수박은 고기가 (작은창자로 내려)갈 준비가 될 때까지 오래 기다려야 한다.
7 그 시간 동안 수박은 상한다.
8 고속도로를 생각해 봐라. 만약 가장 느린 차가 앞에 있다면, 그 뒤에 있는 더 빠른 차들은 움직일 수가 없다.

UNIT 10

Word Practice
p. 38

A | 1 역사　　　　2 기록하다　　　3 긴장한
4 심각한　　　5 조치를 취하다　6 ~하자마자
7 외국의　　　8 인구　　　　9 지루해 하는
10 ~하기로 약속하다 11 이상한　　12 채택하다
13 ~안으로 흘러 들어가다　14 발생하다, 일어나다
15 해로운, 유해한　16 계단　　　17 계속 ~하다

B | 1 female　　　2 pollution　　3 hopeful
4 remember　5 pronounce　6 disappointed
7 spend　　　8 literature　　9 sex
10 report　　　11 tribe　　　12 interest
13 elementary school　　　14 news
15 smile　　　16 get home
17 do well in school

28 시험에 떨어진 소년의 위트
p. 39

1 Jimmy는 다정한 아이였고 친구가 많았지만, 학교에서 공부를 잘하진 않았다.

2 어느 날, 그가 학교에서 집에 오자마자 그의 아빠의 방으로 걸어 들어갔다.
3 저는 당신을 위한 좋은 소식이 있어요.
4 제가 영어 시험에 통과하면 제게 5달러를 주신다고 약속하셨죠.
5 이제 당신은 5달러를 쓰실 필요가 없어요

29 수컷 물고기들이 사라지고 있어!
p. 40

1 이상한 일이 몇몇 강에서 일어나고 있다!
2 수컷 물고기들이 암컷이 되고 있다.
3 똑같은 일이 전 세계 많은 다른 지역에서 일어나고 있다.
4 왜 그런 이상한 일이 일어나고 있을까? 그것은 오염 때문이다.
5 과학자들은 플라스틱에서 나온 화학 물질이 물고기의 성별을 바꿀 수 있다고 발표한다.
6 만약 화학 물질이 계속 강으로 흘러 들어간다면, 암컷 물고기만이 있게 될 것이다.
7 과학자들은 이러한 물고기가 무언가가 정말 잘못되었다는 징후라고 말한다.
8 만약 우리가 지금 조치를 취하지 않으면, 미래에 더 심각한 문제가 발생할지도 모른다.

30 한글을 문자로 사용하는 나라가 있다고?
p. 41

1 인도네시아의 한 무리 사람들이 2009년에 그들의 문자 언어로 한글을 사용하기로 결정했다.
2 찌아찌아라고 불리는 이 부족의 인구 수는 8만 명이다.
3 이제 그들은 한글을 사용하여 그들만의 역사나 문학을 기록할 수 있다.
4 그들은 한글이 발음하기 간단하고 쉽기 때문에 한글을 선택했다.
5 영어에서 'cat'에서의 'a'소리는 'table'에서의 'a'소리와 다르다.
6 그러나 한글에서, 각각의 글자는 오직 하나의 소리를 가진다.
7 외국에서 한글을 문자 언어로 채택한 것은 이번이 처음이다.
8 한국 사람들은 그 놀라운 소식을 듣고 행복했다.

UNIT 11

Word Practice
p. 42

A | 1 법　　　　　2 ~을 통하여　　3 조용한
4 (입에서) 뱉다　5 태평양　　　6 굴뚝
7 불법의, 위법인　8 시끄러운　　9 큰 소리로 웃다
10 알아내다, 발견하다　　　11 곤경에 빠지다
12 스스로 확인하다, 직접 보다　13 떨어져
14 ~ 이상의　　15 최대한의　　16 ~으로 바뀌다
17 설계하다, 디자인하다

B | 1 underground　2 overweight　3 crime
4 sound like　　5 fine　　　　6 waistline
7 human　　　8 adult　　　9 chew
10 heat　　　11 aged
12 be well known for　　　13 follow
14 tunnel　　　15 air conditioning
16 even　　　17 without

31 개가 빗소리를 싫어하는 이유

1 눈은 조용하지만, 개의 귀에 비는 너무 시끄럽다.
2 비는 개에게 총소리처럼 들린다.
3 그것은 개가 사람보다 훨씬 더 잘 들을 수 있기 때문이다.
4 개들은 400미터 떨어진 곳의 소리를 들을 수 있다.
5 당신은 스스로 확인하고 싶은가?
6 그렇다면 부엌에서 개 사료 한 캔을 열어라.
7 곧 당신의 개가 밖에서 달려올 것이다!

32 세계 곳곳의 흥미로운 법
p. 44

1 당신이 법을 따르지 않으면, 당신은 곤경에 처하게 될 것이다.
2 싱가포르에서, 껌을 씹는 것은 법에 위반된다.
3 싱가포르는 깨끗한 것으로 잘 알려져 있다.
4 만약 당신이 추잉 껌을 길 위에 뱉는다면, 당신은 대략 천 달러에 해당하는 벌금을 물어야 한다.
5 사모아에서는 아내의 생일을 잊어버리는 것이 범죄이다.
6 그것은 사모아 사람들은 행복한 여성이 행복한 가정을 만든다고 믿기 때문이다.
7 일본에서, 과체중인 것은 불법이다.
8 40세에서 74세의 성인들에게, 남성의 최대 허리둘레 치수는 85센티미터를 넘을 수 없다.

33 자연 최고의 건축가, 흰개미
p. 45

1 그 건물은 흰개미라 불리는 곤충의 집처럼 설계되었다.
2 몇 년 전에, 과학자들은 아프리카 흰개미에 대한 흥미로운 사실을 알아냈다.
3 그들의 집은 아프리카의 열기 속에서조차 내부가 항상 시원한 상태를 유지한다.
4 그 비결은 냉각 굴뚝과 많은 공기 터널들이다.
5 시원한 공기가 지하 터널을 통해 안으로 들어오면, 따뜻한 공기로 바뀌고 굴뚝을 통해 바깥으로 빠져나간다.
6 사람들은 아프리카에서 건물을 설계하는 데 그 아이디어를 이용했다.
7 낮 동안에, 이 건물은 에어컨 없이 시원한 상태를 유지한다.
8 그래서 그것은 다른 건물들보다 90% 더 적은 에너지를 사용한다!

UNIT 12

Word Practice
p. 46

A | 1 용서하다   2 일생   3 방지하다, 피하다
4 연락하다, 접촉하다 5 두 벌의 치아
6 나쁘게 말하다, 흉보다   7 ~을 덥석 물다
8 ~에 대해 걱정하다 9 운 좋은   10 나이가 들다, 늙다
11 무서운   12 채우다, 메우다   13 수천의
14 달라붙은; 꼼짝 못하는   15 몇몇의, 약간의

16 몇몇의   17 전 생애, 평생

B | 1 editor   2 apologize   3 refuse
4 still   5 explain   6 reply
7 lose teeth   8 have a chance to
9 prey   10 every time   11 place
12 glue   13 kill   14 excuse
15 shark   16 argue   17 in private

34 하나를 보면 열을 알 수 있어!
p. 47

1 한 여자가 한 번은 긴 이야기를 써서 그것을 유명한 편집자에게 보냈다.
2 몇 주 후에, 그녀의 글은 되돌아왔다.
3 어제 당신은 내 글을 돌려보냈어요.
4 당신은 어떻게 그것이 좋은 글이 아니라는 것을 아나요?
5 저는 당신이 모든 페이지를 읽지 않았다는 것을 확신해요.
6 제가 당신에게 그 글을 보내기 전에, 저는 18, 19, 20페이지를 같이 풀로 붙였어요.
7 글이 다시 돌아왔을 때, 그 페이지들이 여전히 같이 달라붙어 있었어요.
8 당신은 계란이 상한 것인지 알기 위해서 계란을 모두 다 드시나요?

35 매일 새로 나는 상어의 이빨
p. 48

1 상어는 매일 이빨이 빠진다. 하나의 이빨이 겨우 열흘 동안 지속된다.
2 상어가 먹이를 덥석 물 때마다 이빨 몇 개가 빠진다.
3 상어의 이빨 하나가 빠지면, 새로운 이빨이 자라서 그 자리를 채운다.
4 상어의 이빨은 너무 나이가 많아질 기회가 전혀 없다.
5 그것들은 항상 젊고 건강한 상태를 유지한다. 그것이 상어가 무는 힘이 강한 이유이다.
6 인간은 전 생애 동안 단지 두 벌의 치아만을 가지고 있다.
7 하지만 상어는 그들의 일생에 수천 개의 새 이빨이 자라난다.
8 그들은 이빨이 빠지는 것에 대해 전혀 걱정할 필요가 없다. 그들은 얼마나 운이 좋은가!

36 친구에게 이렇게 사과하세요
p. 49

1 여기 사과하는 방법에 관한 몇 가지 좋은 조언이 있다.
2 그냥 네가 미안하다고 말해라. 어떤 변명도 하지 마라.
3 너의 친구에게 네가 왜 미안한지를 정확히 말해라.
4 "너의 친구들 앞에서 너에 대해 안 좋게 말해서 미안해."라고 말해라.
5 너의 친구에게 이 문제를 방지하기 위해 다음에 네가 무엇을 할지 말해라.
6 다음에 내가 너에게 말하고 싶은 어떤 것이 있으면, 다른 사람이 없는 곳에서 너에게 말할게.
7 네가 위에서 언급된 것들을 모두 한 이후에도 너의 친구가 너를 여전히 용서하지 않는다면 넌 무엇을 할 수 있을까?
8 그런 경우에는, 기다리는 것이 가장 좋다.

정답과 해설 | 63

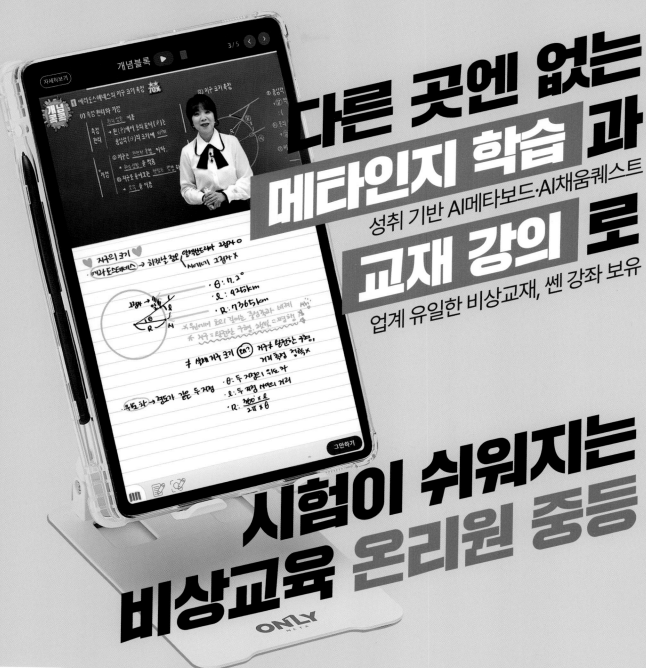

리·더·스·뱅·크 흥미롭고 유익한 지문으로 독해의 자신감을 키워줍니다.

대표전화 1544-0554
주소 경기도 과천시 과천대로2길 54(갈현동, 그라운드브이)
협의 없는 무단 복제는 법으로 금지되어 있습니다.